32.50

JOSEPH BEUYS

ARBEITEN AUS MÜNCHENER SAMMLUNGEN
MIT EINEM TEXT VON ARMIN ZWEITE

SCHIRMER/MOSEL, MÜNCHEN

Photonachweis: Abb. 204, 208, 213, 215, 216, 217, 219, 220, 221, 222, 223, 224, 225, 227, 230, 231, 234, 235, 236, 237, 238, 239, 240, 241, 242, 243, 244, 245, 246: Ute Klophaus; Abb. 203, 205, 206, 207, 209, 210, 211, 212, 214, 218: Walter Haberland; Abb. 226: Eva Beuys-Wurmbach; Abb. 228: Ludwig Rinn; Abb. 229: Roland Fischer; Abb. 233: Verena Klüser. Copyright bei den Photographen.

CIP-Kurztitelaufnahme der Deutschen Bibliothek

Joseph Beuys: Arbeiten aus Münchner Sammlungen; [Ausstellungskatalog zur Joseph-Beuys-Ausstellung in d. Städt. Galerie im Lenbach-Haus, München]. – München: Schirmer-Mosel, 1981
  ISBN 3-921375-91-6

NE: Beuys, Joseph [Ill.]; Joseph-Beuys-Ausstellung ⟨1981, München⟩; Städtische Galerie im Lenbach-Haus ⟨München⟩

Offsetlithos: Brend'amour Simhart GmbH & Co., München
Satz, Druck und Bindung: Passavia, Passau
Printed in Germany
ISBN 3-921375-91-6 (Buchausgabe)
ISBN 3-88645-011-2 (Katalogausgabe)

Inhalt

Leihgeber

Bayerische Staatsgemäldesammlungen, Staats-
galerie moderner Kunst
Christa Döttinger
Rupprecht Geiger
Sammlung K.
Galerie Klewan
Boris Messmer
Erik Mosel
Udo von der Mühlen
Sammlung Prelinger
Ludwig Rinn
Inge Rodenstock
Galerie Schellmann & Klüser
Lutz Schirmer
Staatliche Graphische Sammlung
Galerie Tanit
Galerie Verein München e. V.
sowie weitere Leihgeber, die nicht genannt wer-
den möchten.

Vorwort

Wie kaum ein anderer hat Joseph Beuys in den letzten 20 Jahren unsere Vorstellung vom Wesen der Kunst beeinflußt. Seine Œuvre ist dabei letztlich Ausdruck eines umfassenden Versuchs, das menschliche Dasein in seiner Gesamtheit zu durchdringen und neu zu gestalten. Mit großer Konsequenz hat Beuys immer wieder das Primat der Kunst betont und ausgehend von seinen ganzheitlichen Vorstellungen, die Notwendigkeit einer Erneuerung der Gesellschaft im Zeitalter ihrer völligen Technisierung bildkünstlerisch und theoretisch formuliert. Gleichzeitig bemüht er sich, seine Ideen in die Praxis zu überführen. An diesem im Namen der Kunst proklamierten Totalitätsanspruch scheiden sich nach wie vor die Geister.

So überschaubar nämlich das bislang vorliegende Œuvre des Plastikers auch ist, weder im breiteren Publikum noch in der Fachwelt zeichnet sich ein Konsensus hinsichtlich der Bewertung seiner Arbeiten ab. Enthusiastischen Bewunderern und einer ganzen Schar vorbehaltloser Panegyriker stehen jene Skeptiker und Verächter gegenüber, die Beuys für einen Scharlatan halten, für einen falschen Propheten oder allenfalls für einen weit überschätzten Neodadaisten, dessen Ruhm einzig und allein ein Produkt der Medienwelt ist. Wo man angesichts einer langen Entwicklung und einer kaum übersehbaren Fülle von Zeichnungen, Objekten, Aktionen und Environments allein abgeklärte Würdigungen erwarten würde, entbrennt nur zu oft eine Diskussion, die zumindest bezeugt, wie wenig Beuys zu einem akzeptierten, geschätzten, jedoch wirkungslosen Klassiker wurde. Die Vorgänge um die Erwerbung des Münchner Environments »Zeige deine Wunde« (Kat. 329) sind noch in lebhafter Erinnerung. Insgesamt zeigt sich, wie lebendig und herausfordernd die Kunst von Beuys bleibt. Sie zwingt zu Auseinandersetzung und Stellungnahme. Zur harmlosen Wohnzimmerikone kann das Werk nicht herabkommen. Die anarchischen Elemente seines Tuns leisten einer derartigen Einvernahme Widerstand. Beuys ist und bleibt ein großer Beweger, von dessen Schaffen immer neue Impulse ausgehen, ein Charismatiker, der viele in Bann schlägt und beunruhigt.

Vergegenwärtigt man sich, daß auch Anthony Caro, Larry Rivers, George Segal, Roy Lichtenstein, Richard Hamilton u.a. zu Beginn der 20er Jahre geboren wurden, dann wird deutlich, wieviel weiter sein Einfluß reicht, wieviel intensiver die Ausstrahlung seines Œuvres ist, wie unendlich befruchtend seine ästhetische Praxis war und ist. Ohne Zweifel gilt Beuys augenblicklich als der bekannteste Künstler innerhalb und außerhalb der Bundesrepublik, wobei allerdings die tiefe Verwurzelung seines Œuvres mit spezifischen Traditionen deutscher Geistesgeschichte Verständnisprobleme zeigt.

Wo immer Beuys in seiner charakteristischen Kluft mit Filzhut auftaucht, ein hohes Maß an Aufmerksamkeit ist ihm gewiß. Durch die Signalhaftigkeit seiner Kleidung hat sich die Person selbst dem Werk anverwandelt, ist essentieller Teil dieses Œuvres, ein Markenzeichen. Wie kaum ein anderer bildender Künstler dieses Jahrhunderts gilt Beuys als Sensation, als Medienspektakel und er selbst leistet dem allen Vorschub, sucht geradezu danach, sein Image ins Unendliche zu vervielfältigen in der Hoffnung, für seine missionarisch verkündeten Botschaften einer zukünftigen, befriedeten Gesellschaft empfänglich zu machen. Hinter dieser so effektiven Darstellungskunst gerät das eigentliche Werk, das letztlich die überragende Bedeutung von Joseph Beuys ausmacht, leicht ins Hintertreffen, wird unsichtbar.

Hierin liegt auch eines der Motive für diese Ausstellung. Nachdem das Lenbachhaus 1973 mit der Sammlung Herbig eine wichtige Gruppe von Beuys-Arbeiten zeigen konnte (Werke, die z.T. schon früher in der Staatsgalerie moderner Kunst zu sehen waren), bestand der Wunsch, das Œuvre dieses großartigen Künstlers einmal umfassend darzustellen. Ein erstes Gespräch mit ihm fand im Februar 1976 statt, ohne daß sich damals bereits eine konkrete Möglichkeit abgezeichnet hätte. Vergegenwärtigt man sich die Ausstellungen der letzten Jahre, dann wurden abgesehen von der spektakulären Retrospektive im New Yorker Guggenheim Museum (1979/80) fast ausschließlich einzelne Werkkomplexe vorgestellt, z.B. Zeichnungen und Aquarelle oder Multiples und Graphik. Meine Intentionen gingen aber dahin, einen Überblick über möglichst viele Gattungen und einen möglichst großen Zeitraum zu vermitteln.

Angesichts der Schwierigkeit, das verstreute und teilweise fest installierte Material zusammenzubekommen, tauchte sehr bald der Gedanke auf, sich in der Auswahl auf Werke zu konzentrieren, die in München vorhanden waren. Nachdem aber die Sammlung Herbig auf Dauer in die Schausammlung der Neuen Galerie in Kassel integriert worden war, schien eine solche Beschränkung nicht sinnvoll, da praktisch keine größere Arbeit mehr zur Verfügung gestanden hätte. Das änderte sich erst mit der Erwerbung von zwei bedeutenden Environments durch die Städtische Galerie im Lenbachhaus (Kat. 329) und einen privaten Sammler (Kat. 339). Damit waren die Voraussetzungen gegeben, auch diesen Aspekt des bildnerischen Œuvres von Beuys angemessen zu veranschaulichen.

Insgesamt reicht demnach das Spektrum von Zeichnungen, Aquarellen, Partituren, über Ölmalereien, Fotoarbeiten, Multiples, Skulpturen und Objekte bis hin zu raumbezogenen Installationen. Der zeitliche Rahmen wird durch die Daten 1946 und 1981 abgesteckt. Weitgehend ausgeklammert bleiben damit die öffentlichen Auftritte von Beuys, d.h. seine Aktionen, seine Vorträge, sein pädagogisches und politisches Engagement. Der Schwerpunkt der Ausstellung liegt auf den klassischen Gattungen des bildkünstlerischen Arbeitens.

Insgesamt haben 25 private und öffentliche Sammlungen das Projekt mit Leihgaben unterstützt. Dabei konnte noch nicht einmal alles, was es in München gibt, berücksichtigt werden und aus den repräsentierten Sammlungen gelangte durchaus nicht jedes Stück in die Ausstellung. Der Bestand an Werken von Joseph Beuys in Münchner Sammlungen geht erheblich über die 350 Exponate hinaus, die hier zu sehen sind.

Es schien wichtig, mit der Ausstellung ein Informationsdefizit abzubauen, das in so erschreckender Weise offenbar wurde, als vor anderthalb Jahren das Für und Wider eines Museumsankaufs in der Öffentlichkeit diskutiert wurde. Weiterhin kam es darauf an, die Schlüssigkeit des gesamten

Œuvres von Beuys zu verdeutlichen. Sichtbar wurde dabei eine Welt, die nicht nur grau und trostlos ist, wie es etliche Publikationen nahelegen, sondern die auch farbig bis zum Bunten sein kann. Was gezeigt wird, sind nicht Ideenskizzen oder Derivate der Antiform, sondern überwiegend Kunstwerke, die auch herkömmlichen Kriterien entsprechen.

Mein herzlicher Dank gilt allen, die dazu beitrugen, die Ausstellung zu verwirklichen, in erster Linie natürlich Joseph Beuys und den Leihgebern für ihr großzügiges Entgegenkommen. Vielfältige Anregungen, Hinweise und mancherlei Unterstützung verdanke ich der Galerie Schellmann & Klüser. Roland Fischer, Walter Haberland und Jutta Simmersbach waren bei der Beschaffung und Anfertigung von Fotos sehr hilfreich. Ohne die Aufnahmen von Ute Klophaus, die seit vielen Jahren die Arbeiten und Aktionen von Beuys festhält und eine ganz spezifische Sicht auf das Œuvre geprägt hat, wäre der Katalog kaum repräsentativ zu gestalten gewesen. Mein Dank gilt ferner Ludwig Rinn, der nicht nur viele Werke aus seiner Sammlung zur Verfügung stellte, sondern auch bei der Installierung mit zur Hand ging. Ein weiterer Hauptleihgeber, Lutz Schirmer, ermöglichte es durch sein Engagement, daß die Ausstellung von einer Publikation begleitet wird, die große Teile der gezeigten Werke abbildet. Helmut Friedel hat mich wie immer bei Vorbereitung und Durchführung des Projektes intensiv unterstützt. Auch ihm und allen, die sich eine Erwähnung verbeten haben, meinen aufrichtigen Dank.

A.Z.

»Braunkreuz mit Silbernitrat und Jod«, »Hirschreiterin«, »vor dem Aufbruch aus Lager I«, »Wärmeplastik im Gebirge«, »Urschlitten, Schädel und Bewußtseinszeichen« – das sind nur einige wenige Titel von hier gezeigten Werken, Titel, die befremdend, ja teilweise absurd erscheinen. Die zugehörigen Arbeiten steigern noch das Moment der Verblüffung, wenn man ihnen unvorbereitet begegnet. Die Zeichnungen, Aquarelle, Collagen, Objekte und Raumgestaltungen wirken auf den ersten Blick verschlüsselt und abweisend. In der Tat, wer mit der Kunstentwicklung der letzten zwei oder drei Jahrzehnte nicht im mindesten vertraut ist und seine Vergleichsmöglichkeiten allein aus der frühen Moderne der Zeit vor dem ersten Weltkrieg zieht, steht bei Beuys vor lauter Rätseln, deren Auflösung oft nicht leicht fällt. Macht man sich aber bewußt, auf was man blickt, dann erschließen sich die weit ausgreifenden Intentionen des Künstlers wie von selbst. Mit wachsendem Verständnis und zunehmender Vertrautheit verlieren die Chiffren das Bedrohliche und Beängstigende und es zeigt sich, daß man es bei diesem so vielschichtigen und tiefgründigen Œuvre nicht mit einer kryptischen Spekulation zu tun hat, wie immer wieder behauptet wird.

Stark vereinfacht läßt sich unsere Ausstellung in zwei Sektionen gliedern. Den Arbeiten auf Papier (Zeichnungen, Aquarellen, Collagen, Partituren, Ölmalereien u.a.) stehen Skulpturen, Objekte und Environments gegenüber. Ausgeklammert bleiben von vornherein die öffentlichen Auftritte von Joseph Beuys, wenngleich das eine oder andere Stück als Relikt einer Aktion bezeichnet werden

muß. Zahlenmäßig dominiert die erste Gruppe und es ist wiederholt betont worden, daß sich insbesondere an den Zeichnungen die Vorstellungen des Künstlers am ehesten verifizieren lassen. Die folgenden Bemerkungen, die sich überwiegend an den im Lenbachhaus versammelten und hier größtenteils abgebildeten Arbeiten orientieren, stellen daher in einem ersten Teil die frühen Blätter in den Mittelpunkt und konzentrieren sich auf die Herausarbeitung der zentralen Themenkomplexe. Die Genese des Stils und seine Wandlungen zu beschreiben, war daher nicht primär Ziel der Analysen. Soweit es inhaltliche Erwägungen nahelegten, wurden allerdings in diesem Abschnitt verschiedene Bronzen aus der Frühzeit des Künstlers berücksichtigt. Diese wären an sich im zweiten Teil der Bemerkungen zu interpretieren gewesen, der sich auf die plastischen Arbeiten, d.h. Skulpturen, Objekte und Environments konzentriert.

Selbstverständlich konnten nicht alle Werkgruppen mit gleicher Ausführlichkeit dargestellt werden und es ist nicht zu leugnen, daß verschiedene bedeutende Stücke im Text keine Erwähnung, geschweige denn eine ausführliche Würdigung erfahren. Sie hätten zu viele Fragen aufgeworfen und den gesetzten Rahmen gesprengt. Den Stichworten zu spezifischen inhaltlichen Problemen, die sich angesichts der Exponate stellen, geht jeweils eine knappe Zusammenfassung der wichtigsten Beobachtungen und Thesen voraus, die auch andere, hier nicht gezeigte Werke bestätigen.

I. Zeichnungen, Aquarelle und andere Arbeiten auf Papier

Die entscheidenden künstlerischen Ideen von Joseph Beuys manifestieren sich von Anfang an mit besonderer Klarheit im Medium der Zeichnung und des Aquarells. Zu beobachten ist dabei Außerordentliches. Früh bekundet sich ein ausgeprägtes Interesse für die Morphologie der Naturerscheinungen, der organischen und anatomischen Bildungen von Flora und Fauna. Als zentrales Thema erweist sich jedoch der verletzbare, lädierte, todgeweihte Mensch. Archaische Jäger und Sammler, Mutteridole begegnen zerbrechlichen Figurinen aus dem Heute. Feuerstätten und Opfermale, Grabfelder sind ebenso auszumachen wie Lagerplätze, Höhlen, primitive Wägen und urtümliche Schlitten. Mit intuitiver Beobachtungsgabe sind Elche und Wölfe, Hasen und Schwäne usw. erfaßt und in graphischen Kürzeln hingeschrieben. Dies alles findet sich begleitet von den Abbreviaturen unwegsamer Gebirgslandschaften und trostloser Küstenstreifen. Diese komplexen Phänomene beschwören eine mythische Welt, die sich im Laufe der Entwicklung von Beuys immer stärker mit Symbolen der Gegenwart verschränken, mit Aggregaten, Maschinenteilen, Werkzeugen, chemischen Formeln, verbalen Mitteilungen und gängigen Zeichen wie beispielsweise dem Kreuz. Die jeweils nur mit wenigen, mal zarten, mal groben Strichen gefaßten Notizen verraten eine sehr starke innere Erregtheit und lassen diese psychischen Improvisationen zugleich spröde und angespannt, flexibel und erstarrt erscheinen. Nichts ist hier geglättet, vereinheitlicht, insbesondere in der reduzierten Form bleibt die große Unmittelbarkeit des Erlebens und Vorstellens spürbar. In diesem seismographischen Registrieren der Elemente aus Natur und Zivilisation, aus Vergangenheit und mit Schrecken beobachteter Gegenwart, in diesen Verdichtungen, Verknäuelungen und Versprengungen, wird gleichsam ein zerbrochener Kosmos angedeutet, in dessen Fragmenten die Geschichte als Abstieg gegenüber dem Mythos beschrieben wird.

Synkretismus kennzeichnet das thematische Feld, auf dem sich Beuys bis heute bewegt. Durch die Vermischung heterogenster Gegenstandsbereiche und der überaus sensiblen Fraktur, dem fließenden Duktus, den Leerstellen und Schmutzzonen, wird vor allem eines intendiert: sichtbar zu machen, daß die humane Ganzheit, die es einmal gegeben haben muß, verloren ging und das Individuum heute entfremdet von sich selbst und seiner Umgebung existiert. Aus keinem seiner Blätter und sonstigen Werke kann jedoch geschlossen werden, daß Beuys die Überwindung dieses deprimierenden unerträglichen Zustandes in der totalen Regression des Verstandes erblickt und die Rückkehr zur Urgesellschaft propagiert. Im Gegenteil, in der Ausblendung von Euphorie und Optimismus, in der absoluten Negation, kann sich die Utopie, um die es Beuys erklärtermaßen geht, nicht in Bildern und Zeichen objektivieren. Vor der Folie des so bezwingenden und zugleich beklemmenden Œuvres, in dem sich Beuys unzweifelhaft als einer der großen Zeichner dieses Jahrhunderts erweist, lassen sich Gegenbilder zu der angedeuteten Misere für ihn allein im Medium der Sprache vermitteln.

Festzuhalten ist dabei, daß die wichtigsten Blätter fast alle aus den 50er und 60er Jahren datieren, ja daß das graphische Werk im wesentlichen als abgeschlossen gelten kann. Was jetzt an Partituren und Diagrammen entsteht, sind gleichsam demonstrative Hilfsmittel, die Beuys bei der Diskussion mit Schülern und Laien verwendet.

Nahezu alle Problemfelder sind in den frühen Zeichnungen, Aquarellen und Gouachen dargestellt, zumindest aber angedeutet. Verschiedene Beispiele können dieses exemplarisch belegen, wobei wir eingangs eine sehr frühe Arbeit berücksichtigen, die zwar nicht Teil dieser Ausstellung ist, aber trotz der zeitbedingten, höchst fragwürdigen Aussagen eine programmatische Einstellung des Künstlers erkennen läßt, die sich bis heute kaum gewandelt zu haben scheint.

Von Anfang an: Geistige Schau der Realitäten in der Natur

Als sich Joseph Beuys im Mai 1941 als knapp 20jähriger für kurze Zeit von seiner militärischen Ausbildungsstelle in Erfurt beurlauben ließ, fuhr er nach Weimar, um dort u. a. das Nietzsche-Archiv zu besuchen. Eindrücke eines offenbar herrlichen Frühlingstages hat er auf einem Blatt Papier festgehalten, das mit seiner freien, über die Schrift gelegten Aquarellierung von ihm selbst und seinen Biographen auch heute noch für so wichtig erachtet wird, daß es in der aufwendigen Publikation einer repräsentativen Werkauswahl in Originalgröße farbig reproduziert wurde[1].

Wegen seiner lyrischen Qualitäten verdient der mit »Nordischer Frühling« überschriebene Text allerdings kaum Beachtung. Zu deutlich sind die Anklänge etwa an Goethes »Osterspaziergang«. Bemerkenswert sind die Zeilen auch nicht etwa deshalb, weil sich in ihnen bruchstückhaft etwas von der damals verordneten Ideologie spiegelt. In der Beschwörung der germanischen Erdgöttin Ostara und in Formulierungen wie der von der »unüberwindlichen biologischen Schöpfungskraft« manifestiert sich ein Denken, von dem Abstand zu gewinnen Beuys bis dahin kaum Gelegenheit hatte. Selbst die Reverenz vor Nietzsche, wie sie in der Anrufung von »Apollo mit Dionysus« am Schluß des dichterischen Versuchs zum Ausdruck kommt, wird man als zeitsymptomatisch und unspezifisch beiseite lassen können. Das hinter dem Weimarer Belvedere skizzierte Stimmungsbild machen neben der äußerst zarten Kolorierung vor allem die beiden folgenden Sätze aufschlußreich:

*»Der Mensch fühlt, daß
die Pflanzen und Tiere seine Verwandten sind.
Diese unendliche Kraft, dies dionysische Erbe
und Überquellen schafft der Mensch durch seine
geistige Schau der Realitäten in der Natur zum
Idealbild und zum also geläuterten Kunstwerk
Zelle und biologische Vererbung . . . «*

Verschiedene Vorstellungen fließen ineinander. Der Mensch erscheint als primär organisches Wesen in einen umgreifenden Kosmos eingebunden, den Pflanzen und Tieren verschwistert. Durch seinen Geist aber formt er die Realität in der Natur zum Idealbild und zum »also geläuterten Kunstwerk Zelle und biologische Vererbung«. – Eine abstruse Spekulation, in der sich Fragmente romantischer Naturphilosophie, des deutschen Idealismus und einer biologistischen Weltanschauung finsterster Provenienz vermengen. Beuys auf diese kaum durchdachte, ja im Grunde verblasene Passage in ihrer Gesamtheit festlegen zu wollen, wäre zweifellos ungerecht. Zu sichtbar trägt sie die Zeichen emphatischen Überschwangs. Handelt es sich also, so wäre zu fragen, um das unreflektierte Produkt eines jungen

Menschen, der auf der Suche nach Erklärungen für das so Eindrucksvolle der lebendigen Natur den gängigen Deutungsmustern seiner Zeit verfällt? Hätte man dieses zu bejahen, so würde zu überlegen sein, warum sich Beuys auch heute noch zu diesem Text bekennt, der doch vor allem von den Schwierigkeiten der intellektuellen Genese des Künstlers zeugt. Die positive Einschätzung des Blattes erklärt sich zweifellos nicht allein aus seinem hohen formalästhetischen Reiz, sondern resultiert aus zwei verbal formulierten Aspekten: dem Postulat vom absoluten Vorrang des Geistigen gegenüber dem Materiellen und dem Blick, der die gegebene Zivilisation transzendiert. »Die geistige Schau der Realitäten in der Natur« – in dieser Formulierung steckt das Programm, das sich aus dem insgesamt höchst problematischen Erguß herausdestillieren läßt und das für viele künstlerische Zeugnisse der Nachkriegszeit bestimmend werden sollte. Diese Einsicht vor allem dürfte Beuys und die Autoren der genannten Publikation bewogen haben, dieses unausgereifte Jugendwerk nicht zu verwerfen. Tatsächlich bestätigen etliche der in dieser Ausstellung gezeigten Arbeiten, wie konsequent Beuys in dem angedeuteten Sinne verfahren ist.

Pflanzenbilder in romantischer Tradition

1947 ist eine Bleistiftzeichnung datiert (Kat. 4, Abb. 43), die auf unregelmäßig beschnittenem Papier eine auf die Spitze gestellte Eiform wiedergibt. Im Inneren des Gebildes treibt aus einem kleinen Samenkorn ein dünner Sproß empor, der außer zwei Blättern eine im Querschnitt gegebene Blüte trägt. Der verdickte Endpunkt des Griffels markiert das Zentrum eines der Gesamtform integrierten Doppelkreises. Während sich nach oben hin eine kleine Palmette ausgebildet hat, entstehen in der unteren, größeren Partie einzelne Segmente, wobei die Radien mit den Rippen der Blätter bzw. den strahlenartigen Wurzeln korrespondieren. Einige zarte schwingende Linien deuten darüber hinaus an, wie sich aus einem kleinen Kern in aufstrebendem Wuchs eine harmonische Form erschließt.

Die Zeichnung verdient vor allem auch deshalb Aufmerksamkeit, weil sie vielfältige Parallelen zu einer anderen Arbeit desselben Jahres aufweist (Kat. 3, Abb. 44). Die leitenden Vorstellungen scheinen hier allerdings noch klarer zum Ausdruck zu kommen. So ist ebenfalls ein in Abkürzungen gegebenes Blütengewächs zu erkennen. Neben unregelmäßigen Verknotungen, die die beiden Blätter fast zu einem Flügelpaar machen, fallen insbesondere Verlängerung und Modellierung des Fruchtknotens auf. Den vegetabilen Elementen entwächst gleichsam eine anthropomorphe Form, wobei die Blütenblätter wie emporgestreckte Arme erscheinen. Zumindest in dieser Zeichnung geht es Beuys weniger um die Morphologie der Flora als um den Versuch, modellhaft die Synthese von Mensch und Natur zu formulieren. Daß dabei der Alraune eine zentrale Leitfunktion zugekommen sein dürfte, hat Hagen Lieberknecht zu Recht hervorgehoben, denn in der Tat erinnert das dunkel akzentuierte Figürchen an die Wurzeln einer Mandragora[2]).

Vorstellungen, die sich am organischen Totalitätsdenken entwickeln, spielen im Schaffen von Klee eine wichtige Rolle und in vordergründiger, illustrativer Weise hat ihnen u. a. auch Kreidolf Ausdruck verliehen. Für Beuys dürften aber viel eher noch als derartige Erscheinungen aus der Kunst des 20. Jahrhunderts Beispiele aus dem Œuvre von Runge von Bedeutung gewesen sein, dessen »Zeiten« mit ihren unmittelbaren Verknüpfungen von Genien und Blumen, wenn auch nicht in formaler, so doch in inhaltlicher Hinsicht in diesem Rahmen zu beachten sind.

Im Weltbild des Romatikers fällt der Blume die Rolle eines zentralen Symbols zu. In der Pflanze kommt für ihn die zyklische Vorstellung eines unaufhörlichen Wandels von der Schöpfung über Bewahrung, Vergänglichkeit und erneutem Entstehen ebenso zum Ausdruck wie die Konzentration von Kräften, die ins Kosmische ausstrahlen[3]). Ähnliche Gedanken mögen sich bis zu einem gewissen Grade in der Darstellung von Beuys widerspiegeln, wobei der elliptische Umriß des Zeichenpapiers überdies die Idee des Welteneis evoziert, wie sie etwa im Œuvre von Blake auftaucht. Die Metamorphose als Grundprinzip beherrscht das Denken der Romantiker und die Annahme scheint zumindest nicht abwegig, daß sich Beuys in der Entwicklung seiner Konzeption auch an Äußerungen von Novalis orientierte[4]). Inwieweit die Zeichnung außerdem auf mythisches Denken anspielt und als Symbol der Vereinigung von Logos und Seele intendiert ist, mag offenbleiben[5]).

Beide Zeichnungen stehen in unserer Ausstellung isoliert und weisen mit floralen Motiven aus späterer Zeit (Kat. 126, Abb. 127) keinerlei Parallelen auf. Dennoch kann man aus dem Œuvre von Beuys eine Reihe anderer, zeitlich benachbarter Darstellungen anführen, in denen sich ähnliche Tendenzen verkörpern, wenngleich die beobachtete Überhöhung ins Kosmogonische kaum nochmals so direkt zum Ausdruck kommt. Dieses ist am ehesten noch bei einem mit »Germination« betitelten Blatt der Fall, wo aus Verwerfungen des Gesteins sich von feinen Adern durchzogene Fruchtkugeln bilden, die über kapillare Bahnen mit Vegetationszentren unter der Erdoberfläche in Verbindung stehen[6]). Aufschlußreich sind daneben einige Zeichnungen aus »The secret block for a secret person in Ireland«. Es handelt sich dabei bekanntlich um eine Folge von Darstellungen, die Beuys für sich selbst aufbewahrte, weil sie ihm besonders wichtig geworden waren[7]). Die Nähe zu Runge wird hier noch einmal besonders evident. So beschäftigte sich Beuys 1948 beispielsweise mit den Blüten von »Tulipidendron lyriofolium« und »Frauenmantel«. Die Schemazeichnungen sind ähnlich wie bei dem Romantiker aus Vielecken, Kreisen, Segmentbögen usw. fixiert, so daß die enge Verbindung von Geometrie und Naturform Aufschluß über die Struktur der Gewächse gibt. Jahre später kommentierte Beuys diese Zeichnungen mit der Bemerkung, der naturalistische Zugang habe sich erst eröffnet, nachdem die Konstruktion erfolgt sei[8]). Für ihn geht der Weg von der abstrakten zur konkreten Form, von der Idee zur Materialisation und nicht umgekehrt.

Schema und Skelett

Ganz ähnliche Beobachtungen lassen sich am Bereich der Fauna machen. Das liegende Kalb von 1948 (Kat. 12, Abb. 47) ist ähnlich wie die erwähnten Blütenpflanzen aus Dreiecken und Parallelogrammen aufgebaut, wobei sich die einzelnen Elemente durch zarte Schraffuren bzw. Aussparungen deutlich gegeneinander absetzen. Selbst die Läufe und Hufe sind in das abstrakte System eingebunden. Bei einem zweiten, ebenfalls 1948 datierten Beispiel (Kat. 10, Abb. 2) markieren dagegen nur einige flüchtige Linien die Umrisse der beiden lagernden Hirsche. Auch hier freilich fällt die Konzentration auf elementare Grundformen ohne Binnendifferenzierung auf. Trotz der insgesamt freieren Strichführung herrschen gerade Linien und Winkel vor.

In beiden Fällen handelt es sich um typische Bildhauerzeichnungen, die den plastischen Gegenstand von seiner Umgebung isolieren und nach einem Gestaltungsmodul hinter dem Erscheinungsbild fahnden. Intentional mag es Berührungspunkte mit der Œuvre von Franz Marc geben, zumal der romantische Impuls, der dessen Bilder und Zeichnungen mit ihren Durchdringungen von Landschaft und Kreatur zu pantheistischen Visionen macht, auch bei Beuys vorausgesetzt werden kann. Unmittelbarere Anregungen dürften aber von Ewald Mataré ausgegangen sein, dessen Schüler Beuys von 1949–51 war.

Im Atelier des von den Nazis entlassenen und unmittelbar nach dem Krieg zum Professor an der Düsseldorfer Akademie ernannten Bildhauers konnte er etliche stilisierte Skulpturen und Reliefs von Rindern und Kühen kennenlernen, die für Mataré neben seinen vielen großen Auftragsarbeiten so etwas wie ein Medium bildeten, um sich immer wieder von neuem die Einheit von Natur und Kosmos zu vergegenwärtigen. Die eschatologischen Erwartungen Marcs blieben hier freilich nach den Erfahrungen zweier Weltkriege ausgeblendet. Wie nahe Beuys seinem Lehrer zeitweilig kam, macht ein kleines Bronzerelief anschaulich (Kat. 267, Abb. 220), wenn man es etwa mit einer Arbeit Matarés von 1928 in Beziehung setzt[9]). Die Betonung der Konturen bei einfachster Umrißbildung erweisen sich dabei als ebenso verwandt wie die schematischen Parallelstreifen des Hintergrundes und die leichte Unregelmäßigkeit des gesamten Werkstücks.

»Ich will kein ästhetisches Kunstwerk mehr – ich mache mir einen Fetisch«, hatte Mataré 1947 bekundet[10]), und etwas von diesem Streben, das Artefakt wieder in einen Lebenszusammenhang zu stellen, teilte sich auch seinen Schülern mit. Für Beuys selbst sollte diese Vorstellung, die Mataré zwar verbal formulierte, aber nicht eigentlich in die Praxis zu überführen trachtete, in späteren Jahren zum zentralen Anliegen seines Denkens und Handelns werden. Inwieweit er zu Konsequenzen geführt wurde, die den allein ästhetischen Rahmen tatsächlich außer Kraft setzen, wird noch im einzelnen zu zeigen sein.

Der stilistische und motivische Einfluß Matarés beschränkt sich auf verschiedene Arbeiten der Zeit bis etwa 1950/1. Neben anderen Werken dieser frühen Phase offenbart aber bereits eine 1949 auf Pappe ausgeführte Gouache Tendenzen, die für die weitere Entwicklung von signalhafter Bedeutung sein sollten. Elemente werden spürbar, die entschieden über den Vorstellungshorizont Matarés hinausweisen, der bereits 1950 das ausgesprochen rhythmische Gefühl und die Ausdauer seines Schülers bewundert und überzeugt ist, daß dieser ein sehr guter Bildhauer werden wird[11]).

Dargestellt ist auf dem braunen, aus seiner Bindung herausgerissenen Zeichenkarton das Skelett eines Schafes (Kat. 17, Abb. 1). Zwar knüpfen die elliptische Gesamtform, die diagonale Verspannung, die waagerechte Achse in der Mitte und die Einbindung des Schädels in ein gleichschenkliges Dreieck an die vorangegangenen Versuche an. Insgesamt aber macht sich eine völlig veränderte Einstellung zum Bildgegenstand bemerkbar. Allein schon der Umstand ist auffällig, daß ein totes, skelettiertes Wesen wiedergegeben wurde. Hinzukommt die Kombination von

Mitteln der Formklärung mit solchen der Gestaltverschleierung. Die feinen Linien des Knochenbaues, so detailliert sie in manchen Partien herausgearbeitet wurden, versinken partiell in der weißlichen Einfärbung, die der gesamten Figuration etwas Insektenartiges, Lemurenähnliches verleiht. Zeichnung und Malerei treten auseinander und vermitteln Eindrücke, die sich nur noch teilweise zu einem stimmigen Ganzen zusammenschließen. Das gesamte Blatt wirkt wie ein Destillat aus Klee und Sutherland, wenn man sich vergegenwärtigt, wie unvermittelt natürlich Gegebenes ins Groteske, Unheimliche umschlägt. Die reiche formale und koloristische Orchestrierung des braunen Grundes, die fließenden Linien und zarten Farbschleier verleihen dem Gebilde ein derart schimmerndes, stellenweise transparentes Umfeld, daß die Höhle, in die die Knochen gebettet sind, sowohl Leben als auch Tod zu verheißen scheint. Das Blatt wird in mehrfacher Hinsicht lesbar und gewinnt eine Tiefe und Hintergründigkeit, die über alles hinausgeht, was aus der Frühzeit von Beuys bekannt geworden ist. Vorangegangene Tierdarstellungen (Kat. 12, Abb. 47) erweisen sich als karg und ärmlich neben dieser ungewöhnlichen Arbeit, die im Kern zusammenschmilzt, was sich in der Folgezeit in so vielschichtiger Weise entfalten sollte

Zwischenstück: Die Bienenkönigin und Rudolf Steiner

Gleiches läßt sich auch auf dem Gebiet der Skulptur feststellen, wenn man das kleine Relief mit dem Schaf (Kat. 267, Abb. 220d) neben eines der aufschlußreichsten Werke dieser gesamten Zeit stellt. Das Thema »Bienenkönigin« hat sich in einigen plastischen Arbeiten überliefert, die alle Ende der 40er bzw. zu Beginn der 50er Jahre entstanden. Zu erinnern ist vor allem an die beiden Fassungen in der Ströher-Sammlung[12], daneben aber auch an etliche Zeichnungen, die das Motiv aufgreifen[13]. Während die graphischen Entwürfe und Skizzen nur in sehr lockerem Zusammenhang mit dem hier ausgestellten Werk (Kat. 270, Abb. 203) stehen, variieren und vereinfachen es die beiden erwähnten Skulpturen.

Unser Stück, das zeitlich an den Anfang der Reihe gehört, besteht aus einer an den Ecken abgerundeten, nahezu quadratischen Buchsholzplatte, die an allen vier Seiten in der Mitte eingekerbt und an der Oberfläche mit ornamental eingeschnittenen Linienzügen versehen ist. Darauf liegt mit etwas Abstand eine Platte aus Wachs, deren Umriß ein unregelmäßig verzogenes Oval bildet und formal der ausgegrenzten Mittelzone des »Schafskeletts« (Abb. 1) ähnelt. Allerdings modelliert sich hier an der Oberkante ein gratiger Steg heraus, der den Eindruck einer Symmetrieachse erweckt so als handelte es sich bei dem Wachselement lediglich um den Teil einer größeren, doppelflügeligen Gestaltung.

Was wie ein Fragment aus größerem Zusammenhang erscheint, trägt die Details der plastischen Darstellung: merkwürdig verformte sack- und kugelartige Gebilde, die weich und unregelmäßig aus dem Reliefgrund hervorwachsen. Die teigigen Formen mit ihren schrundigen, manchmal eingedellten Oberflächen stehen miteinander in Verbindung, indem sie sich entweder zusammenschieben oder mittels knotiger, darmähnlicher Stränge verknüpfen. Augenscheinlich handelt es sich um amorphe Gebilde, die aus dem Grund emportauchen oder in ihn zurücksinken. Die Weichheit der grauen Modelliermasse, ihre partielle Durchsichtigkeit und der matte Oberflächen-glanz verstärken die transitorischen Momente des anschaulichen Charakters. Nur gegen den waagerechten Grat hin heben sich die Elemente klarer ab. Als vollplastische Formen haben sie sich fast vollständig von der Grundfläche gelöst. Da ist zunächst ein spindelförmiges Detail, das anthropomorph anmutet und an den alraunenhaft ausgeformten Griffel der »Pflanze« von 1947 (Kat. 3, Abb. 44) gemahnt. Etwas weiter nach rechts schließt sich endlich ein in die Senkrechte gedrehter weiblicher Torso aus Terrakotta an, dessen Arme sich vor dem Körper kreuzen, so daß die Hände die Scham bedecken. Diese beiden am weitesten durchgebildeten und zu klarer Gestalt entwickelten Motive sind durch das spiralartige Gestirn der hölzernen Rückfläche miteinander in Beziehung gesetzt. Insgesamt also eine änigmatische Darstellung, die organisches Wuchern und Wachsen, Formloses und Gestalthaftes veranschaulicht.

Auch die Rückseite der Trägerplatte liefert zunächst keinen Schlüssel zur Deutung der gesamten Konfiguration. Hier (Abb. 203) überziehen gewellte, flach eingeschnittene Stege das gesamte Bildfeld, wobei sich allerdings der Gliederung der Tafel entsprechend vier sehr ähnliche Komplexe herausschälen. Sie alle sind aus denselben, nur im Detail abweichenden und leicht gegeneinander verdrehten bzw. verschobenen Motiven aufgebaut. So ordnen sich den vier fliegenden Schwänen jeweils eigentümliche Gebilde zu, die wie von Seetang umgebene Quallen erscheinen. Eiförmige Knoten verwandeln sich in dünne Stengel, die sich ihrerseits zu ausgreifenden Baldachinen verbreitern, an den Rändern umschlagen und in großen Blättern mit gezackten Unterkanten enden. Aus dem fließenden, mehrfach geteilten Strom, wachsen gleichsam stilisierte Lebewesen

hervor in denen Pflanzliches und Tierisches eine Symbiose eingehen.

Eine Bleistiftzeichnung (Kat. 18, Abb. 51) läßt sich dabei direkt mit der Rückseite des Werkstücks in Zusammenhang bringen. In Zentrum einer Muschelhälfte mit gewelltem Rand findet ein ganz ähnlicher Teilungs- bzw. Wachstumsprozeß statt, der jedoch offensichtlich durch das Gestirn am oberen Bildrand beeinflußt wird, wie sich an der leichten Achsendrehung und den konzentrischen Kräuselbewegungen des Meeres zeigt. Die sich hier manifestierenden Vorstellungen haben Beuys offensichtlich intensiv beschäftigt.

Eine ganze Reihe von Zeichnungen lassen erkennen, wie das Denken von Beuys um Ideen kreist, deren Herkunft aus der Biologie offensichtlich ist[14]). Insgesamt macht demnach die in Holz geschnittene Darstellung sichtbar, was auf der Wachstafel sich vorsichtiger, tastender andeutet: die Herausbildung geheimnisvoller Organgebilde von rätselhafter Funktion und winzige menschliche Wesen, die wie ein Anhängsel von Wucherungen wirken.

Setzt man einmal voraus, daß Wachsrelief und Holzschnitzerei von Anfang an zusammengehörten, dann bleibt immer noch die Frage, welche Assoziationen mit dem Titel »Bienenkönigin« intendiert sind. Erkennbar dargestellt ist das Tier zweifellos nicht, so daß man die gesamte Arbeit als metaphorische Umschreibung dessen zu werten hat, was sich für Beuys mit der Vorstellung dieses Lebewesens verbindet. Auch die beiden 1952 datierten Arbeiten geben trotz vieler Parallelen in den Details und der Gesamtkonzeption in dieser Hinsicht nur wenig Aufschluß. So taucht in der einen Fassung lediglich der aus wuchernden Knollenformen hervorgehende weibliche Torso auf und korrespondiert mit dem vergrößerten Abdomen des dritten Exemplars. Selbst die Zeichnung von 1952[15] führt zunächst noch zu keinem klareren Verständnis des ganzen Werkkomplexes, wenngleich man sich an einen Satz aus Maurice Maeterlincks »Das Leben der Bienen« von 1922 erinnert fühlt. Der symbolistische Dichter beschreibt den Befruchtungsvorgang, der sich hoch über der Erde vollzieht. »Die Königin kehrt – so heißt es bei ihm – von der blauen Höhe schnell in den Stock zurück und schleppt die langgezogenen Gedärme ihres Buhlen wie eine Oriflamme nach.«[16]

Spürbar wird allenfalls, daß die Bienenkönigin mit der weiblichen Figur identifizierbar wird. Eine 1952 datierte Zeichnung mit dem Titel »Wo ist die Bienenkönigin?« (Kat. 39, Abb. 64) und ein Aquarell aus dem Jahre 1956 bestätigen diese Vermutung[17]. Deutlich ist jeweils ein Wesen mit dünnen Armen, winzigen Flügeln, kleinen Brüsten und einem riesigen Beckenbereich zu erkennen. Von diesem Fruchtbarkeitsidol ergeben sich vielfältige Beziehungen zu unserem Wachsrelief.

Die sich einer genaueren Fixierung entziehenden Gestaltvorstellungen sind an einem vagen Begriff des Organischen orientiert. Die formal zumindest teilweise von der Jugendstilornamentik beeinflußte Arbeit gipfelt ähnlich wie die Pflanze (Kat. 3, Abb. 4) in einem anthropomorphen Gebilde. Zu Recht hat man darauf hingewiesen, daß derartige Ideen mit Spekulationen Rudolf Steiners in Zusammenhang stehen[18]. Dieser hatte 1923 vor den Arbeitern am Dornacher Goetheanum eine Reihe von Vorträgen gehalten, in denen er wiederholt auf das Wesen der Bienen einging. Die Phantastereien, mit denen Steiner naturwissenschaftliche Fakten garnierte, gipfelten dabei nicht nur in der Behauptung, daß die Königin im Gegensatz zu den Arbeitsbienen und Drohnen unter permanentem Sonneneinfluß stehe, sondern daß es auch im Menschenkopf Bienen gebe, unter der Voraussetzung freilich, daß man sich zu einer Identifikation der Nerven mit Drohnen, der Blutkörperchen mit Honigsammlerinnen und der Eiweißzellen im Mittelkopf mit der Königin herbeiläßt[19]. Die hemmungslose Rabulistik Steiners, wie sie in diesen von ihm selbst nicht mehr überarbeiteten Ausführungen zum Ausdruck kommt, hat hier selbstverständlich nicht weiter zu interessieren. Allerdings verdient das Verfahren seiner schlechterdings unnachvollziehbaren Argumentationen Aufmerksamkeit. Es handelt sich im Grunde genommen um ein Analogiedenken, das man als vorwissenschaftlich qualifizieren muß. Der durchgängig spürbare antirationalistische Ansatz und der Zwang, isolierte Phänomene mit strukturell ähnlichen Gegebenheiten ganz anderer Bereiche zusammenzufügen, führt zu Begriffskonstruktionen, die zwar nichts mehr mit der Wirklichkeit zu tun haben, aber dem Laien doch den Eindruck vermitteln, als basierte diese letztlich auf einigen wenigen Grundprinzipien idealer Natur.

Der naturphilosophische Ansatz Goethes, mit dem sich Steiner in seiner Frühzeit ausgiebig beschäftigte und der sein Denken maßgeblich prägte, ist zumindest in den Bienenvorträgen zu einem attavistischen Animismus herabgekommen, der nur deshalb eine Anziehungskraft auszuüben vermochte, weil er noch einmal eine längst verloren gegangene Totalität suggerierte, die gleichsam als Gegenbild einer sich immer weiter spezialisierenden und damit immer unüberschaubarer werdenden Wissenschaft fungierte. Beuys, der sich wiederholt und öffentlich zur Anthroposophie bekannt hat, dürfte die erwähnten Ausführungen Steiners über die Bienen gekannt haben[20]). Freilich wird man sich davor hüten müssen, seine bildkünstlerischen Arbeiten mit dem Hinweis auf Steiner zu Illustrationen von dessen Ideen zu degradieren, wenngleich eine partielle Parallelität im Vorstellungsbereich unübersehbar ist. Allgemein läßt sich sagen, daß die formalen Anmutungsqualitäten der Zeichnungen und Reliefs eine psychische Wirkung entfalten, die der dürren Exegese Steiners völlig abgeht.

Fassen wir unsere Beobachtungen zusammen, dann sind die Arbeiten zum Thema »Bienenkönigin« als Versuch zu werten, eine sinnfällige Formulierung für Phänomene des Wachstums und der Fruchtbarkeit in allen Bereichen der Natur zu finden, ob es sich dabei um einen Einzeller oder den gesamten Kosmos handelt. Die Verschränkung mehrerer Darstellungsebenen und Motivbereiche ist dabei Ausdruck einer Orientierung an verschiedenen vorgeprägten Deutungsmustern.

Daß es Beuys dabei nicht auf eine Symbolfindung ankam, läßt sich an zweierlei ablesen. Einmal ist der Verzicht auf die erkennbare Wiedergabe des Insekts auffällig. Seit dem Altertum verbinden sich bekanntlich mit der Biene Vorstellungen von Leben, Tod und Wiedergeburt, sie diente als Zeichen des verlorenen Paradieses, des goldenen Zeitalters, war eine Metapher für staatliche und gesellschaftliche Ordnung und wurde immer wieder als Beispiel für Sparsamkeit und Fleiß zitiert[21]). Biene und Honig galten darüber hinaus als Symbole des Dichters und der Dichtung[22]). All dieses spielt für die hier gezeigte Arbeit (Kat. 270, Abb. 203) keine Rolle.

Bei dem verwendeten Werkstoff scheint es sich demgegenüber anders zu verhalten. Wachs wird von den Bienen produziert und Steiner äußerte, dieses organische Material gehe durch Schmel-

zen und Verdunsten in einen Zustand über, wie er auch im menschlichen Körper vorkomme[23]). Das könnte in unserem Zusammenhang die so irritierende Kombination von Konglomerat und daraus hervorgehendem Torso erklären helfen, wenn nicht insgesamt etwas anderes im Vordergrund stehen würde. Dominierend bleibt ja der Eindruck relativer Unbestimmtheit der Formen, die augenscheinliche Zufälligkeit mancher Konturen, Erhebungen und Eintiefungen. Der Charakter des Nichtabgeschlossenen bzw. Nichtabschließbaren läßt das Gebilde nicht zum transferierbaren Zeichen gerinnen. Das Transitorische selbst ist Gegenstand der Darstellung geworden.

Das kleine Relief mit dem Titel »Bienenkönigin« ist vor allem auch deshalb so bemerkenswert, weil sich in ihm einige jener Arbeitsweisen und Vorstellungsbezirke artikulieren, die bereits jenes Paradox durchscheinen lassen, das für das Schaffen von Beuys so bezeichnend werden sollte: die Widersprüchlichkeit nämlich, die darin liegt, daß die intendierten Lebensbilder eine Todesahnung vermitteln, daß die positiven Entwürfe nur als ihre Negation in Erscheinung treten können. Trotz der Anklänge an Steiner manifestiert sich im bildnerischen Bereich ein Bruch. Wo jener nämlich von der wunderbaren Weisheit schwärmt, die die Natur in den »Bienenzusammenhang« gelegt habe[24]), entwickelt Beuys eine Vision, in der Momente von Vergehen und Ekel mit solchen des Erblühens und der Anziehung konkurrieren.

Daß darüber hinaus die hölzerne Trägerplatte traditioneller aufgefaßt wurde, das eigentlich Bemerkenswerte der Arbeit in den aus Wachs geformten Teilen liegt, versteht sich von selbst. Die Stilisierung ins Ästhetische, wie sie der Jugendstil propagierte und wie sie noch in der geschnitzten Grundplatte nachklingt, erweist sich für Beuys in dieser Phase des Suchens und Experimentierens zunehmend als ungangbarer Weg. Auch die Kunst der Gegenwart vermochte kaum Anhaltspunkte zu bieten, wo es darum ging, bildnerische Formeln für das Werden zu finden. Beuys ist von Beginn an nicht an der vollendeten Gestalt interessiert, an ihrer Schönheit oder Zerbrechlichkeit, sondern an den sie bedingenden Kräften. Auf seine Weise versucht er, in die Nähe jenes »geheimen Grundes zu dringen, wo das Urgesetz die Entwicklungen speist.«[25]) Klee, dem wir diese Formel verdanken und der im Jenaer Vortrag von 1924 die »Schöpfung als Genesis« zum »allein wesentlichen Bild« erklärte, konnte freilich mit seinen formanalytischen Untersuchungen für Beuys nicht unmittelbar zum Vorbild werden, was sich besonders an den anderen Arbeiten der Zeit um 1950 und danach deutlich ablesen läßt[26]).

Toter Hirsch und Tiermärchen

Die Tendenz, sich von der umgebenden Zivilisation abzuwenden, sie zumindest nicht zum Gegenstand künstlerischer Auseinandersetzung werden zu lassen, charakterisiert auch die graphischen Arbeiten mit Tiermotiven aus den folgenden Jahren. Da zeigt ein mit brauner Beize ausgeführtes Blatt (Kat. 24, Abb. 13) drei übereinander angeordnete Elefanten, die verschiedene Darstellungsmodi repräsentieren und entfernt an eiszeitliche Höhlenmalereien erinnern. Auffällig häufig sind Hirsche wiedergegeben, zumeist in skelettierter Form, wobei unklar bleibt, ob die Tiere verendeten oder erlegt wurden (Kat. 41, Abb. 65).

Die tastenden, brüchigen Linien, die Verlagerung der Motive aus den Bildzentren, die Durchsetzung präziser, anatomischer Details mit freien Graphismen suggerieren den Eindruck von flüchtigen Erscheinungen. Manchmal heben sich aus den fahrigen Strichlagen nur noch die Details von Gebeinen heraus, gelegentlich sind es morsche Schädelknochen und die Reste von Geweihschaufeln, die mit Gestirnen in Verbindung treten, ohne daß sich ein räumlicher Zusammenhang herausbildete (Kat. 49, Abb. 66). Ein breit gefächertes Instrumentarium formaler Mittel überspielt dabei immer wieder diejenigen Elemente der Darstellung, die Gegenständliches bezeichnen. Die Skala reicht dabei vom undeutbaren Gekritzel bis zum realistischen Detail, wobei alles ineinander zu fließen scheint. So evozieren beispielsweise informell anmutende Pinselschläge einen Dynamismus, der die beinernen Überbleibsel eines Lebewesens gleichsam mit neuer Vitalität erfüllt (Kat. 70, Abb. 10). Dann wieder trifft der Blick auf ein Bündel gekurvter, unvermittelt abbrechender Linien, wobei sich aus dem schwebenden Strichgemenge eingebrochene Läufe, einige Hufe, Geweihenden und ähnliches hervorheben, bevor schließlich in der Mitte eine liegende Gestalt erkennbar wird: »Toter Mann zwischen Elchskeletten« ist die Darstellung betitelt (Kat. 71, Abb. 77). Dann wieder ist es eine grau eingestrichene Fläche mit ausfransenden Rändern und einer Aussparung in der Mitte, die unsere Aufmerksamkeit beansprucht (Kat. 83, Abb. 174). Wie eine Herzkammer wirkt die Leerstelle im Zentrum des Blattes und die verknäuelten Linien und Schraffuren deuten pulsierende Bewegung an. Erst allmählich wird wahrnehmbar, wie sich unter der opaken grauen Schicht das Schattenbild eines Hirsches abzeichnet, der unter dem dicken Ölfilm buchstäblich begraben liegt. Diese Reihe ließe sich fortsetzen bis zu jener schönen, 1970 datierten

Bleistiftzeichnung, die uns gleichsam ein schwankendes anatomisches Präparat vor Augen führt (Kat. 225, Abb. 108).

Nicht nur in dieser Ausstellung, sondern wohl auch insgesamt seltener sind demgegenüber Arbeiten, die die Tiere in einen größeren Zusammenhang stellen. Die Ziegenmutter mit ihrem Jungen (Kat. 69, Abb. 80) ist dabei ebenso ungewöhnlich wie die Skizze eines in der Falle verendenden Wolfes (Kat. 51, Abb. 69). Das Ineinander von Fangeisen und Lebewesen, von landschaftlichem Grund und höhlenartigen Eintiefungen fällt bei dieser Arbeit besonders auf und wird vor allem durch den Maßstabwechsel – die Gebirgsregion mit der Schlucht erscheint viel kleiner als das sich vor Schmerz aufbäumende Tier – und die Variation der Strichstärken bedingt. Auf einem dritten Beispiel beherrscht ein von rechts kommender Hirsch mit weit ausladendem Geweih die Darstellung (Kat. 95, Abb. 107). Deutlich ist das Herz als Lebenszentrum hervorgehoben wie übrigens auch auf dem Blatt mit einem äsenden Elch (Kat. 50, Abb. 70). Über seinem Kopf taucht verkleinert ein weiteres männliches Tier auf, das ein Strahlenkranz einfaßt, während am Berghang links in ein kristallines Gebilde einige Punkte und Haken eingetragen sind, die sich zusammengenommen möglicherweise als Kruzifix deuten ließen. Der Titel »Tiermärchen« läßt immerhin vermuten, daß hier geheimnisvolle Zusammenhänge zwischen Natur und Kultus angedeutet werden sollten, zumal eine Aura des Heiligen das Tier umgibt, das ikonographisch aus Hubertus-Darstellungen herzuleiten wäre.

Auch wenn die zuletzt erwähnte Komposition einen anderen Eindruck erwecken mag, insgesamt erscheint der Hirsch im Œuvre von Beuys als todgeweiht. Wiederholt begegnen einem Titel wie

»Blutender Hirsch«, »Verwundeter Hirsch«, »Toter Hirsch und Mond«, »Toter Mann auf Hirschskeletten«, »Toter Riesenhirsch« usw. Daneben tauchen auf den Zeichnungen der 50er Jahre immer wieder Hirschköpfe, Hirsche im Gestein, Hirschdenkmäler (vgl. Kat. 48, 61; Abb. 73), in ähnlichem Zusammenhang aber auch Ziegen, Elche und Rentiere auf.

Es kann keinem Zweifel unterliegen, daß Beuys diesen Tieren eine latent symbolische Bedeutung beimißt. Die flüchtigen Notizen auf anspruchslosen Papierresten, verfleckten Pappstücken, vergilbten Formularen usw. halten gleichsam die Erinnerung an eine erloschene Opferreligion fest, deren Riten die Imagination rekonstruiert. Die Zeichnungen, die insgesamt wie Bruchstücke und schwer entzifferbare Relikte eines verlorenen Ganzen anmuten, rufen eine längst vergangene Jägerkultur in Erinnerung. So spielt in der germanischen Mythologie der Hirsch eine große Rolle[27]). Wie die bronzezeitlichen Bilder von Bohuslän (Schweden) zeigen[22]), wurde der kultische Sonnenwagen von Hirschen gezogen, und bei den Ostgermanen galt er als Göttertier. In der Edda schließlich nagt der Hirsch Eikthymir an der Weltenesche, die den Kosmos trägt.

Die verwundeten, sterbenden oder toten Tiere bei Beuys verweisen freilich nur indirekt auf derartige Vorstellungswelten. Die mythische Dimension bleibt allenfalls ahnbar und wird von Momenten der Trauer und der Vergeblichkeit des evokativen Bemühens überdeckt. Was an der »Bienenkönigin« (Kat. 270, Abb. 203) spürbar wurde, was das Schafsskelett von 1949 (Kat. 17, Abb. 1) sichtbar machte, durchzieht das Œuvre dieser Zeit wie ein Leitmotiv: Die Lebendigkeit der formalen Mittel beschreibt vor allem Vergänglichkeit und Tod. Das Aquarell »Mit gerade herausragendem

Hirschkopf« faßt die gesamte Thematik bereits 1948 auf eindrucksvolle Weise zusammen: Neben dem wie ein blutiges Organ wirkenden, völlig gesichtslosen Schädel erscheint links ein Kelch als Metapher des Leidens und der Erlösung (Kat. 11, Abb. 2).

Anklänge an die eschatologischen Visionen Franz Marcs, wie sie vor allem in seinen Tierschicksalen zum Ausdruck kommen[29], sind trotz aller Differenzen nicht von der Hand zu weisen. Unterschwellig mögen sich beide Künstler vergleichbaren Ideen romantischer Provenienz verpflichtet gefühlt haben: der Identifikation eines hypertrophen Rationalismus mit dem neuzeitlichen, entfremdeten Menschen, der Projektion von Reinheit und Schönheit der Schöpfung in den kreatürlichen Bereich und der Vorstellung von unmittelbarer Teilhabe der Fauna an Fülle und Ordnung der Natur. Nach einer Formulierung Rolf Wedewers wird der Hirsch wie andere Tiere auch bei Beuys zum einstigen Gegenpol des Begrifflichen, d. h. des zerlegenden Denkens[30].

Für Beuys ergeben sich aus dieser Einsicht vor allem in psychischer Hinsicht negativ besetzte Zeichen, wie auch ein letztes Beispiel der Ausstellung zeigt. »Spiegelung eines erschlagenen Tiers« heißt eine kleine Ölmalerei von 1959/60 (Kat. 141, Abb. 153). Auf stark zerknittertem, beschriebenem Briefpapier ist braune Farbe mit groben Pinselzügen aufgetragen. Dunkle Balken grenzen ein querrechteckiges Feld in der unteren Bildzone aus, wo ein zusammengebrochenes hirschähnliches Lebewesen liegt.

Technisch handelt es sich bei diesem Teil der Darstellung um eine Collage. Abgerissene Papierfetzen, zerfließende Wasserfarben und unleserlich gewordene Wortreste formieren trotz aller Zufälligkeit eine Gestalt, deren Umraum eher den Eindruck einer Grabkammer macht als den einer spiegelnden Fläche. Auch hier ist die Art aufschlußreich, wie die Materialien und Farben mit ihren spezifischen Eigenschaften und ihrer jeweiligen Verwendung den Motivbereich im engeren Sinne in seiner Aussage teils stützen teils konterkarieren. Die Arbeit weist zwar über ihr materiales Substrat hinaus auf das wiedergegebene Tier, zugleich aber lenkt sie die Aufmerksamkeit auf sich selbst, d. h. auf ihre pure Materialität zurück. Die Beobachtung schwankt zwischen darstellenden und dargestellten Elementen hin und her und genau diesen sich permanent umkehrenden Prozeß, den erstmals die Kubisten untersuchten, bringt Beuys mit der Bezeichnung »Spiegelung« zum Ausdruck. Das Tier spiegelt sich nicht in der Weise, daß es selbst und seine Reflexion abgebildet würden, sondern die Malerei vergegenwärtigt etwas, von dem nicht zu sagen ist, wo die Grenze zwischen Wirklichkeit und Fiktion verläuft. M.a.W., der Spiegel des Bildes erlaubt nur noch bedingt Rückschlüsse auf die widergespiegelte Realität.

An einem solchen Beispiel wird vielleicht noch deutlicher als an den reinen Bleistiftzeichnungen, wie die Brüchigkeit der Visionen von Joseph Beuys in Korrelation mit den von ihm eingesetzten Mitteln ihrer Darstellung steht.

Anzumerken bleibt freilich noch, daß in dieser Zeit neben Ziege, Hirsch, Ren und Elch Tiere anderer Gattungen im Œuvre von Beuys eine eher untergeordnete Rolle spielen. Immerhin begegnet man in dieser Ausstellung der sehr freien Arbeit mit dem Titel »Tierwelt des Mittelmeeres III: Schwamm und Bohrmuschel« (Kat. 119, Abb. 30), die nicht im mindesten die Illusion der submarinen Fauna evoziert. Als Hauptakteur einer mythologischen Szenerie taucht auch einmal ein Schwan auf (Kat. 135, Abb. 193). An den späten Klee mit seinen lapidaren Formen erinnert die auf einer Papierserviette ausgeführte Pinselzeichnung »Schmetterlingskasten, Schmetterlinge, Schmetterlingsnetz« (Kat. 154, Abb. 171).

Schließlich wird die enorme Spanne der künstlerischen Möglichkeiten an zwei Collagen der späten 50er Jahre evident, die thematisch in diesen Rahmen gehören. Für das skurril-heitere Blatt »Circus« (Kat. 117, Abb. 196) diente offensichtlich eine Kinderzeichnung mit einem Elefanten als Ausgangspunkt, während die »Schädelphysiologie« (Kat. 121, Abb. 197) mehrere Motivebenen vereinigt. Hier dringen in eine riesige Kalotte über Röhren Wärmeströme ein, die von den Kerzen am unteren Bildrand ausgehen. Das Monument des Todes, das wie ein riesiger Fels den knapp angedeuteten Landschaftsraum dominiert, liegt auf einem Schlitten, der im Werk von Beuys sehr oft auftaucht wie z. B. auf dem 1955 entstandenen Aquarell »Urschlitten, Schädel und Bewußtseinszeichen« (Kat. 59, Abb. 12). Deutlich erkennbar ist auch hier das mächtige Elefantenhaupt auf dem doppelkufigen Gleitfahrzeug. Rätselhaft wird diese Darstellung jedoch vor allem durch das an der Stirn befestigte Pendel. Darin hat man vielleicht ein primitives Orientierungsgerät zu sehen, ein simples Hilfsmittel zur Objektivierung der Welt und zur Überwindung des im Mythos gefangenen Kollektivbewußtseins. Allerdings erweist sich das Gerät, das im wesentlichen aus einer von der Schwerkraft nach unten gezogenen Kugel besteht, hier offensichtlich noch als Teil eines Jagdzaubers.

Derartige komplexe Darstellungen führen weit über den bislang erörterten Rahmen hinaus. Dieser ließe sich aus anderen nichtmünchnerischen Sammlungen mit Zeichnungen und Aquarellen wie »Haifisch, Seespinne und Muräne«, »Schnabeltier, einer Falle entkommen«, »Fischembryologie«, »Eiszeittier«, »Pferd«, »Pferdegrab«, »Schakal« u. a. ergänzen. Zu den Bienen und Hirschen gesellen sich jedoch überwiegend Lebewesen, die vor allem in nordeuropäischen Land- und Küstenregionen beheimatet sind.

Frauen und Mädchen

Einen sehr breiten Raum nehmen in der frühen Phase selbstverständlich auch Menschendarstellungen ein. Wie bei den Tieren sind es zumeist Einzelgestalten, die die äußerst zarten Aquarelle und Bleistiftzeichnungen beherrschen. Auffälligerweise finden wir auf den Exponaten unserer Ausstellung nur selten männliche Wesen wiedergegeben. Überblickt man freilich alle Arbeiten der 40er und 50er Jahre von Beuys, soweit sie bekannt wurden, dann zeigt sich, daß in dieser Phase Frauen und Mädchen unzweifelhaft sein bevorzugtes Sujet sind. Kommen Männer vor, dann assoziiert er sie in der Regel mit dem Tod. Titel wie »Toter«, »Toter Mann und Hirsch«, »Toter Mann auf Hirschskeletten«, »Elch, Sterbender«, »Zwei männliche Skelette«, »Toter Mann zwischen Elchskeletten« (Kat. 71, Abb. 77), »Toter, astralische Figur«, »Enthaupteter König« u. a. sind durchaus typisch. Daneben tauchen allerdings immer wieder Hirschführer, Schneemenschen, Schamanen, aber auch Wasserträger, Akteure und Performer auf.

Weibliche Gestalten verkörpern gegenüber diesen Personifikationen von Tod und Ritus in viel stärkerem Maße das Lebensprinzip, und zwar nicht nur als Schwangere und Mütter, sondern vor allem auch als tätige Wesen, die Honig sammeln und tauchen, mit Körben und Sieben, Stäben und Netzen, Fellen und Früchten ebenso hantieren wie mit Bällen und Diskusscheiben. Gelegentlich sind ihnen auch mehr oder minder rätselhafte Objekte wie Magnete oder »Zweizeichen« beigegeben. Wie nicht anders zu erwarten, gesellen sich ihnen häufiger lebende Hirsche und Elche, Murmeltiere, Vögel und Salamander zu.

Daneben spielt allerdings das Leidensmotiv eine große Rolle. Wir begegnen im Œuvre von Beuys Märtyrerinnen, blinden, gelähmten, bandagierten Frauen, wir treffen auf Frauen in einer Krankentrage, auf Abwehrende und Sterbende und finden Variationen zu dem alten Thema »Tod und Mädchen«.

Daß sich die Phantasie des Zeichners weitgehend an der Vorzeit, möglicherweise an Epochen des Matriarchats orientiert, zeigen nicht zuletzt die mythischen Figuren, die auf seinen Blättern auftauchen, wie Hexe, Sybille, Nymphe, Zauberin, Druidin, Norne, Diana, Judith, Dschingis Khans Tochter u. a. m.

Für etliche dieser Themen lassen sich auch in dem hier zusammengetragenen Material Beispiele finden, wobei das Spektrum von Allegorien bis hin zu solchen Arbeiten reicht, die sich auf die Klärung formaler Fragen beschränken und inhaltliche Aspekte weitgehend aussparen. Einige dieser unterschiedlichen Auffassungen kommen bereits in jenen vier Blättern zum Ausdruck, die mit zu den frühesten Beispielen dieser Ausstellung zählen.

Vier Modelle

1947 ist eine aquarellierte Zeichnung mit dem Titel »Die Natur« (Kat. 5, Abb. 4) datiert, die eine vornübergebeugte Frau vor einem grauen, abgeschrägten Block undefinierbarer Funktion zeigt. Die Personifikation vermittelt keinen optimistischen Eindruck, sie strahlt keinerlei Lebensfreude aus, sondern versinkt in gedankenschwerer Trauer, die sich auch in dem abstrakten Element zu manifestieren scheint. Um das deutlich zu machen, hat Beuys hier auf den alten Melancholiegestus zurückgegriffen.

Fragilität und Hinfälligkeit charakterisieren bis zu einem gewissen Grade auch eine nur wenig später entstandenen Bleistiftzeichnung eines jungen Mädchens (Kat. 7, Abb. 46). Allerdings werden hier auch völlig entgegengesetzte Intentionen spürbar. Dünne, durch Wiederholung stellenweise gebündelte Linien umschreiben eine streng frontal aufgerichtete Gestalt, die ihre Hände vor der Brust zum Gebet zusammenlegt. Ähnlich wie bei den frühen Tierdarstellungen (Kat. 12, Abb. 47) ist auch hier teilweise die Binnenstruktur des Körpers veranschaulicht, freilich nicht als abstraktes System aus geometrischen Elementen, sondern mit biegsamen, andeutenden Linien, die innere Organe und äußere Erscheinungsformen miteinander verknüpfen, so als ginge es darum, die Steinerschen Phantastereien über die von ihm sogenannten Leibbildekräfte, d. h. den Ätherleib sichtbar zu machen[31]). So entwächst dem Herzen ein blütenkelchartiges Gebilde, das Hals und Kopf präfiguriert und in den Augen endet. Außerdem gehen pulsierende Ströme von der Herzgrube aus und verästeln sich in den Brüsten. Die Konturen des Mädchens, die strenge Symmetrie ihrer Haltung erweisen sich als Ergebnisse der inneren Organisation ihrer Leiblichkeit, wobei die Andeutungen vegetabiler Momente den ideellen Zusammenhang mit den Pflanzendarstellungen von 1947 (Kat. 3, 4; Abb. 43, 44) offenbaren, so als wollte Beuys den Ursprung des Lebendigen in seinen unterschiedlichen Erscheinungsformen aus einem einzigen Prinzip demonstrieren.

Ein derartig spekulativer Hintergrund fehlt der im gleichen Jahre entstandenen »Pietà« (Kat. 9, Abb. 50). Das eindrucksvolle Blatt ist von einer extremen Spiritualisierung des Leidensmotivs geprägt, das wie ein Amalgam aus spätgotischem Empfinden und jugendstilhafter Ornamentalisierung wirkt. Ein zeitlich benachbartes Bronzekruzifix (Kat. 269, Abb. 219) macht deutlich, welche Ausdrucksmöglichkeiten Beuys in dieser Phase seines Schaffens verfügbar waren. Ähnlich wie die Zeichnung läßt auch die Plastik erkennen, daß Expressivität, die sich hier freilich aus mittelalterlichen Bildwerken herleitet, und Formstrenge, chaotisches Detail und klare Gesamtwirkung aufeinander abgestimmt wurden. Große, zusammenfassende Linienzüge, die der Pietà einen sanft geschwungenen Umriß verleihen, kontrastieren mit denjenigen Elementen, die allein die Funktion von Ausdrucksträgern übernehmen: die verkrampften Hände, der traurige Blick der Mutter, die steifen, leblosen Glieder des Verstorbenen.

Wie ein Gegenbild dazu wirkt die ihr Kind badende Frau (Kat. 20, Abb. 53). Mit zügigem Strich ist hier der Kontur des überlängten Körpers bezeichnet, dessen Biegung den unregelmäßigen Begrenzungen des aus Trommelfell bestehenden Bildträgers antwortet. Nur bei den Haaren von Mutter und Kind verdichten sich die Linien, während die in anderem Maßstab wiedergegebene Badewanne vergleichsweise penibel gezeichnet wurde.

Alle vier Arbeiten vergegenwärtigen Daseinsformen, die vielen Frauendarstellungen von Beuys zugrunde liegen. Es sind vor allem kreatürliche Existenzen, die zwar in Einklang mit dem Lebensrhythmus der Natur stehen, dabei jedoch immer wieder auch abstrakte Prinzipien zu verkörpern haben. So ist die Genreszene zugleich ein Bild der Lebenserneuerung, die Pietà jenseits des christlichen Gehalts ein Denkmal der Trauer und des Leidens. Die angedeuteten floralen Motive lassen das junge Mädchen zur metaphorischen Umschreibung der Einheit alles Lebendigen werden, während in der Allegorie der Natur ihre Rätselhaftigkeit zum Ausdruck kommt. Andere thematische Komplexe erweitern freilich den hier nur knapp angedeuteten Rahmen.

Abwehr, Angst und Leid

Das läßt sich vor allem an einer ganzen Reihe von Zeichnungen beobachten, die sich auf die Wiedergabe eines Gesichtes oder einer Halbfigur beschränken. Bereits die früheste Darstellung der Ausstellung ist in dieser Hinsicht aufschlußreich (Kat. 1, Abb. 42). Zarte, suchende Linien umschreiben eine ins Profil gerückte Mädchengestalt, wobei die federnd ansetzende Kreuzschraffur an der linken Seite einen Schatten andeutet. Trotzdem bleibt die Darstellung schwer entzifferbar. Die Lineatur des verwendeten Notenpapiers und die großen dunklen Flecken in der Mitte treten stark in den Vordergrund und degradieren die Figuration fast zur Nebensache. Das Wechselspiel von Eigenwertigkeit vorgegebener, zufälliger Bildmittel und Sujet wird hier bereits exemplarisch vorgeführt. Gleichzeitig macht das

Blatt jedoch sichtbar, wie entmaterialisiert, ja vage die Vorstellungen in dieser Zeit noch bleiben. Es sind eher Ahnungen als präzise Bilder, die sich in kaum greifbaren Formulierungen niederschlagen.

Ganz ähnliche Tendenzen verrät teilweise auch noch die Zeichnung »Mädchen am Meer« von 1951 (Kat. 33, Abb. 45), wobei hier die im verlorenen Profil gegebene Figur als Fortsetzung der prägnanter herausgestellten Landschaftsmotive erscheint. Nicht das Hintereinander von Körper und Raum deutet sich an, sondern gleichsam die Identität von Blickbahn und ins Meer führendem Steg.

Zu den wichtigsten Arbeiten dieses Komplexes muß ohne Zweifel die abwehrende Frau von 1952 (Kat. 37, Abb. 62) gerechnet werden. Ihre vor Schreck geweiteten Augen richten sich auf einige organisch ausblühende Kugel- und Herzformen, die sie mit nach oben durchgebogenen Armen und verkrampften Händen vom Körper wegdrängt. Trotz dieser entsetzten Gebärde glaubt man im Ausdruck des Gesichtes auch etwas von Faszination zu spüren, die jenes unbegreifliche Geschehen in der Blattmitte hervorruft. Beuys selbst hat Jahre später davon gesprochen, daß es ihm bei dieser Zeichnung darum gegangen sei, zu zeigen, wie sich die Frau dem Leben verweigert[32]). Die spröden, zersplitternden Linien, die Trennung von Gesicht und Extremitäten, Erstarrung und Trübung des Blicks verstärken den Eindruck von Angst.

Rätselhaft ist weiterhin die Darstellung einer »Sterbenden« (Kat. 38, Abb. 63). Zwar erkennt man deutlich den Körper des Mädchens, das mit herabhängenden Beinen rücklings auf einem mensaähnlichen, bedeckten Tisch liegt. Während der eine Arm in spitzem Winkel nach oben greift, verschwindet der andere in einer Zone sich um-

kreisender Linien, die sich über Hals und Gesicht ausbreiten. Vereinzelte, von den Blatträndern heranziehende Bahnen bilden hier einen mit Zacken durchsetzten elliptischen Strudel, in dessen Zentrum kaskadenartige Strichbündel entfernt an die niederfallenden Wassermassen einer Fontäne erinnern. Beuys hat das Motiv im nachhinein inhaltlich interpretiert: die Spirale als verlaufende dynamische Form, als Strudel in flüssiger Substanz, bezeichnet demnach eine »Hörform«, denn das Ohr sei das »Wahrnehmungsorgan für Plastik«[33]). Auch der Verweis auf verschiedene Aktionen der 60er Jahre vermag den hier angedeuteten Sachverhalt zunächst nicht aufzuklären. Beschränken wir uns daher auf die Beobachtung des Nachvollziehbaren: anthropomorphe und landschaftliche Elemente verbinden sich partiell, treten andererseits aber auch teilweise auseinander. Die Vereinigung des Unvereinbaren und die Auflösung des Zusammengehörigen verleihen dem Blatt eine verstörende Vieldeutigkeit: in abgekürzten, brüchigen Formen, flüchtig skizzierten Details und verschwebenden Motivresten werden die Assoziationen an Kosmos und Interieur, an rituelles Opfer und klinischen Tod hervorgerufen.

Einige Frauenköpfe aus der Mitte der 50er Jahre (Kat. 56, 76, 77, Abb. 61, 81, 82) erlauben ähnliche Beobachtungen, wobei die am weitesten durchgearbeitete Zeichnung (Kat. 77, Abb. 82) insofern Beachtung verdient, als hier verschiedene, freilich im einzelnen nicht näher bestimmbare Geräte von außen an den Kopf ansetzen. Dieser selbst wird von Kraftlinien umkreist und von Kanälen durchzogen, die von der Anatomie her keinen Sinn machen.

Noch pointierter ist diese Sicht von unerklärlicher Gefährdung und Bedrohung in einem 1955 entstandenen Blatt (Kat. 64, Abb. 76), das keinerlei physiognomische Details in den wirren, zerfetzten Linien, zittrigen Graphismen, Verknotungen und Leerstellen mehr auftauchen läßt. Lediglich die Grundformen von Kopf und Hals, Kinn und Haaren zeichnen sich ab. Nicht das Verblassen und Verlöschen einer Vision ist thematisiert, sondern die Elemente der Darstellung wollen sich nicht mehr zu einem gegenständlich lesbaren Bild fügen. Gekritzel und Geschmiere, gerundete und zerbrechende Formen, kraftlose Linien und solche voller ungerichteter Energie umkreisen und durchstoßen blinde Zonen und chaotische Regionen, aus denen sich nichts Bestimmtes mehr herauskristallisieren läßt.

Tod und Mädchen

Die Arbeiten dieser Phase, wie wir sie hier berücksichtigen konnten, markieren insgesamt Stationen eines psychischen und physischen Auflösungsprozesses, der mit zu den erschütterndsten Zeugnissen der Kunst der 50er Jahre zählt. Das Antlitz des Humanen scheint aus seinen Fragmenten nicht rekonstruierbar. Eine der wenigen Kompositionen mit zwei unmittelbar aufeinander bezogenen Gestalten bestätigt das noch einmal.

Auf einem braunen Kuvert mit dem Absenderstempel eines internationalen Gremiums der Auschwitz-Opfer zeichnen sich geisterhaft die Schatten von »Tod und Mädchen« ab (Kat. 87, Abb. 11). Auf den schwachen Körpern, deren fleischlose Extremitäten sich in der Umarmung verschränken, balancieren zwei übergroße Schädel. Eine poröse, in Schollen aufbrechende Farbschicht, zerfressen und in Auflösung begriffen, vereinigt die hellen Schemen. Entgegen der Bildtradition, die bis ins Mittelalter zurückreicht, werden also nicht Leben und Tod, Schönheit und Häßlichkeit, Anmut und Brutalität konfrontiert, sondern die zärtliche Vereinigung evoziert nichts anderes mehr als ein verschwimmendes Bild der Verwesung. Nicht der moralische Appell eines Memento mori ist hier gemeint, sondern eher die deprimierende Vorstellung eines unaufhaltsamen Zersetzungsprozesses. Die moribunde Gestalt ist im Begriff, sich ins Nichts zu verflüchtigen. Entgegen äußerem Anschein verkörpert das so gleichartige Paar nicht jene schwülstig-düsteren Phantasien des Fin-de-siècle, die man zunächst als Ausgangspunkt der Darstellung vermuten möchte. Die durchgängig spürbare existentielle Erfahrung unterläuft die Wirkung des verbrämenden allegorischen Rahmens, der durch das Thema »Tod und Mädchen« vorgegeben ist. Wieder sind es vor allem die Mittel und die illusionsstörenden Faktoren wie Stempel und dergleichen, die die Irritation hervorrufen.

Mythische Gegenbilder

Beuys beschwört jedoch in seinen Frauendarstellungen keineswegs nur Phänomene von Verletzlichkeit, Leiden und Verfall. Sein Œuvre bleibt von Beginn an mit Gegenbildern durchsetzt. Zahlreiche Beispiele unserer Ausstellung machen dieses anschaulich, manchmal nicht ohne fatalen Beigeschmack. So erinnert ein Aquarell von 1949 (Kat. 19, Abb. 25) an frühzeitliche Fruchtbarkeitsidole und eine zuvor entstandene Skizze (Kat. 13, Abb. 49) läßt ahnen, wie die Auffassung von der Frau als einem Gefäß bzw. die Vorstellung vom femininen Charakter vasenähnlicher Hohlkörper das Ergebnis nicht nur formalanalytischer Überlegungen gewesen sein mag[34]).

Derartige Ideen liegen offenbar auch einer in dieser Periode geschaffenen Bronze zugrunde

(Kat. 268, Abb. 221), die den Titel »Corsett« trägt. Ein Vergleich mit entsprechenden Arbeiten Matarés[35]) zeigt freilich, wie entschieden strenger der von Beuys repräsentierte Typus wirkt. Statt die schwellenden Formen der urtümlichen Mutterfigur des Lehrers lediglich zu variieren, verwandelt sie Beuys in diesem Falle gleichsam in eine dolchartige Waffe, so sehr strafft und stilisiert er den Körper. In einer wohl späteren Variation (Kat. 268a) spannt er den Torso in eine Schraubenzwinge ein und machte so den Prozeß der Verdinglichung des anthropomorphen Gebildes noch deutlicher.

Ins mehr Spielerische gewendet erscheint dann der Torso weiterhin auf einem Blatt mit dem Titel »Ballettmädchen« (Kat. 21, Abb. 21) und auf verschiedenen, weit durchgearbeiteten Aquarellen und Zeichnungen (Kat. 8, 32, 75; Abb. 14, 29), die gelegentlich ein genaues Studium der Papierarbeiten Rodins verraten. Reine, ins Animalische tendierende Zuständlichkeit vergegenwärtigen demgegenüber die Eskimofrauen (Kat. 34, Abb. 9) und weitere Blätter, die sich hier angliedern ließen (Kat. 36, 54; Abb. 8, 58). Die hochmütige Gestalt der Salome begegnet einem ebenso (Kat. 55, Abb. 60) wie die Verwandlung Daphnes in einen Baum (Kat. 63, Abb. 27).

Thematisch vergleichbar ist eine andere Zeichnung (Kat. 74), die den Vorgang der Metamorphose differenzierter wiedergibt: hier wandert das Sonnengeflecht gleichsam über Gelenke, Brüste, Kopf und Hände nach außen, so daß die aus den Fingern sprießenden Verästelungen die weibliche Gestalt der Vegetation angleichen, mit der entscheidenden Differenz allerdings, daß sich das Wachstum auf den Boden hin ausrichtet. Mit ihren Sinnen nimmt dieses Wesen die Umgebung in sich auf – die auf das Gesicht zuführenden Linien deuten das ebenso an wie die am Kopf endende Zahlenreihe – und bleibt doch mit der Erde verwurzelt.

Die Frau als primär naturwüchsiges Wesen, diesen Aspekt verkörpern auch einige breithüftig Kauernde, die teils als Lebensspenderinnen, teils als Mänaden in Erscheinung treten (Kat. 84, 105; Abb. 85, 86). Eine derartige Kreatürlichkeit kommt in zwei weiteren Darstellungen noch deutlicher zum Ausdruck. So vergegenwärtigt eine fast bukolische Szene (Kat. 42, Abb. 112) die ursprüngliche Einheit von Mensch und Tier. Die gegenseitige Zuwendung zeigt sich dabei nicht allein an Haltung und Bewegung von Frau und Hirsch, sondern auch an den langen, weich über das Blatt schwingenden Linien, die nichts Gegenständliches mehr beschreiben.

Demgegenüber ist die entschieden rüder gezeichnete Hirschreiterin (Kat. 60, Abb. 95) von 1955 noch in anderer Hinsicht aufschlußreich. Einmal verwendete Beuys wie schon früher (Kat. 20, Abb. 53) ein unregelmäßiges Stück Leder als Bildträger. Noch wichtiger erscheint jedoch eine motivische Besonderheit. So bleibt das merkwürdige Gebilde, das die spreizbeinig über dem Tier hockende Gestalt auf dem Haupt trägt, rätselhaft, denn es ist weder als Kopfbedeckung, Hoheitszeichen oder Lastenbündel zu identifizieren. Die doppelte Polmarkierung auf dem zugespitzten Ding läßt eher an ein rituelles Objekt denken, dessen Funktion und Bedeutung sich freilich näherer Bestimmbarkeit entzieht. Auch ein lamellenartig untergliederter Gegenstand auf einer anderen Arbeit dieser Phase (Kat. 45, Abb. 110) bleibt letztlich unklar und kann nicht als Teil eines vertrauten bzw. vorstellbaren Lebensvollzugs verstanden werden. Mit derartigen Attributen betreibt Beuys eine Verästelung, die das Beunruhigende mancher Gestalten steigert.

Frau mit Faustkeil und Hermelinfell
obenseitig Bardame

Als weniger undurchschaubar erweist sich in dieser Hinsicht zweifellos ein Blatt, dessen Titel allein schon die Interpretation festlegt: »Frau mit Faustkeil und Hermelinfell obenseitig Bardame« (Kat. 62, Abb. 71). Die benannten Details lassen sich unschwer ausmachen, in der Rechten die herabhängende Jagdtrophäe, in der anderen Hand die vor die Brust erhobene Waffe. Deutlich ist ferner das von Fibeln und einer Kordel zusammengehaltene, härene Gewand erkennbar.

Dem lockeren Liniengefüge enthebt sich freilich ein grobes orthogonales Raster, so daß jeweils Rechtecke Kopf und Körper umgeben. Die bildmäßige Ausarbeitung des Gesichts, mit der rahmenden modischen Frisur, den geweiteten dunklen Augenhöhlen und den geschminkten Lippen will dabei nicht mit dem hageren Körper der urtümlichen Jägerin harmonieren. Die Gestalt setzt sich demnach buchstäblich aus zwei verschiedenen Wesen zusammen, einer zeitgenössischen Bardame und einer Primitiven aus dem Gefolge der Artemis.

Die auf der rechten Seite notierten Worte »und in uns, – unter uns, – landunter« weisen zwar auf eine der wichtigsten Aktionen von Beuys von 1965 voraus[36], sie mögen hier aber andeuten, daß ursprüngliches Jägertum im heutigen Menschen steckt (in uns), daß aber die Verdrängung (unter uns) schließlich in die Katastrophe münden kann, wenn die gegängelte Emotionalität den Verstand überflutet und aufgestauter Irrationalismus sich unkontrolliert Bahn bricht (landunter).

Wäre die Zeichnung demnach im wesentlichen als anthropologisches Diagramm zu deuten, als

bildnerische Recherche über den Verlust instinktgesicherter Ursprünglichkeit? Linienführung und Figurenauffassung lassen nicht den Eindruck entstehen, als sollte mit derartigen Kompositionen neuer Sinnenhaftigkeit und antiintellektuellem Dünkel Vorschub geleistet werden. Zu unsicher und schwankend geben sich die Figuren, zu viele Hilfselemente müssen ihnen Halt verleihen. Es sind viel eher Fragen, die Beuys mit hochgradig nervösem Duktus und bis zum Zerreißen gespannten Einzelformen hervorruft.

Keine Proklamation einer Rückkehr zu den Müttern also – diese Botschaft vermittelt weder dieses Blatt noch eine andere der hier gezeigten Darstellungen. Die aus dem dämmrigen Horizont der Phantasie entwachsenden Gestalten möchten sich zwar gelegentlich in solche Richtungen bewegen, aber alle Versuche scheitern, Ursprünglichkeit, Kreatürlichkeit, Naturverbundenheit unmittelbar zu vergegenwärtigen. Es entfalten sich nur Bilder, deren evokative Kraft bereits mit ihrem Entstehen zerbricht. Es macht das im Grunde Unvergleichliche des zeichnerischen Œuvres von Beuys aus, daß diese Bilder auch ihre eigene Negation darstellen, daß die Linien bereits ihr Verschwinden thematisieren, daß die augenscheinlich motivische Transparenz gelegentlich in blinde, weil unfaßbare Bedeutungen umschlägt. Viele der Blätter stellen letztlich Versuche dar, den Fluß der Zeit umzukehren, sich im Vergangenen, kaum noch Entzifferbaren der Gegenwart zu bemächtigen und die Gegenwart nicht als Ergebnis zivilisationsbedingter Zufälligkeiten zu begreifen. Die Beschwörung von Mythen und Ritualen geschieht nie ungebrochen, ist immer von tiefgreifenden Zweifeln durchsetzt. Die zeichnerischen Fixierungen lassen alles in der Schwebe, rufen Spannungszustände hervor, liefern zusammenhangslose Protokolle von Angstzuständen und lassen vieles doch einfach gleichgültig erscheinen.

Obsessionen

»Jägerin mit Ziel (Blutbild)« von 1957 (Kat. 88, Abb. 26) gehört ebenso in den hier skizzierten Zusammenhang wie die »Darstellung mit kritischen (–) Objekten« (Kat. 92, Abb. 89). Die Herkunft insbesondere dieser Gestalt aus dem Umkreis der Jägerinnen läßt sich deutlich an der Fangreuse ablesen. Die gewaltsam gespreizten Beine, die Wundmale am Körper und jene beängstigenden Gegenstände, die die Frau durchbohren und zugleich jeden Schrei ersticken, lassen keine Zweifel aufkommen, daß hier Tortur und Quälerei wiedergegeben sind, auch wenn die Hände sich nach oben öffnen und zu Zentren einer positiven Strahlung bzw. zu Polen eines Kraftfeldes werden.

Das ganze steigert sich schließlich in einem anderen Blatt, das zeigt, wie eine Säge den Schädel eines verkrüppelten Wesens mit »hypertrophischen Knochen«, wie Beuys sagt[37], zertrümmert (Kat. 93, Abb. 90). Das martialische Instrument freilich wird durch eine Art Sonde mit einem anderen Gehirn verbunden, das so gleichsam zum Initiator der entsetzlichen Operation wird.

Unkompensierbare Qual spricht letztlich auch aus einer mit »Liebespaar« betitelten Zeichnung (Kat. 86, Abb. 87). Während hier das Mädchen dominierend in Erscheinung tritt, sind von ihrem Liebhaber nur noch Teile seines Rumpfes zu erkennen, so daß die durch das Syndrom »Bienenkönigin« ausgelösten Verschlingsängste hier voll durchschlagen. Das an den leiblichen Rest des Partners geschnallte Dreieck und die im Raum schwebende Schöpfkelle erinnern dabei an jene geometrischen Gebilde aus Fett und die Objekte ohne Gebrauchswert, welche in späteren Aktionen eine so wichtige Rolle spielen sollten. Die Rollenzuweisung im Kampf der Geschlechter, wie er sich hier als Hintergrund spiegelt, ist eindeutig.

Kaum optimistischer stimmt eine weitere Komposition (Kat. 103, Abb. 94). Das auf sein Geschlecht deutende Mädchen wendet sich einem großen schwarzen Fleck zu, der entsprechend theosophischen Phantasien durchaus das Prinzip des Bösen, Unheilvollen verkörpern könnte[38].

Schließlich sei noch auf die verstümmelten Leiber von zwei Frauen verwiesen, weil hier die Verlängerung der Gliedmaßen mit Stäben und die Lokalisierung strahlender Elemente an den Gelenken wiederum Motive späterer Aktionen antizipieren[39]. Alles in allem also keine Erinnerung mehr an die torsohaften Fruchtbarkeitsidole trotz der so pointiert herausgestellten Geschlechtsteile, sondern eher klägliche Reste von körperlicher Substanz als metaphorische Umschreibung von Verfall und Verlöschen.

Wie eine Zusammenballung derartig heterogener Vorstellungen und düsterer Obsessionen mutet eine in Goldbronze ausgeführte Komposition von 1957 an (Kat. 90, Abb. 20). Den unten in der Mitte mit halb erhobenen Armen stehenden Akt umgeben Kopulationsszenen, die die agierenden, sich begattenden Wesen mehr und mehr in Insekten verwandeln. Auf der rechten Seite verketten sich die Stadien von Zeugung und Geburt in einer Weise, daß die jeweilige Helferin selbst Gebärende ist, die Figuration der Fruchtbarkeit insgesamt aber noch kaum wahrnehmbare Tendenzen aufweist, ins Ornament umzukippen, den Exzeß endlich im Rapport aufgehen zu lassen.

Strenger wirken im Kontrast dazu zwei mit Hasenblut über Bleistift ausgeführte Darstellungen (Kat. 114, 115; Abb. 19, 18), wobei der in der abgestoßenen Fruchtblase erkennbare Salamander beide Blätter miteinander verknüpft. Alchemie, Zauberei, Aberglauben mögen im Hintergrund derartiger Erfindungen stehen, die sich gleichermaßen aus dem Repertoire des Grotesken und Traumatischen speisen.

Zukünftige Frau des Sohnes

Teilweise abgeklärter, jedenfalls entschieden abstrakter leben derartige Motive, die wir zuletzt beschrieben haben, bis in die frühen 60er Jahre fort (Kat. 150, Abb. 160). Tatsächlich präfigurieren die dunkelbraunen Blutbilder mit ihren ausgesparten Lichtinseln bereits jene Gestalten, denen eine im sonstigen Œuvre kaum zu beobachtende Monumentalität zukommt. Wie eine schwarze Gäa mag man die Schlittschuhläuferin von 1958 (Kat. 104, Abb. 159) empfinden, deren rosig schimmerndes Gegenbild einer winzigen Venus unten rechts erst das wahre Maß ihrer enormen Größe liefert. Die Konzeption einer derartigen Gestalt, in der Undurchdringlichkeit und Kraft miteinander verschmelzen, manifestiert sich noch mehrmals in der Ausstellung (Kat. 149, 171; Abb. 150, 162). Der hier spürbare Abstand zu den Zeichnungen und Aquarellen der 50er Jahre läßt sich kaum größer denken. Eine vermittelnde Stellung zwischen diesen extremen Möglichkeiten der Deutung nehmen jene Arbeiten ein, die in der Kombination von Aktfigur und Objekt bzw. Gerät das Thema der Aktrice weiterführen (Kat. 151, Abb. 151) oder aber spielerisch mit historisch vorgeprägten Bildmustern umgehen. Der sogenannte »Jungbrunnen« (Kat. 147, Abb. 163) läßt dieses auf besonders eindrückliche Weise erkennen.

Zwischen der »Natur« von 1947 (Kat. 5, Abb. 4) und der »Zukünftigen Frau des Sohnes II« aus dem Jahre 1961 (Kat. 149, Abb. 150) hat das skizzierte Thema in den Arbeiten von Beuys eine derartige Differenzierung erfahren, daß selbst diese Ausstellung mit ihrem zweifellos begrenzten Fundus verfügbarer Werke die außerordentliche Komplexität seiner Deutungsvorschläge vergegenwärtigt.

Wie im einzelnen zu beobachten war, kristallisieren sich eine Fülle disparater Vorstellungen heraus, in denen einerseits etwas genuin Feminines gefaßt zu sein scheint. Phänomene, die zum Wesen des Weiblichen gehören, die aber andererseits von einer so allgemeinen Befindlichkeit zwischen Euphorie und Depression, Glück und Leid, Zuneigung und Aggression, Aktivität und Passivität, Hoffnung und Resignation geprägt sind, daß man sie in ihrer Gesamtheit zu einem authentischen Lebensfries jenseits geschlechtsspezifischer Merkmale zusammenfügen könnte. Mag man auch gelegentlich auf Reste obsoleter Ideologien, anthroposophischer Phantastereien, biologistischer Wesenschau, existentialistischer Metaphern und ähnliches treffen, wahr bleibt doch, daß Beuys in der Nachkriegszeit keinen ausgelaugten Stilvariationen gehuldigt hat, sondern mit der exorbitanten Fülle seiner Blätter und etlichen Skulpturen vom Zustand des Individuums im Zeitalter der Barbarei authentisch berichtete. Die überragende Bedeutung von Beuys liegt zumindest teilweise hierin begründet.

Die Arbeiten stellen dabei insgesamt auch eine unermeßliche Sublimationsleistung dar. Das Ineinander von Motiv und Form, die Diskrepanz von Chaos und Ordnung, der Aufeinanderprall von Dissonanz und Harmonie signalisieren bei allen wichtigeren Zeugnissen dieser Phase einen Zustand extremer Gespanntheit, in dem sich Momente einer existentiellen Krise spiegeln.

Als augenblicklich nicht restlos aufklärbar und stringent interpretierbar erweist sich der retrospektive Blick auf eine Situation von Mensch und Natur vor der Entwicklung einer technischen Zivilisation. Eine eher beiläufige Bemerkung Steiners, daß das, »was der Mensch jetzt erlebt, ... im Grunde genommen ein Bild seiner vergangenen Anpassung an den Makrokosmos (ist ..., ja) daß wir jetzt in den Bildern unserer Vergangenheit leben«[40]) liefert hier keinen passenden Schlüssel, denn insgesamt scheinen die mehr oder minder lädierten Wesen vor allem ein Verdrängungssyndrom zu offenbaren.

Räume, Zeiten und Dinge

Neben Figurendarstellungen, Zeichnungen von Pflanzen und Tieren nehmen jene Motive einen breiten Raum im graphischen Œuvre ein, die man am ehesten mit dem Begriff des Landschaftlichen zusammenfassen würde. Aber auch in diesem Werkkomplex stößt man nur selten auf Vertrautes, so daß sich von der Tradition geweckte Erwartungen kaum einlösen. Da werden keine schönen oder gefälligen Ansichten überliefert oder heroische Eindrücke festgehalten, und Vorstellungen kulturell geprägter Situationen bleiben weitgehend eliminiert. Der Blick des Künstlers ist vielmehr geologisch motiviert. So begegnen einem Granitfelsen, Amethyste, Kristalle, Gletscher und Vulkane, Lavaströme und Geysire ebenso wie »Organbildungen aus dem Kalkstein«, »Jurakalk«, »Devon«, um nur einige Titel zu zitieren. Küsten und Quellen, Moore und Berge usw. ver-

raten keine Zivilisationsspuren und Bezeichnungen wie »Saline«, »Schleuse am Meer«, »Silberbergwerk«, »Ostseestrand«, »Norderney«, »Yellowstone«, »Savelandschaft mit Krüppeleichen«, »Berg in Slowenien« suggerieren zumeist nur den (falschen) Eindruck als ginge es Beuys auch einmal um die Wiedergabe topographischer Besonderheiten. Durchgängig handelt es sich um kahle, absolut unwirtliche Gegenden, deren Lebensfeindlichkeit oft im Fehlen jeglicher Vegetation zum Ausdruck kommt.

Überblickt man die Bestände auch anderer Sammlungen, dann trifft man immer wieder auf Rätselhaftes. Da heißen Arbeiten beispielsweise »Aggregat mit Regenbogen am Wasserfall«, »Erdhaufen und elektrisches Gitter«, »Vier Erdelemente«, »Geschiebe und Sender«, »Gebirge mit zwei fliegenden Steinen«, »Landschaft mit elektrischer Entladung«, »Strom und Kelche«, »Gebirge mit Gletscher und Erscheinung« usw. Ohne daß Funktionszusammenhänge zu erschließen wären, tauchen hier ins Monumentale gesteigert jene absonderlichen Geräte und Instrumente auf, die auch die Gestalten begleiteten. Deutlich scheint nur zu sein, daß es um chemische Reaktionen und physikalische Prozesse geht, um Spannungen, die sich in subpolaren Regionen transformieren und gelegentlich entladen. Keine Menschenhand steuert diese Vorgänge, in denen Transrationales und Attavistisches eine Symbiose einzugehen scheinen. Das alles würde sich jedoch der Wahrnehmung entziehen, gäbe es nicht jene unbegreifbaren Dinge aus Perfektion und Primitivität.

Diese hier nur knapp angedeuteten Aspekte lassen sich auch an den Exponaten dieser Ausstellung verifizieren. Bei der »Fabrik auf dem Berg« (Kat. 15, Abb. 5) beispielsweise hat man es nicht mit einer modernen Fabrikationsstätte zu tun. Das kaminähnliche Doppelobjekt auf dem Gipfel läßt eher an Stonehenge, Alberichs Schmiede oder an ein Relikt naturmagischer Praktiken denken.

Einen vergleichbaren anschaulichen Charakter weist auch eines der schönsten Aquarelle dieser Zeit auf: »Zwei Mädchen betrachten Vulkan und Geysir« (Kat. 16, Abb. 3) stellt eine kosmische Vision dar, die Erinnerung an erdgeschichtliche Urzeiten heraufbeschwört. Die Köpfe der beiden Beobachterinnen, die vom unteren Bildrand überschnitten werden, tauchen ebenfalls auf einem stilistisch und motivisch sehr eng verwandten Blatt auf, werden dort aber sinnvoller als Ausflüsse kochender Gesteins- und Wassermassen gedeutet[41]. In quasi romantischer Naturbetrachtung versunkene Repoussoirfiguren finden sonst keine Parallele im Œuvre von Beuys.

Entschieden spröder ist demgegenüber eine mit »Innere Fjorde« betitelte Zeichnung (Kat. 22, Abb. 52), auf der mehrere unterschiedliche Ideen übereinander projiziert wurden: kommunizierende Röhren und Flaschen, Schnitte durch eine nordische Küstenlandschaft, übereinander geschobene Gesteinsdeckel u. a.

Während eine 1950 datierte Zeichnung (Kat. 23, Abb. 56) nochmals das Motiv der Fabrik im Gebirge aufgreift, dabei jedoch Essen und Vulkane formal noch stärker angleicht, bleibt die Wiedergabe von »Zwei Polarschlitten« (Kat. 27, Abb. 55) mehrdeutig. Einerseits glaubt man ein Gemenge aus Versteinerungen und kristallinen Splittern vor sich zu haben, andererseits scheint es sich um eine Gletscherlandschaft zu handeln, so anhaltslos gleiten die Ebenen durcheinander. Das Gletscher-Motiv kommt auf zwei Holzschnitten sehr viel deutlicher zum Ausdruck (Kat. 28, 29; Abb.

201, 202), während den Charakter der Gedankenlandschaft wohl am klarsten eine Komposition repräsentiert, die derart artifiziell und phantastisch wirkt, daß die Linien gleichzeitig Gegenständliches und Unsichtbares bezeichnen. Freie Phantasien über die Natur und Diagramme von in ihr ablaufenden Gesetzmäßigkeiten sind derart ineinander geblendet, daß Natürliches schematisch und kausal Bedingtes fiktiv erscheint. Perspektivenwechsel und Absage an jegliche durchgehaltene Maßstäblichkeit reißen hier die verschiedenen Phänomene auseinander, so daß den kompositionellen Zusammenhang allein der fließende Duktus garantiert. »Planeten, Steine, Wasserfall« (Kat. 35, Abb. 59) vergegenwärtigt keine geschlossene Vorstellung, sondern lauter abstrakte Gegebenheiten. Ein solches eher nur interessantes als künstlerisch überzeugendes Blatt, das vielleicht aber gerade deshalb bestimmte Symptome klarer offenbart, läßt in seinen zarten Figurationen etwas von den Abgründen ahnen, die wir auch bei den Figurendarstellungen zu spüren glaubten.

Solche Eindrücke vermittelt freilich weder der »Spaziergang« (Kat. 30, Abb. 54), wo eine Gebirgsschlucht die Folie für eine Frau mit Kinderwagen abgibt, noch die einige Jahre später vollendete Eismeerlandschaft (Kat. 67, Abb. 74) mit ihren permutierenden Variationen flüssiger und kristalliner Formen und Gebilde.

Dennoch zeichnet sich insgesamt immer wieder die Tendenz ab, den vorgegebenen landschaftlichen Rahmen zu durchbrechen bzw. die geomorphen Motive dahingehend zu modifizieren, daß sie selbst gänzlich Unanschauliches verkörpern und die Grenze zum abstrakten Muster tangieren. Eine der schönsten Zeichnungen aus dem Jahre 1952 (Kat. 40, Abb. 68) entwickelt den Prozeß auf mehreren Ebenen: da ist zunächst eine

Projektionsfläche, auf der nur leere Schatten geistern; dann steigen von einer Art Batterie Leitungen zu einer Glühbirne. In deren Lichtkegel wird die über einer dunkel verfärbten Fläche erzeugte Spannung seismographisch registriert. Schließlich haben sich links und rechts zwei Pole als Zentren eines Energiefeldes ausgebildet. Wie eine Halbkugel wölben sich die aus nervösen Zickzacklinien bestehenden Kraftströme über ein horizontal gelagertes Element. Verschiedene Motivsplitter und Fragmente landschaftlichen Charakters weisen auf einen drohenden Kollaps hin. Weniger komplex, aber grundsätzlich ähnlich sind »Pol I und Pol II« (Kat. 53) sowie »Denkmal für Ampère, Volta, Watt und Ohm« (Kat. 44), zwei Blätter, die anscheinend so etwas wie den Quellpunkt von Naturwissenschaft fassen möchten und nach jenem nebulösen Moment fahnden, wo Alchemie und Wissenschaft sich trennen.

Differenzierter und reicher leben derartige Reflektionen in der Doppelzeichnung »Wärmeplastik im Gebirge« fort (Kat. 78, Abb. 79). Sie dürften ferner Ausgangspunkt der »Landschaft mit Filterplastiken« (Kat. 43, Abb. 67) sein. Die Durchsetzung eines wüsten Tohuwabohus von Wassermassen und Felsbrocken mit Tuben, Scheiben, Trichtern kennzeichnet weiterhin das Doppelblatt »Zerstörter Brunnen« (Kat. 116, Abb. 100). Immer wieder geht es Beuys in derartigen Kompositionen darum, aus der brodelnden Materie Elemente der Ordnung herauszudestillieren, ohne dabei jedoch die Kräfte der Natur auf gesetzmäßige Zusammenhänge zu reduzieren. Es handelt sich bei diesen Arbeiten – so läßt sich vermuten – um die fiktiven Bruchstücke einer magischen Vorstellung vom Kosmos. Die bizarren Objekte, deren »Funktionieren« allen rationalen Kriterien spottet, möchte man als Zeugnisse eines wilden Animismus ansprechen und in ihnen weniger Monumente einer Technologie erblicken, die zu Beherrschung und Ausbeutung der Natur führen könnte.

In diesem Rahmen verdienen schließlich zwei Arbeiten Beachtung, die gleichsam eine Brücke zu den Darstellungen mit Motiven aus der Fauna schlagen. »Drei Hirschdenkmäler im Schneeland« (Kat. 48, Abb. 73) und »Hirschmonument« (Kat. 61) lassen jeweils keilförmige Gebilde mit einsackenden Kanten und abgeplatteter Spitze erkennen. Die auf einen geometrischen Körper vereinfachte Schädelform der Cerviden taucht leitmotivisch in einer Reihe von Blättern der 50er Jahre auf und erfährt dabei bunkerartige und reusenförmige Ausprägungen schwankender Größe. Der Sinn dieser in die Urlandschaften eingepaßten Riesenskulpturen bleibt freilich dunkel.

»Der möglichst elementare Umgang mit einem Ding« – diese Worte stehen am Anfang einer Partitur aus dem Jahre 1957 (Kat. 98, Abb. 126), Worte, die als Motto über allen hier skizzierten Bemühungen von Beuys stehen könnten. Neben den landschaftlichen Kompositionen mit Objekten gibt es selbstverständlich viele Darstellungen, die sich auf einen Gegenstand konzentrieren. Zu verzeichnen wären in einem Inventar u.a. Kessel, Siebe, Leitungen, Lampen, Zangen, Filter, Sonden, Akkumulatoren, Magnete, daneben Grüfte und Gräber, Monumente und Tempel, Altäre und Totems, Wägen und Schlitten, Kreuze, gebogener und strahlender Stäben usw. usw. Auf eine detaillierte Erörterung der Beispiele unserer Ausstellung kann dabei verzichtet werden. Exemplarisch seien hier nur folgende Arbeiten erwähnt: »Zwei Steine, einer rotierend« (Kat. 52, Abb. 105), »Goldbronze« (Kat. 79, Abb. 28), »Elektrisiermaschine« (Kat. 97, Abb. 198), »Lumen I« (Kat. 101, Abb. 31), »Kreuz, wo ist Element 3« (Kat. 125,

Abb. 104) und »Initiationsobjekt« (Kat. 134, Abb. 99).

Wollte man alle diese Beobachtungen auf einen Nenner bringen, so müßte man zunächst betonen, daß das Œuvre von Beuys, soweit wir es bislang betrachtet haben, keine Parallelen zu anderen Erscheinungen der Kunst nach 1945 aufweist. Korrespondenzen motivischer und stilistischer Art mit Werken anderer Graphiker und Bildhauer sind selten. Welche Richtungen und Schulzusammenhänge man auch berücksichtigt, Beuys steht mit seinem Werk quer zu den Tendenzen der 40er und 50er Jahre. Seine Skulpturen und Zeichnungen vermitteln dabei kein geschlossenes Weltbild. Die Offenheit seiner Kompositionen entspricht dem visionären Charakter seiner Erfindungen. Alle diese Blätter beschreiben ein tastendes, manchmal blind in die Irre gehendes Suchen nach den verlorenen Gründen menschlicher Existenz im Rahmen eines unbegriffenen Kosmos. Darum geht es wohl durchgängig, die Wirksamkeit sinnlich unfaßbarer Krafteinwirkungen auf die Realität ahnbar zu machen. Nicht das glückverheißende Paradies wird hinter den immer neuen Entwürfen spürbar, nicht eine Utopie durch Regression, sondern vielmehr ein unheimliches Terrain über dem lediglich dunkle Gestirne einer bedrükkenden Spiritualität erscheinen, das Licht des Geistes aber nicht aufflammt und die Fackeln der Aufklärung nicht zünden. Keine Heilsvorstellung oder Erlösungsthematik knüpft sich an den Blick zurück. Nicht die Sehnsucht nach der verlorenen Unschuld ist der Spiritus rector, der die Phantasien in Gang setzt, sondern der Schrecken vor dem Unfaßbaren, das sich der Bannung durch Linie und Form partiell widersetzt. Der Blick des Künstlers durchdringt Zeiten und Räume, im Toten werden die Keime neuen Lebens aufgespürt,

die Realität wird vom Imaginativen überschwemmt. Im Zeichnen verwandelt sich der Künstler in einen Seher.

Materialien und ihre Bedeutung

Vor solchen Hintergründen bekommt auch der Umgang mit Stiften, Schreibern und Papieren, mit Farben und Pinseln eine spezifische Funktion. Abgesehen von Ausnahmen geht es Beuys nicht in traditioneller Weise um Klärung einer Form oder Repräsentierung eines optischen Eindrucks. Ihn interessiert auch nicht vorrangig das zu seiner Zeit bereits klassisch gewordene Bemühen der Väter der Moderne, mit extrem reduzierten gegenständlichen Elementen und stark betonten abstrakten Einheiten »den inneren Klang des Bildes zu entblößen« (Kandinsky). Ihn stimulieren vielmehr verschüttete Erfahrungen, traumverlorene Innenwelten, die Sphären des rein Geistigen, ihn treiben Zwänge und Phobien, die soweit wie möglich ins Sichtbare, Objektivierbare zu transponieren sind. Das auslösende Moment kann dabei durchaus einmal in den äußeren Beschaffenheiten der Malmaterialien liegen. Freilich geht es nicht primär darum, Oberflächenstrukturen, Stoffeigenschaften, Farbqualitäten usw. als Eigenwerte in das Bildgeschehen zu integrieren, wenngleich sich manchmal an den Zufälligkeiten des Verfügbaren erst die inhaltlich geprägten Phantasmen entzünden. Das gilt selbst noch für so extreme Beispiele wie »Flamme in der Ecke« (Kat. 58, Abb. 22) oder ein etwas späteres Blatt (Kat. 123, Abb. 35), Arbeiten, die außerordentlich modern erscheinen.

Verwendbar ist letztlich alles: faltige, zerknitterte Papiere, Servietten, Pappteller, Briefumschläge,

Hefteinbände, Rechnungsformulare, Transparentpapiere, Lederstücken, Kartons, Zeitungen und anderes mehr. Herkömmliche Maschinenpapiere mit sauberen Rändern findet man insgesamt seltener, denn oft sind es inzwischen vergilbte, angestaubte, verfleckte, ausgerissene, zerlöcherte Blätter, die den prospektiven Entwürfen einer gegenwärtigen Vergangenheit den Charakter von Palimpsesten verleihen. Zu lesen hat man das schwer Entzifferbare hinter den Erscheinungen.

Ohne an dieser Stelle explizit auf die von Beuys als Darstellungsmittel verwendeten organischen und anorganischen Substanzen wie z. B. Hasenblut oder Schwefel (vgl. Kat. 46, 114, 115) eingehen zu können, sei zumindest an einem Vergleich demonstriert, an welchem Punkt die Fragen einzusetzen haben.

Von Anbeginn lassen sich auch bei Beuys hin und wieder Formexperimente nachweisen. 1954 entsteht beispielsweise ein Werk, auf dem ausgelaufene Tinte ein abgerissenes Stück Papier teilweise durchtränkt. Unregelmäßig hat sich dabei die Flüssigkeit auf dem hellen Grund ausgebreitet und auf der linken Seite eine zusammenhängende Fläche eingefärbt. Die wie im Schattenriß gegebenen Wucherungen und Knollen sind dabei sowohl zufälliges als auch kalkuliertes Ergebnis. »Furcht des Knaben vor dem Hundsberg« (Kat. 57, Abb. 32) ist diese Arbeit betitelt und in der Tat erkennt man einige mächtige Hundeschnauzen, die sich auf den Kopf der kleinen Person unten rechts richten. Diese für die 50er Jahre charakteristische Kongruenz von Expressivität und Inhalt lockert sich allmählich.

»Braunkreuz mit Silbernitrat und Jod« von 1960 (Kat. 142, Abb. 170) nennt in der Bezeichnung gleichrangig nebeneinander das (in brauner Ölfarbe ausgeführte) Motiv und Materialien, die sich fleckenhaft ausbreiten, aber anscheinend keine eigentliche Bedeutungsdimension aufweisen, es sei denn, man würde über das Kontrast- und Heilmittel Jod und die alten Bedeutungen des Höllensteins (Ag NO$_3$) im Zusammenhang mit den Blut- und Erdfarben des zu einem Knochen geschrumpften Kreuzes spekulieren. Der Sinn – das könnte immerhin am Ende derartiger Überlegungen stehen – wanderte aus der Form in die Materie. Anders als beim »Hundsberg« (Kat. 57, Abb. 32) evozierten dann nicht die Formen einen Inhalt, sondern die verwendeten Substanzen selbst konstituierten eine Bedeutung abseits und neben der nicht länger ausschließlich als Sinnträger fungierenden Gestalt. Ohne solche Gedanken angesichts dieses Blattes weiterzuverfolgen, läßt sich immerhin festhalten, daß die Aktionen von Beuys und seine Objekte eine derartige Interpretation rechtfertigen würden.

»Furcht des Knaben vor dem Hundsberg« und »Braunkreuz mit Silbernitrat und Jod« stecken im Grunde das Terrain derjenigen Möglichkeiten ab, die Beuys in anderen Materialbildern auslotete. Die stark betonte Eigenwertigkeit der Mittel, ihr spezifischer Charakter, ihre besondere, einmalige Handhabung eröffnet dabei von Fall zu Fall Bedeutungshorizonte, die nur noch teilweise in unmittelbarer Korrelation mit den gewählten Formen stehen, diesen gelegentlich sogar widersprechen. Vereinfacht ausgedrückt führt der Weg vom Primat der sich adäquater Mittel bedienenden Form zu einem Vorrang der verwendeten Materialien, ohne daß dabei die Gestaltqualität vernachlässigt würde. Formelemente und Stoffe werden jeweils zu vergleichsweise eigenständigen Sinnträgern. Besonders die Stoffe bedeuten dabei oft etwas, was außerhalb der Evidenz liegt. Damit ist zumindest angedeutet, wie konträr

Beuys dem l'art pour l'art gegenübersteht. In keiner seiner Arbeiten kommt es dazu, daß das Bezeichnende nur noch sich selbst bezeichnet.

Verwendung von Ölfarben.
Braun als gestaute Urfarbe Rot

Aus inhaltlichen Überlegungen hatte es sich in dem einen und anderen Fall als sinnvoll erwiesen, einige in Öl auf Papier ausgeführte Arbeiten den reinen Bleistiftzeichnungen und Aquarellen anzugliedern. Tatsächlich aber bilden die Ölmalereien im Œuvre von Beuys eine eigene Gattung mit spezifischen Besonderheiten. Einige Aspekte sind zumindest anzudeuten, wobei der Rahmen hier allerdings weit gesteckt und auf eine genaue Unterscheidung verzichtet wird, was als Ölmalerei bzw. als Collage mit Malerei oder als überarbeitetes Foto anzusehen ist. Das bringt sicherlich Nachteile für die Ordnung des Materials mit sich, erlaubt aber einige weiterführende Reflexionen über die Beuys beschäftigenden Gehalte soweit sie mit dem Gebrauch der Ölfarbe zusammenhängen. Einige in lockerer Reihenfolge angeführte Beispiele können das veranschaulichen und zugleich zeigen, wie vielfältig und differenziert die Neuansätze der Zeit um 1960 sind.

»Route eines Urschlittens« (Kat. 133, Abb. 154) ist eine der vom Umfang her größten Arbeiten dieses Komplexes betitelt. Sie setzt sich aus einer Reihe von Rechtecken zusammen, die als Gesamtfiguration ein gekontertes »F« ausmachen, aber auch an jene Richtscheite erinnern, die in den Aktionen und Räumen späterer Jahre auftauchen. Ein in etwa vergleichbares Element ist u. a. Teil des Environments »vor dem Aufbruch aus Lager I« (Kat. 339, Abb. 216, 217). In dem locke-

ren Farbauftrag, der die einzelnen Elemente miteinander verbindet, läßt sich eine Spur ausmachen, die auf den als Schlitten angesprochenen Gegenstand im unteren Teil der Darstellung zuführt. Hinsichtlich der Thematik ist der Zusammenhang mit den früheren Zeichnungen evident, während der anschauliche Charakter der Arbeit, die zwischen Objekt und Bild anzusiedeln ist, sich mit anderen gleichzeitig entstandenen Werken verbindet. Zu verweisen ist etwa auf die wunderbare, in braunen, opaken Erdtönen gehaltene Collage von 1960 (Kat. 133, Abb. 154), die freilich aus Stoffen und gefärbten Papieren entwickelt wurde und wie ein Reflex auf damalige Tendenzen gegenstandsfreier Kunst anmutet. Zum Vergleich würden sich u. a. Gemälde und Gouachen Poliakoffs anbieten.

Derartige Bezüge prägen letztlich auch eine auf Pappe ausgeführte Ölmalerei (Kat. 146, Abb. 167), wobei hier freilich verschiedene Einritzungen und Markierungen vor allem links unterhalb der Mitte als Details der Kufen eines Urschlittens gesehen werden können, wie er bei Beuys wieder und wieder vorkommt. Der grob strukturierte Auftrag grauer, deckender Farbsubstanzen ruft u. a. Tàpies in Erinnerung, obwohl die Intentionen beider Künstler in verschiedene Richtungen gehen[42]).

Während in diesen beiden Werken der Pinselduktus und das Kolorit von zentraler Bedeutung sind, verraten andere Kompositionen ein abweichendes Bemühen, das nicht mehr direkt mit den zeitgenössischen Spielarten dieser Gattung in Einklang zu bringen ist. Das gilt u. a. bereits für die in brauner und grauer Ölfarbe ausgeführte Arbeit mit der Bezeichnung »In dieser Weise benutze ich Werkzeug« (Kat. 144, Abb. 152) und partiell auch für die Collage und Ölmalerei »Rest der Mathematikaufgabe« (Kat. 145). In diesem

Fall wurde eine rechteckige Pappe bis auf eine graue Randzone braun eingefärbt. In der Mitte leicht verkantet ein in die Fläche geklappter Würfel. Diagonale Teilungen und farbige Abdeckungen gleichen die Körperabwicklung dem Grund an mit dem Ergebnis, daß die geometrische Figur einerseits als Darstellung eines Problems, andererseits als Objekt von bestimmter Materialbeschaffenheit und festgelegtem Umriß wahrgenommen wird. Dieses Verhältnis wiederholt sich auf Grund der oben und unten angesetzten Streifen mit den Bleistiftskizzen, so daß die Arbeit u. a. auch die Modalitäten der Wahrnehmung thematisiert.

Einfacher, wenn auch nicht weniger eindrucksvoll sind Blätter wie »Für Filz?« (Kat. 163, Abb. 178) oder »Partitur« (Kat. 164, Abb. 157). Insbesondere bei dem zuletzt genannten Stück gewinnen die schweren, an den Rändern von öligen Zonen umgebenen Formen zeichenhafte Qualität, die mit den Fragmenten eines Diagramms kontrastieren. So erkennt oben links das geteilte Kreuz und an der Unterkante gegenüber eine Batterie von Röhren. Wie bei vielen anderen Exponaten haben die Ölfarben auch in dieser Darstellung eine ambivalente Aufgabe: sie stellen auf der einen Seite ihre Materialität, ihre Fetthaltigkeit, Undurchsichtigkeit und Konsistenz vor Augen, sie machen ihre Stumpfheit und Wärme spürbar. Auf der anderen Seite läßt sich immer wieder – so auch hier – die Tendenz ausmachen, den Formen selbst eine partielle Bedeutung beizumessen, ihnen eine latente Abbildfunktion zuzuweisen.

Auf andere, eher erzählerische Weise wird dieses Problem noch einmal in einer kleinen Malerei auf Karton formuliert. Drei längliche Formen mit Haken umkreisen (Kat. 195, Abb. 176) ein kompaktes, zumeist aus Rechtecken aufgebautes Zentrum.

Lesbar wird die Komposition nicht zuletzt durch den Titel »Whaltrap« (Walfischfalle) (Kat. 195, Abb. 176), der zwar keinen existierenden Gegenstand benennt (wenn man nicht das Motiv in der Mitte mit einem auf den Kopf gestellten Walfänger identifiziert), aber zumindest die Gebilde an den Rändern als Wasser ausspeiende Fische kenntlich macht.

Von dieser fast traditionellen Handhabung der Ölfarbe heben sich andere Arbeiten der Ausstellung deutlich ab. Zu ihnen gehören u. a. »Braunkreuz mit Transmission (Kat. 157, Abb. 155) und »Magnetische Platte« (Kat. 178, Abb. 168). Diese Beispiele machen offenkundig, daß es Beuys nicht um ein Auslöschen, ja Zerstören einer vorher existenten Darstellung geht, wie wir das an den Übermalungen Arnulf Rainers beobachten können. Auch der Begriff der Zumalung würde die Phänomene nicht angemessen wiedergeben. Wie Martin Kunz treffend bemerkte, legt Beuys über eine Zeichnung, einen Druck, einen Artikel u. a. oft eine Schicht, die nicht in das Papier eindringt, sondern wie ein Film den Bildträger mit seiner Darstellung überzieht[43]).

Die in der Regel sehr trocken angesetzte Ölfarbe deckt etwas ab, was weiterhin wirksam bleiben soll, wenngleich es der Sichtbarkeit entzogen ist. So läßt »Braunkreuz mit Transmission« (Abb. 155) hinter der Malerei eine Maschinerie ahnbar werden, von der nur oben rechts in der Aussparung einige Details erscheinen. Die braune Schicht figuriert im Grunde als Filter oder Barriere zwischen dem Sehenden und dem noch nicht oder nicht mehr Sichtbaren. Worauf es auch hier letztlich ankommt, das liegt hinter der Erscheinung, obwohl – und das ist wichtig – die Malerei selbst nicht entwertet wird.

Nachvollziehen lassen sich diese Überlegungen an einigen Werken, die als Farbträger Zeitungen, Fotos, Xerokopien und ähnliches verwenden. Etliche Arbeiten, die in diesen Zusammenhang gehören, sind mit »Braunkreuz« (Kat. 160, Abb. 194) betitelt. Besonders hervorgehoben erscheint das für das Œuvre von Beuys so zentrale Emblem auf einer Arbeit von 1968 (Kat. 214, Abb. 187). Braune Farbe hat hier ein hochrechteckiges Stück Zeitungspapier so überdeckt, daß nur rechts eine nahezu quadratische Abbildung ausgespart wurde, die ein von hinten gesehenes Fahrzeug des Roten Kreuzes zeigt. Die graue Reproduktion läßt aufgrund ihrer Symbolfunktion die Malerei wie eingetrocknetes Blut erscheinen, ein Eindruck freilich, den der gleichmäßige Auftrag der Farbschicht sofort unterläuft. Assoziationen werden stimuliert und zugleich wieder unmöglich gemacht. Die auffällige Neutralität, die sich als Wirkung der Arbeit mitteilt, resultiert nicht zuletzt aus diesem Umstand, daß jeder gefühlsmäßige Impuls im Moment seiner Auslösung auch schon blockiert wird.

Vergleicht man »Route eines Urschlittens« (Kat. 133, Abb. 154) mit den zuletzt erwähnten Ölmalereien, dann ist nicht zu leugnen, daß die nun zu beobachtende formale Strenge, die intendierte Neutralität, der powere Charakter mit einem Verlust an Komplexität und Differenzierung erkauft wurde. M.a.W., materialer Vordergrund und spiritueller Hintergrund klaffen entschieden weiter auseinander als dies bei den Zeichnungen und Aquarellen der 40er und 50er Jahre, aber auch bei den frühen Ölbildern der Fall war. Insgesamt wirken die braunen Malereien lapidarer, eindimensionaler, demonstrativer und sie blenden alles unmittelbar Gefühlsmäßige rigoros aus. Daß es hier in vieler Hinsicht Parallelen zu den strengen, gelegentlich konzeptuellen Arbeiten mit Filz, Kupfer usw. gibt, liegt auf der Hand. Darüber hinaus lassen sich vielfältige Beziehungen zu den zeitgenössischen Bewegungen wie »Arte povera« und »Zero« aufweisen, Beziehungen freilich, die selten über das Phänomenologische hinausgehen.

Überblickt man sämtliche, d.h. nicht nur die hier beispielhaft ausgewählten Werke, dann zeichnen sich zwei extreme Möglichkeiten ab. Die Verwendung der zumeist gleichbleibend braunen Ölfarbe reduziert sich auf ein Minimum und wird zur bloßen Zutat einer Collage oder Assemblage. Die Malerei kann aber auch derart dominieren, daß monochrome Arbeiten entstehen. Ihr bescheidenes Format und ihre völlig andersartigen Voraussetzungen erlauben es freilich nicht, sie mit den Bildern von Yves Klein in Verbindung zu bringen. Anzumerken bleibt, daß die Ausstellung für beide Positionen Belege liefert (Kat. 158, 190, 208; Abb. 175). Die einfarbigen Arbeiten stehen dabei mit Beuys' eigenen Versuchen aus den späten 50er Jahren in Beziehung, bei denen er zarte Gewebe und Stoffe eher durchscheinend bemalte. »Rot mit überlagertem Rot« (Kat. 118), angeblich 1958 gefertigt, wie spätere Signatur und Datierung nahelegen, stellt in unserem Rahmen den Prototyp derartiger Bemühungen dar, die m.E. zu einer weniger bedeutungsvollen Gattung des Gesamtœuvres rechnen.

Bei allen in diesem Zusammenhang erwähnten Arbeiten handelt es sich im Grunde um Modelle, die in der Betonung ihrer spröden Materialität gerade die Präponderanz des Imateriellen demonstrieren sollen. Schönheitswert kommt den verwendeten, immer gleichen Tönen nicht zu. Ebensowenig werden sie als häßlich oder abstoßend empfunden. Die braune Ölfarbe bleibt neutral und ohne die geringste affektive Ausstrahlung. Auch die Anwendung, der Auftrag, löst keinerlei Interesse aus: weder haben wir eine perfekt geglättete Folie von makelloser Gleichmäßigkeit vor uns noch treten psychographische Besonderheiten hervor wie das anfangs noch zu beobachten war (Kat. 133, 146). Man bemerkt jetzt nur, wie mit einem gewissen Arbeitsaufwand, angemessener, jedoch keineswegs übertriebener Sorgfalt und durchaus herkömmlichen Mitteln eine Fläche bzw. ein Teilbereich zugestrichen wurde. Anonymität und Beliebigkeit sind ganz bewußt herausgestellt, um den Beobachter zu veranlassen, über das zu reflektieren, was ihm entzogen bleibt, was keine sinnliche Präsenz gewinnt. An den Rändern aufscheinende Relikte, zeichenhafte Figurationen, verbale Erläuterungen in Form eines Titels, vergilbende Zeitungen und verblassende Fotokopien lenken die Aufmerksamkeit auf geistige Prinzipien, abstrakte Begriffe, die im Verborgenen bleiben, nicht in Gestalt von Allegorien oder Symbolen veranschaulicht werden können, und doch den Emanationspunkt aller dieser Werke ausmachen. Die braune Eintönigkeit zwingt überdies bei flächendeckender Ausdehnung, diese zu transzendieren. Geht es bei Rainer, um darauf noch einmal zurückzukommen, um Anverwandlung, Aneignung, Substituierung des einen durch ein anderes, dann scheint für Beuys der Begriff der Evokation eher angemessen. Beuys selbst hat das anschaulich formuliert. Auf die Frage, warum er Braun und Grau so oft verwende, antwortete er: »Die Farben sind neutral, sie sind eigentlich verschwundene Farben, Braun und Grau ... Mein Wille sagt mir, daß die Helligkeit ganz zugedeckt sein muß. Auch Braun ist ein sehr stark abgedecktes Rot, der Wille plastisch zu sein. Braun ist Erde und gestaute Urfarbe Rot, erdige Wärme, eingetrocknetes Blut. Durch die Stauung werden aber die Lichtfarben oder Spektralfarben als Gegenbilder geradezu hervorgetrieben.«[44]

Zwischenstück: Greta Garbo, Al Capone und Ho Chi Minh

In exemplarischer Weise werden alle diese Beobachtungen durch eine Reihe zusammengehöriger Arbeiten bestätigt, die im Rahmen der Ölmalereien als eines der ambitioniertesten Projekte anzusehen ist.

Der »Greta-Garbo-Zyklus«, um den es hier geht (Kat. 183, Abb. 179–185), besteht aus insgesamt 13 Blättern, von denen die meisten 1964/5, zwei aber erst 1969 entstanden. Technisch sind es teilweise mit brauner Ölfarbe abgedeckte Xerokopien nach Szenenfotos aus Filmen der Schauspielerin. »Grand Hotel« (1932), »Ninotschka« (1939) und jenes unsägliche Lichtspiel »The Two-faced Women« (1941), mit dem die Karriere des Stars ein Ende fand, werden in Erinnerung gerufen. Hier wie in sovielen anderen Streifen hatte Greta Garbo Liebe und Leidenschaft verkörpert. Auffällig daher, wie ihre Partner ausgeblendet werden und auch das jeweilige Ambiente weitgehend unter den Abdeckungen verschwindet. Zu diesen nicht ganz einfach zu identifizierenden Zitaten aus den Filmen kommen verschiedene der seltenen privaten Aufnahmen, die auch die alt gewordene Garbo zeigen.

Mit einer derartigen Auswahl spielt Beuys ganz bewußt auf das Besondere dieses Schicksals an. Die Garbo brach aus Hollywood aus, kehrte ins Privatleben und die völlige Anonymität zurück, nachdem ihr bewußt geworden war, daß der von ihr in vielen erfolgreichen Filmen repräsentierte

Typus der jugendlichen Schönheit keinem Wandel unterworfen werden konnte und der natürliche Alterungsprozeß die Diskrepanz von Schein und Sein immer größer werden ließ. »... die Essenz durfte nicht verfallen, ihr Gesicht durfte niemals eine andere Wirklichkeit haben als die seiner mehr noch geistigen als plastischen Vollkommenheit«[45]).

Daher wohl der radikale Bruch, weil nur so in den Filmen ein hehres Idol überdauern konnte, dem die Schauspielerin selbst immer weniger zu entsprechen vermochte. Ihr so bewundernswürdiges Gesicht, von einer Klarheit und kühlen Ausstrahlung ohnegleichen, veranlaßte Roland Barthes zu der treffenden Bemerkung, daß es so etwas wie die platonische Idee der Kreatur offenbare und fast entsexualisiert sei[46]). Darin liegt begründet, warum jede Spur der Reifung und ausgelebter Sinnenhaftigkeit die einmal geprägte Vorstellung von fast abstrakter Sublimation ruinieren mußte, die durch ihre Darstellung zum Klischee geworden war.

Was Beuys, für den die Garbo als Kultfigur zweifellos etwas anderes bedeutet als für eine spätere Generation, mit seiner Bildreihe intendierte, wird an zwei Besonderheiten faßbar. Die verwendeten Vorlagen sind Derivate von Fotos, d.h. es sind bis auf eine Ausnahme graue, ausgeblichene, flockige Kopien, die genau jenen Prozeß veranschaulichen, den die Garbo durch ihren spektakulären Abschied unterlaufen wollte. Die Fotokopie von einer Aufnahme der alten Garbo läßt daran keinen Zweifel. Lediglich die braunen Rahmen, die gelegentlich so breit sind, daß die Aussparungen mit den verschwimmenden Bildern darin untergehen, halten fest, was sich auch in der Erinnerung verflüchtigt.

Irritierend ist aber vor allem die später vorgenommene Erweiterung der Serie um zwei Arbeiten von 1969. Die Zeitungen mit Fotos von Al Capone und Ho Chi Minh sind in gleicher Weise wie die anderen Darstellungen behandelt und teilweise mit brauner Ölfarbe abgedeckt. Daß diese Ergänzung auf den Höhepunkt des Vietnam-Krieges anspielt, liefert noch keine Antwort auf die Frage, warum ein gerissener Ganove, der offensichtlich stellvertretend für die USA steht, und ein genialer Stratege, der sich erfolgreich gegen das Verbrechen behauptet, das Ende der Folge markieren. Die Beuys bewegenden Intentionen wären eher aus Prinzipien abzuleiten, die beide Männer verkörpern.

Sowohl Al Capone als auch Ho Chi Minh haben sich in sehr unterschiedlicher Weise mit der Realität auseinandergesetzt und diese im Bösen wie im Guten verändert. Beide repräsentieren – und das mag für Beuys besonders stimulierend gewesen sein – das Prinzip der Freiheit, allerdings unter moralisch höchst unterschiedlichen Prämissen. Vereinfacht gesprochen: dem Verbrecher, der sich von den Gesetzen befreit, steht der Befreier gegenüber, der das Recht gegen das Verbrechen durchsetzt. Beide aber, der verabscheuungswürdigen Gewalttäter und der bewunderte Held, waren in gewisser Weise zu Stars geworden und führten gleichsam ein Doppelleben, wobei das von den Medien fabrizierte und kolportierter Klischee kaum noch einen Blick auf die Wirklichkeit erlaubte. In den verschiedenen Gesellschaften galten beide als Idole und das erst liefert die Bezugsebene für den ersten Teil der Folge. Wie um die »Göttliche« hatten sich um Al Capone und Ho Chi Minh bereits zu Lebzeiten Legenden gebildet, die mit allen ihren phantastischen und erfundenen Details im Kontrast zur Normalität des Daseins der Protagonisten stand. Ins Unendliche reproduzierbare Standards waren hergestellt worden, anthropomorphe Container für bestimmte Ideen und Vorstellungen.

Durch die Ergänzung des Garbo-Zyklus' hat Beuys in gewisser Weise von dem Filmstar ablenken wollen, um sichtbar zu machen, daß die im Medienzeitalter erstmals voll in Erscheinung tretende Diskrepanz zwischen der Wirklichkeit und ihrer Darstellung auch weiterhin gilt und durchaus nicht auf die Unterhaltungsindustrie beschränkt bleibt, sondern ebenso – freilich mit ungleich gravierenderen Folgen – in Gesellschaft und Politik virulent ist. Die Garbo-Serie in ihrer Gesamtheit stellt damit auch eine Arbeit über die Realität aus zweiter Hand dar und läßt eine zeit- und gesellschaftskritische Diagnose erkennbar werden, die Beuys vor allem in den späten 60er und 70er Jahren beschäftigen sollte.

II. Objekte und Environments

Beuys hat sich immer auch als Plastiker verstanden. Wenn wir uns in der Beschreibung seiner Themen und Sujets vor allem auf Papierarbeiten stützten, so hat das seinen Grund nicht zuletzt in der Tatsache, daß die Münchner Sammlungen nur wenige dreidimensionale Werke aus der Zeit vor 1960 enthalten. Außer einigen Kleinbronzen (Kat. 267-9, Abb. 219, 220, 221) und der »Bienenkönigin« (Kat. 270, Abb. 203) wäre vor allem auf die »Zwei Berglampen« (Kat. 271, Abb. 205) zu verweisen. Hinzu kommt außerdem der Entwurf für eine nichtausgeführte Medaille der Partnerstädte Duisburg und Portsmouth aus dem Jahre 1956 (Kat. 272, Abb. 204). So läßt sich in diesem Rahmen keine Vorstellung von dem Büdericher Ehrenmal[47], den Grabsteinen[48] und anderen größeren Werken der 50er Jahre gewinnen, die es aufgrund ihrer Qualität immerhin nahelegten, Beuys 1961 als Professor für Bildhauerei an die Düsseldorfer Akademie zu berufen.

Überblickt man das Gesamtwerk, so zeigt sich, wie der Künstler seit den frühen 50er Jahren bemüht ist, den in Skizzen und Aquarellen artikulierten Themen Äquivalente im räumlichen Bereich zu schaffen. Zusammenhänge etwa dergestalt, daß die Zeichnungen den Entwurf oder das Konzept einer Skulptur fixieren, lassen sich allerdings kaum beobachten. So ist auch eine mit dem Krefelder Brunnen[49] zusammenhängende Darstellung erst viele Jahre später entstanden und in erster Linie als Funktionsdiagramm zu begreifen (Kat. 206, Abb. 114). Vielmehr verhalten sich plastische und graphische Arbeiten komplementär zueinander. So verwundert es nicht, wenn bei Skulpturen und Objekten Figürliches eine immer geringere Rolle spielt. Ausgehend von frühen Kruzifixen (vgl. Kat. 269, Abb. 219) begegnen einem zwar religiöse Themen bis in die 60er Jahre[50], aber entscheidend wird zunehmend jener verbal schwer definierbare Bereich, den mehr oder minder vertraute Gegenstände und Materialien vergegenwärtigen sollen. Das bildnerische Verfahren läßt sich dabei auf den Begriff der Hypostasierung bringen: es sind durchgängig geistige Prinzipien, die Beuys vergegenständlicht. Seine künstlerische Arbeit im weitesten Sinne basiert auf diesem Fundament und daran hat sich bis heute nichts geändert.

Vor einer ausführlichen Diskussion einiger Beispiele scheint es angebracht, den Hintergrund der Arbeiten zu skizzieren und dabei auch einige allgemeinere Kennzeichen und inhaltliche Zusammenhänge anzudeuten.

Von entscheidender Bedeutung wurde für Beuys zu Beginn der 60er Jahre die Auseinandersetzung mit der Fluxusbewegung. Im Kreis um Maciunas, Paik, Kaprow, Cage, Vostell, Spoerri, Higgins, Brecht u. a. praktizierte man jene Anarchie der Mittel und Verfahren, die es erlauben sollte, die Grenzen zwischen Kunst und Lebenswirklichkeit zu zerstören und eine neue Einheit zu schaffen. Was sich in lauten und brüskierenden Happenings teilweise als Bürgerschreck gerierte und nur zu oft in bloßem Affront erschöpfte, konnte freilich nicht zum alleinigen Maßstab für Beuys werden, obwohl es äußerlich manchmal den Anschein gehabt haben muß, als sei er einer der wichtigsten Exponenten und Anreger dieser Richtung. In Wahrheit handelte es sich wohl um eine eher vordergründige Allianz, die es Beuys nicht nur erlaubte, die sich in den Zeichnungen manifestierenden Verinnerlichungszwänge zu durchbrechen, sondern auch sein Renommee zu stärken. Bekannt wurde Beuys schließlich erst durch seine partielle Kooperation mit den Fluxusleuten. Die Chronik der Skandale fügt im nachhinein allerdings stärker zusammen, was von den Intentionen her letztlich inkompatibel war und z. T. aus

Zweckmäßigkeitsüberlegungen eine Verbindung einging. Die reflektorischen Momente nämlich, die so stark ausgeprägten Tendenzen zur spirituellen Überhöhung und die Betonung homologer Beziehungen zwischen gesellschaftlichen und naturhaften Gegebenheiten setzten Beuys von der gesamten Bewegung sehr deutlich ab. Die Verbindung mit der lockeren Gruppierung führte aber andererseits dazu, daß er seinen Werkbegriff, wie er ihn in den 50er Jahren in genauer Kenntnis des 20. Jahrhunderts entwickelt hatte, durch Verfahren zu erweitern vermochte, die in der Tradition von Dadaismus und Surrealismus auf Diskontinuität und Spontaneität, auf Schock und Provokation abzielten.

In seinen Aktionen, denen immer etwas von der Ohnmacht der Vergeblichkeit, von Ritualen der Trauer anhaftet, stellt sich die Frage nach Bestimmung und Sinn menschlichen Daseins direkter als in den Happenings anderer Künstler dieses Kreises. Oft sind es rätselhafte Gebärden, die auf den Mitmenschen zielen und doch zugleich den Dialog abschneiden. Aktionen wie anhaltendes, unterdrücktes Geschrei, auf das es keine Antwort geben kann. Unverhüllte Rückgriffe und Paraphrasen christlicher Gebräuche und Traditionen mit der Absicht, die Passion zu profanieren und das erwartete Heil nicht im Ungewissen der Transzendenz verschwinden zu lassen. In »24 Stunden … und in uns … unter uns … landunter« (1965), »Wie man dem toten Hasen die Bilder erklärt« (1965), »Manresa« (1966), »Titus/Iphigenie« (1969), »Celtic« (1970) u. a. werden diese disparaten Elemente mehr oder minder deutlich, während in der Aktion »überwindet endlich die Parteiendiktatur« (1972) auf Vorstellungen basiert, die Beuys 1968 zur Gründung der »Deutschen Studentenpartei« und 1971 zur Etablierung der »Organisation für direkte Demokratie durch Volksabstimmung« geführt hatten.

Insgesamt unterlaufen die Aktionen jede vordergründige Evidenz, binden formal, was von der Bedeutung her nicht zusammenstimmen will. Die Parallelen zum zeichnerischen Œuvre liegen auf der Hand, denn die Irritation des Bewußtseins ist ebenso festzustellen wie das Bemühen, der Intuition im Heterogenen verschollene Bedeutungsfelder zu erschließen. Dabei versteht es sich von selbst, daß die Unmittelbarkeit der Aktionen eine intensivere und nachhaltigere Wirkung auslösen mußte.

Ähnliche Absichten verraten auch die Objekte und Environments. Manche dieser Werke definieren sich ausdrücklich als Aktionsreste. Nicht zuletzt daraus resultiert ihre strukturelle Offenheit. Gelegentlich zu beobachtende Diskrepanzen von festliegendem Sinn und variierenden Wirkungen hängen zweifellos mit dem Charakter der Arbeiten zusammen, die jeweils auf eine spezifische räumliche Situation hin konzipiert wurden. Weder die isolierten Objekte noch die räumlichen Ensembles sind als durchgestaltete Totalität im Sinne des organischen Kunstwerks traditioneller Prägung zu verstehen. Sie basieren vielmehr auf dem Prinzip der Collage und führen Widersprüchliches zusammen.

Die Schwierigkeiten mit derartigen Zeugnissen resultieren dabei aus einer einfachen Tatsache. Die in den Werken verwendeten Alltagsrelikte wie ausgediente Schultafeln, Bahren, Stäbe, Batterien, Röntgenplatten, Reagenzgläser, Lampen, Schlitten, Zeitungen, Prothesen usw. verweisen einerseits auf mehr oder minder vertraute Lebenszusammenhänge, denen sie entstammen.

Andererseits fungieren sie gleichzeitig als Zeichen, deren spezifische Bedeutuung sich oft erst aus der Kenntnis des Gesamtœuvres und seiner besonderen Ikonographie erschließt. Diese eigentümliche Kombination von Evidenz und Hintersinn steigert sich mit zunehmender Komplexität der Werke und kann als eine derjenigen Verständnisbarrieren gelten, die das Schaffen von Joseph Beuys manchem Betrachter als hintergründig bzw. als unentschlüsselbar erscheinen läßt. So unterschiedlich die im Laufe von dreieinhalb Jahrzehnten entstandenen Werke auch sind, das Inventar des kruden Zeugs bleibt ebenso begrenzt wie die Sujets der graphischen Blätter. In der leitmotivischen Wiederkehr zumeist ausrangierter Elemente, ekliger Speisereste, verendeter Kreaturen, in der stereotypen Wiederholung von Begriffen und Symbolen wird eine ausgeklügelte Strategie des Künstlers spürbar, die im Betrachter Schrecken und Abscheu hervorrufen soll, um – wie Beuys einmal sagte – im Menschen Zentren zu bewegen, »die durch die grauenhaftesten Schilderungen menschlicher Leiden, Krankheit, Krieg, KZ usw. ziemlich unberührt blieben«[51]. Fraglos ist Beuys dieses gelungen, ohne daß ein Abstumpfungsprozeß wirksam geworden wäre. Die verstörende Ausstrahlung der Objekte geht buchstäblich unter die Haut und widersteht teilweise begrifflicher Entschlüsselung. Die negativen Anmutungsqualitäten und ins Rationale übersetzbare Bedeutungen konkurrieren bis zur gegenseitigen Ausschließlichkeit miteinander. Die Rede von der »begrenzten Relevanz«[52] der verwendeten Dinge trägt einem solchen Sachverhalt Rechnung.

Erschwerend kommt überdies hinzu, daß die für Beuys so typischen Materialien wie Fett und Filz, Kupfer und Eisen, Jod und Schwefel, Honig und

Wachs, Schokolade und Blut usw. selbst schon mit Bedeutung aufgeladen werden. Als ungegliederte Masse bezeichnet Fett beispielsweise das Chaos. Gleichzeitig erweist es sich als Wärme- und Energiepotential. In Gestalt des Tetraeders freilich, die so oft an das Ende einer Aktion tritt, ist derselbe Stoff dem Prinzip der Formbestimmtheit unterworfen und symbolisiert die Gefahr der Vereisung des Lebens.

Immer wieder sind es polare Begriffe, die den Bedeutungsrahmen der Materialien vage markieren, wobei die Übergänge zwischen Chaos und Ordnung, Energie und Form, Wärme und Kälte, Leben und Tod als fließend vorgestellt sind. Gerade der permanente Bedeutungswandel des augenscheinlich Identischen, die paradoxe Logik der Verknüpfungen von Amorphem und Kristallinem, von Unvertrautem und Bekanntem führen immer wieder dazu, daß sich die so änigmatischen Gebilde zunächst einer Beschreibung entziehen. Was freilich im Gedächtnis bleibt, ist die eminente gestalterische Qualität und die Prägnanz der formalen Vergegenwärtigung, die sich mit kaum artikulierbaren Gefühlen und Angstzuständen verschränkt. Im Wechselspiel abstrahierter und mimetisch expressiver Elemente sind gleichsam das diffus Zufällige und das Formbedürfnis auf einen Nenner gebracht. Daß Beuys diese Gratwanderung immer wieder gelingt, ist kaum hoch genug zu veranschlagen. Da stürzt nichts ins Inkommensurable ab, oder verflüchtigt sich im Nebulösen, Verblasenen.

Gefäß und Höhle

Überblickt man die hier berücksichtigten Werke,

dann fällt trotz aller formalen und materialen Differenzen, trotz der großen bedeutungsmäßigen Unterschiede ein Gestaltungsprinzip auf, das eine ganze Reihe von Arbeiten konstituiert. Um dieses Strukturmerkmal zu verdeutlichen, ist noch einmal jene Position in Erinnerung zu rufen, die den Ausgangspunkt für Beuys bildete. Alle hier gezeigten Bronzen bis hin zu dem Medaillenentwurf sind im großen und ganzen dem Motivrepertoire Matarés verpflichtet. Allerdings lassen sich stilistisch sehr bald erhebliche Abweichungen ausmachen, sieht man einmal von den ersten Versuchen aus der unmittelbaren Nachkriegszeit ab. Statt glatter, ebenmäßiger, von innen heraus entwickelter, geschlossener Formen, erscheint bei Beuys alles unruhig, roh und manchmal bewußt unvollendet. Während Mataré in jedem Fall das Volumen und die Zentrierung von Körpern betont, ihre Masse und ihr Gewicht herausarbeitet, zeichnet sich bei Beuys schon früh ein konträrer Ansatz ab, der — abstrakt gesprochen — prinzipiell weniger die plastische Gestalt als die räumliche Gegebenheit reflektiert.

Die vielen Kästen, Wannen, Schachteln, Schüsseln, Dosen, Kannen usw., mit denen Beuys arbeitet, scheinen da ein wichtiges Indiz und es ist durchaus folgerichtig, wenn er später die Vitrine als Container und Objekt behandelt und auch ganze Räume oder zusammenhängende Innenbereiche in erster Linie als Behälter begreift und sie mit Gegenständen und Stoffen strukturiert. Konsequenterweise hat sich Beuys daher in seinem statischen Œuvre — sieht man einmal von den Zeugnissen der frühen 50er Jahre und einigen Auftragsarbeiten ab — nicht mit dem freien, unbegrenzten Raum auseinandergesetzt. Plastik ist für ihn nicht länger ein konsistentes Ding von bestimmter Gestalt, sondern vor allem Gefäß und

Höhle, in denen sich etwas befindet, die etwas aufnehmen oder hergeben. Der künstlerische Prozeß als Akt der Penetration, diese Vorstellung liegt indirekt so manchem Objekt bzw. Environment zugrunde. Ohne diesen Gesichtspunkt zu verabsolutieren, läßt sich immerhin eine Beziehung mit jenen Zeichnungen herstellen, die anthropomorphe und vasenähnliche Formen ineinander überführen (Kat. 13, Abb. 49).

Ein um 1965 entstandenes Objekt beispielsweise läßt Behälter und Inhalt sehr deutlich in Erscheinung treten (Kat. 291, Abb. 237). In diesem Fall ist es ein billiger Blecheimer mit Mohnkapseln und vertrockneten Tannenreisern. Zwischen den Stengeln und Zweigen befinden sich Teile eines zerbrochenen Spiegels bzw. einer Batterie, daneben aber auch etwas Bienenwachs und Fett. Diese Dinge scheinen aus der Öffnung hervorzuquellen bzw. über den Rand hinauszutreten, doch weiß man natürlich, daß dieses alles in den Behälter hineingestopft wurde: Lebenspendendes und Totes, Geformtes und Ungeformtes, Natürliches und Künstliches, Rundes und Eckiges, Scharfes und Stumpfes, Strahlendes und Reflektierendes usw. Als direkt vergleichbar erweist sich eine weitere Dose, über deren Öffnung entwurzelte und in Wachs getauchte Thymianzweige liegen (Kat. 297, Abb. 206): Mumifizierte Heilkräuter, die nicht mehr nach innen wirken, die nicht fruchtbar werden können und keine ätherischen Öle mehr abgeben. Schüssel und Kanne, die an den 50. Geburtstag von Beuys (12.5.71) erinnern, wären in diesem Zusammenhang ebenso zu erwähnen wie neben anderen Arbeiten (Kat. 308, 318; Abb. 239), das »Objekt zum Schmieren und Drehen« (Kat. 317, 323, Abb. 245).

Das Geschlossene bzw. Hohle repräsentiert gleichsam modellhaft die »Fontanadose«, da bei diesem Objekt (Kat. 274, Abb. 214) ein zylindrischer Körper auf einem flachen, viereckigen Karton steht. In der Umkehrung begegnet man diesem Prinzip auch in jenen Elementen aus farbiger Gelantine und Wachs, die mit Trafoteilen kombiniert wurden (Kat. 294, Abb. 207). Offensichtlich handelt es sich um den Inhalt nicht mehr vorhandener Büchsen oder Töpfe. Was flüssig war, ist fest geworden, was Form gab, nicht mehr vorhanden. In jedem Fall ergänzt die Phantasie das Fehlende, zumal das kleine Stromaggregat potentiell alles zum Schmelzen bringen könnte. Dieses lassen jedenfalls Einbuchtungen und Unregelmäßigkeiten der mit Wachs überzogenen Gebilde erkennen.

Der Gegensatz von verlorenem Behälter und vorhandener Füllung verschränkt sich so mit dem ebenfalls nur latent vorhandenen Kontrast von Erstarrung und Verflüssigung. Das Spezifische der Arbeit erschließt sich dabei erst, wenn das materiale Substrat transzendiert wird und beispielsweise die Eigenschaften der Stoffe und die Funktion der Geräte unter naturgesetzlichen Prämissen mitreflektiert werden. Nicht der augenblickliche Zustand ist hier allein entscheidend, wichtig ist vielmehr auch, was vorher war und später sein könnte. Der kleine Apparat wurde in diesem Fall nicht um zu verfremden hinzugefügt, sondern um einen immerhin denkbaren Prozeß anzudeuten. Mögliche physikalische oder chemische Reaktionen bringen erst zur Entfaltung, was in der scheinbar so simplen Arbeit beschlossen liegt und in der Aussparung der Gefäße seinen wichtigsten Anhaltspunkt hat. Trotz der betonten Künstlichkeit und luziden Buntfarbigkeit ist der Abstand zur Pop-Kunst, an die das Objekt entfernt erinnert, beträchtlich.

Selbst einige Schachtelobjekte belegen das Konzept auf exemplarische Weise. So besteht die »Straßenbahn« genannte Arbeit (Kat. 273, Abb. 222) aus einem leeren Schuhkarton. Auf die zur Rückwand gewordene Bodenfläche wurden mit Hilfe einfachster Mittel Passagierwagen und zugehörige Oberleitung projiziert. Der Behälter ist nach vorn hin offen und erweckt den Eindruck eines Miniaturguckkastens. Ein solches spielerisches Moment fehlt den meisten später entstandenen Arbeiten. So enthält etwa eine mit Ölfarben bemalte Box außer Kabeln und kleinen Schwefelstücken, noch Zucker, eine Serviette und Hasenknochen (Kat. 299, Abb. 213). In dem Konglomerat verschiedenster Dinge erinnert die Schachtel sowohl an das »Hasengrab« (Kat. 293, Abb. 211) als auch an den »Mäusestall« (Kat. 306, Abb. 210). Weiterhin wäre die schwefelüberzogene Zinkkiste mit tamponierter Ecke (Kat. 310) in diesem Zusammenhang ebenso zu beachten wie das Objekt »ö ö« (Kat. 340, Abb. 226), bei dem es sich um einen langen, flachen Kasten mit den Leuchtbuchstaben des »Büros für direkte Demokratie« handelt. Ferner fällt das »Schweigen« (Kat. 325) mit den fünf verzinkten, also verschlossenen Filmspulen und der zugehörigen Versandkiste in diese Rubrik.

Die »Aggregat« betitelte Bronze von 1962 (Kat. 279, Abb. 233) läßt das Prinzip besonders klar erkennen. Hier sind es halboffene Blöcke mit pragmentierten Wicklungen, die in vierfacher Wiederholung das Verhältnis von Kern und Ummantelung, von Objekt und Container demonstrieren. Außerdem gleicht die dominierende Grundform einem Kasten mit zur Seite gelegtem Boden und fehlender Vorderwand. Schließlich wären die beiden Environments »Zeige deine Wunde« (Kat. 329, Abb. 246) und »vor dem Aufbruch aus Lager I«

(Kat. 339, Abb. 216, 217) auch unter Aspekten von Hohlkörper und Füllung bzw. von Höhle und Inventar zu analysieren.

Schöpfen und Schneiden

Ein unbetiteltes Ensemble von 1962 (Kat. 281, Abb. 212) bestätigt manche dieser Beobachtungen, läßt darüber hinaus aber auch andere Prinzipien erkennen, die sich in verschiedenen Arbeiten von Beuys manifestieren. In einer kleinen Plastikschüssel befindet sich etwas Leinsamenöl, ein Küchenmesser mit braun bemalter Klinge und etwas Fett, daneben eine Kelle. Ein kurzer Bindfaden verknüpft den runden Behälter mit einem rechteckigen, grau bemalten Kartondeckel, auf den drei kleine Stückchen Wellpappe geklebt sind. Eine höchst bizarre Kombination von Geräten und Stoffen, die unmittelbar aus einer Alchimistenküche stammen könnte. Dabei paßt nichts zueinander: der Deckel nicht zu dem Gefäß, das flüssige Öl nicht zu der getrockneten Ölfarbe, die Gebrauchsgegenstände nicht zu den anderen Utensilien. Man könnte schöpfen, wüßte aber nicht wohin und warum, während das Schneiden – darauf weisen die Pappreste hin – ganz unmöglich ist, da die Klinge umhüllt und damit stumpf gemacht wurde und außerdem der Griff wegen des Ölfilms nicht angefaßt werden kann. Immerhin wird deutlich, daß sich hier nicht nur Behälter und Inhalt, Gefäß und Abdeckung, Flüssiges und Festes aufeinander beziehen, sondern daß es vor allem um die Polarisierung von Schöpfen und Schneiden geht. Das Schneiden ist dabei als Zerlegen und Sezieren, im weitesten Sinne vielleicht sogar als Verstümmeln und Töten begriffen, während das Schöpfen der organischen Essenzen mit dem Verbinden und Nähren, d.h. dem Lebensprinzip assoziiert wird.

Ähnlich sind auch einige andere, zumeist kleinere Objekte zu verstehen: eine durchschnittene Blutwurst, die medizinisch, d. h. mit Zinksalbe behandelt wurde (Kat. 287, Abb. 236), einige »Monumente« (Kat. 289), bei denen es sich um Schokoladestücke handelt, die mit einem scharfen, spitzen Gegenstand auseinandergesprengt wurden. Selbst »Gelantinekeil / programmiert« (Kat. 307) und das an einer Seite geschliffene Schieferstück (Kat. 334) ließen sich unter solchen Gesichtspunkten betrachten.

Vermengen, Verschütten, Verflechten, Verfilzen

Die bisher unter verschiedenen Gesichtspunkten erwähnten Werke lassen jeweils bestimmte Ordnungsprinzipien erkennen, ohne daß sich freilich der Sinn der Objekte in einer vordergründigen Demonstration und Veranschaulichung zumeist polarer Begriffe erschöpfte. Derartige Beobachtungen können auch an den hier zusammengetragenen Exponaten weitergeführt werden. So scheinen einige Arbeiten lediglich aus einem wüsten Gemenge heterogenster Dinge und Materialien zu bestehen. Das gilt in erster Linie für den sogenannten »Mäusestall« (Kat. 306, Abb. 210). Die mit Maschendraht verschlossene Kiste enthält nichts anderes als vertrocknetes Laub, kleine Zweige, Schalen von Früchten und Eiern, ausgedorrtes Stroh und eine ganze Menge undefinierbaren Unrats bis hin zu Mäusedreck. Dieses durchweg grau oder braun verfärbte organische Zeugs, das Futterreste und Fäkalien umfaßt, signalisiert den aufgegebenen Lebensraum der Nagetiere, die offenbar einmal den Kindern von Beuys gehörten. Geringfügige manipulative Eingriffe ändern nichts an der Tatsache, daß wir hier

ein mit persönlichen Erinnerungen behaftetes Readymade vor uns haben.

Ein strukturell ähnliches Durcheinander stellt das sogenannte »Hasengrab« dar (Kat. 293, Abb. 211). Beuys selbst hat folgende Beschreibung gegeben:

»... ich glaube, in diesen Hasengräbern wird man sehr viele ... alchimistische Dinge wiederfinden, wenn man sich ein bißchen damit befaßt. Und die Zuschüttung, also praktisch dieser Haufen an diesem Hasengrab, der nimmt doch sehr oft darauf Bezug, daß der Hase bei mir auch als ein Zeichen für die Chemie überhaupt auftaucht, das heißt, für Umsetzung von Substanzen. Es sind sehr viele Farben drauf, und natürlich ist auch sehr vieles drauf, was man gar nicht mehr sieht, da sind Laugen drauf, Säuren sind drauf, da ist Jod dabei, und das sind alle möglichen Medikamente, Pillen, vor allen Dingen viele, sehr viele Medikamente. Im Prinzip ist das alles da zugeschüttet mit solchen Dingen, die etwas mit Chemie zu tun haben. Äußerlich tritt das in Erscheinung, ganz äußerlich durch unheimlich viele Farben, durch so einen bunten Charakter ... es sind auch gefärbte Ostereier dazwischen.«[53]

Die Arbeit reagiert damit nicht auf zeitgenössische Assemblagen von Arman, Spoerri und anderen, da die von Beuys intendierten Bedeutungen über das Faktische des Konglomerats hinausgehen und gerade nicht nach einer ornamentalen Ordnung suchen. Nur hinsichtlich des Erscheinungsbildes spielt der Zufall eine Rolle, während er bei der Auswahl der übereinander geschichteten Dinge, Materialien und Stoffe weitgehend ausgeklammert bleibt. Hier folgt Beuys einer genauen Strategie, die aus Sinn und Funktion von Relikten und Essenzen resultiert.
Je kleiner und gleichförmiger dabei die Ausgangs-

elemente werden, desto präziser zeichnet sich insgesamt das gestalthafte Moment ab. Ein »Wecker« betitelter Beerenkörnerkuchen (Kat. 304) vergegenwärtigt das auf exemplarische Weise, zumal hier die Feinstruktur isolierter, d. h. nicht verbackener Körner in dem runden Gebilde erkennbar bleibt. Das erwähnte Stück besteht darüber hinaus aus zwei ovalen Filzstücken, die wie Zeiger auf der bulettenartigen Grundform sitzen. Bedenkt man, daß hier nur organische Dinge benutzt wurden, dann heißt das in übertragenem Sinne: nicht die Physik, sondern die Biologie mit ihren Prozessen des Reifens und Vergehens, des Wachsens und Verwertens bestimmen den Fluß der Zeit.

Filz, den Beuys wieder und wieder benutzt, bezeichnet von seinem Charakter her den Gegenpol zu den auf- und übereinander gehäuften Relikten der Hasengräber. Filz ist bekanntlich ein Textilerzeugnis aus ungeordnet verschlungenen tierischen Haaren, die nach Walken unter Einwirkung feuchter Wärme mit ihrer Schuppenschicht aneinander haften. Ein dichtes Material ergibt sich, das nicht mehr in seine gleichförmigen Grundstoffe zu zerlegen ist. Während beim »Mäusestall«, »Hasengrab« und vergleichbaren Arbeiten das Chaotische, Bizzare, Gestaltlose zumeist das Ergebnis von Vermengen und Überhäufen disparater Details ist, zeichnet sich Filz, so wie ihn Beuys verwendet, durch klare Umrißgestaltung extrem ineinander vermischter homogener Einzelelemente aus.

Mag es auch auf den ersten Blick bedenklich erscheinen, die Strukturen von einmaligen künstlerischen Werken und endlos herstellbaren Industrieprodukten zu vergleichen, so muß man doch im Auge behalten, daß Beuys immer wieder Analogien und Polaritäten herausstellt. Dieses Bestreben manifestiert sich auf allen Ebenen der verschiedensten Lebensbereiche, und zwar unabhängig von der Bedeutung und dem Grad an Komplexität der in Betracht gezogenen Elemente. Das bildnerische Denken von Beuys setzt auf einer Stufe ein, die präzisen Formen und eindeutigen Inhalten vorausliegt. Es umkreist in erster Linie Prozesse, Strukturen, Funktionen und Kräfte.

Welcher spezifische Sinn dem Filz im Œuvre von Beuys zukommt, kann hier nicht in aller gebotenen Ausführlichkeit dargelegt werden. Für den zur Debatte stehenden Kontext erweist sich vor allem die Tatsache als wichtig, daß Filz aus organischem Material besteht und Wärme besonders gut und wirksam isoliert. Der »Filzanzug« (Kat. 309) demonstriert das ebenso anschaulich wie beispielsweise die Unterlage des Kupferbesens (vgl. Kat. 324). Ein kleines Objekt mit zwei verknüpften Filzstücken (Kat. 295, Abb. 240) macht sinnfällig, worauf es Beuys bei der Verwendung des Materials u. a. ankommt: Neutralität, Dichte, Teilbarkeit. Dabei ist die Kombination in diesem Fall widerwärtig genug. Der Symmetrie beider Flügel entsprechend wurden links zwei Abschnitte von Fußnägeln montiert, um so die stoffliche Gleichartigkeit der gesamten Arbeit sichtbar zu machen.

Ohne den Gesichtspunkt durchgängiger Strukturmerkmale im Œuvre von Beuys überzustrapazieren, sei zumindest auf ein Objekt verwiesen, das nahezu alle hier angedeuteten Möglichkeiten vorführt (Kat. 290, Abb. 223). Eine Fettbahn teilt ein weiß gestrichenes Brett etwa in der Mitte in zwei Hälften. Links eine verknäuelte Wäscheleine mit zwei Wachs- bzw. Fettstückchen, auf denen sich Fußnägel und Haarkokons befinden. Gegenüber ein von Filzbahnen umwickelter Zylinder aus Teer mit Dosendeckel. Davor ein kleines Eisengewicht auf einem Stück Filz. Fußnägel, geflochtener und verknoteter Strick, Haarkokons, Filz – in dieser Reihenfolge wird die zunehmende Verschlingung und Entdifferenzierung eines in etwa vergleichbaren Ausgangsmaterials sichtbar. Andererseits korrespondieren Wachs bzw. Fett und der aus organischen Stoffen wie Kohle und Holz destillierte Teer, wobei hier die farblichen Unterschiede eher den Charakter des Andersartigen betonen. Während sich rechts Kern und Umhüllung deutlich ablesen lassen, haben wir links ein unentwirrbares Gemenge, in dem sich Inneres und Äußeres durchdringen. Allerdings unterbrechen hier die Wäscheklammern den Linienfluß des Seilgeschlinges immer wieder und markieren Ableitungs- bzw. Verknüpfungspunkte. Gegenüber statt dessen Zentrierung und Ausrichtung auf eine Achse parallel zum Fettwinkel in der Mitte. Entwirrung würde zur Linie (l.), Abrollen bzw. Schmelzen zur Fläche führen (r.).

Filz isoliert indem es entweder einen potentiell flüssigen Stoff ummantelt und verbirgt oder zwischen Unterlage und starrem Metallkörper als Pufferzone fungiert. Worauf es Beuys bei dieser Arbeit offenbar ankam, macht die Zweiteilung des Brettes deutlich: strukturell Ähnliches (Haarkokon – Filz) und formal Gegensätzliches (Knoten – Rolle, Linie – Fläche) ebenso in Korrelation zu bringen wie vergleichbare Gestaltelemente (Dose – Gewicht), unterschiedliche Stoffe (Teer – Eisen, Wachs – Filz, Holz – Fett) und divergierende Funktionen (aufhäufen – umhüllen, isolieren – belasten). Das wie zufällig wirkende Arrangement des Disparaten verliert das Befremdliche erst, wenn man sich bereit findet, eine Reihe von gedanklichen Operationen durchzuführen, Operationen, die vom Erscheinungsbild der Sachen absehen, ohne jedoch die Wirksamkeit der Dinge zu beein-

trächtigen. Die versammelten Sachen stehen für sich selbst und bedeuten zugleich etwas anderes. Die sich auf mehreren Ebenen vollziehende Vermengung, Verflechtung und Verfilzung macht das irritierende Moment der Arbeit aus.

Hinzufügen, Kombinieren, Verwandeln

Sinn und Zweck der für Beuys charakteristischen Verfahren lassen sich an einer Reihe weiterer Objekte präzisieren. Als Ausgangspunkt mag ein eher bescheidenes Zeugnis dienen, das allerdings den Vorzug aufweist, alle wesentlichen Kennzeichen des künstlerischen Vorgehens sinnfällig zum Ausdruck zu bringen.

Das unbetitelte Werk dürfte um 1958/59 entstanden sein. Es handelt sich um eine kleine Puppenschürze (Kat. 275, Abb. 224), in deren Bauchtäschchen Fett geschmiert wurde. Beigegeben ist eine in diesem Zusammenhang wie ein Sexualobjekt anmutende Stimmgabel. Die Wirkung der Arbeit basiert auf dem Kontrast von organischen und anorganischen Stoffen, von Weichheit und Härte, von Formlosigkeit und Formbestimmtheit usw. Das flexible Plastikmaterial umschließt bzw. trägt etwas, und zwar nach der Terminologie von Beuys eine Lebenssubstanz, während die Stimmgabel Wellen ausgehen läßt, sobald man sie in Schwingung versetzt hat. Auf eine abstrakte Weise werden so Passivität und Aktivität, Zusammenziehung und Ausdehnung demonstriert. Die beiden nebeneinander plazierten Gegenstände, die ganz augenscheinlich nichts miteinander zu tun haben, erlangen auf einer Ebene jenseits des sinnlich Gegebenen eine Geltung, die nur noch partiell aus herkömmlichen Funktionen und Bedeutungen von Dingen und

Stoffen resultiert. So lädt sich in diesem Fall der »normale« Gebrauchsgegenstand Stimmgabel mit einer ungewöhnlichen Bedeutung auf, die sich nicht zwingend und ausschließlich aus Form, Funktion und Materialbeschaffenheit ergibt. Wenn die Gabel in diesem Zusammenhang als männliches Element figuriert, dann nur deshalb, weil sie als Komplement zu der weichen, gerundeten, bergenden und tragenden Schürze erscheint.

Was Beuys mit derartig befremdlichen Zusammenstellungen intendiert, ist nicht die Vergegenständlichung des Befremdens selbst. Er möchte vielmehr einen Abstraktionsprozeß initiieren. Die Unmittelbarkeit des anschaulich Gebotenen hat lediglich eine Auslösefunktion. Sie setzt ein Analogiedenken und Assoziationsvermögen in Gang, die es erlauben, noch dort Verbindungen zu sehen, wo praxiorientiertes Denken und realitätsbezogenes Wahrnehmen nichts als völlig zusammenhangslose Details ausmachen. Das heißt aber noch einmal: erst die Konfrontation, Kombination oder Vermischung verschiedener Sachen und Materialien läßt etwas in Erscheinung treten, was isoliert in ihnen nicht wirksam wird. Festliegende Beziehungen zwischen konkreten Gegenständen, Substanzen, Formen und spezifischen Bedeutungen und Ideen gibt es nicht. Beuys verwendet keine Embleme, Metaphern, Symbole, und wenn doch, dann sind sie polyvalent. Worauf es ihm ankommt, das liegt nicht im Faktischen, sondern im Spirituellen. Seinen eigenen Ausführungen zufolge, geschieht die vollkommene Entfaltung seines Werkes durch Transsubstantiation[54].

Erst durch das Hinzufügen eines anderen Gegenstandes, eines anderen Stoffes oder auch nur eines Wortes tritt dabei ein neuer Sinngehalt in Erscheinung. Dieses gilt auch für die so bekannte »Badewanne« (Kat. 276, Abb. 225), die bereits auf einer frühen Zeichnung auftaucht (Kat. 20, Abb. 53). Heftpflaster, Gaze, Fettballen und Mullbinden verwandeln das alltägliche Inventarstück in ein magisches Ding, das auf die Geburt als einen Akt der Inkarnation hinweist. Darauf sollen jedenfalls die Verbandsstoffe hindeuten, während der Fettklumpen als verformbares Element nach einer Äußerung von Beuys für Kreativität in einem allgemeinen, anthropologischen Sinne zu stehen hat[55].

Die dem Objekt vorausliegenden Überlegungen sind denkbar einfach: der erste Gegenstand, mit dem das neugeborene Kind in Berührung kommt, ist der emaillierte Zuber, der beides zugleich repräsentiert, die bergende Höhle und den bedrohlichen Freiraum. Das Ding auf dem Gestell gilt solchem Verständnis nicht mehr als totes Relikt von definierbarem Nutzen und Gebrauchswert, es ist vielmehr Substitut eines Unsichtbaren. Nicht die Wunden des Menschen werden verbunden und bepflastert, sondern seinen auf die anonyme Sache projizierten Verletzungen gilt die pflegliche Fürsorge. Dabei handelt es sich nicht um eine absurde Manipulation. Als Leitbild für eine derartige Geste, die Beuys mit großer Konzentration vollzieht, wird man die Praxis von Medizinmännern und Zauberern primitiver Urgesellschaften vermuten dürfen. Das ganze kann nach der Terminologie von J. G. Frazer unter dem Stichwort Übertragungsmagie firmieren[56], die auf der Annahme beruht, daß Dinge, die einmal miteinander in Berührung standen, immer miteinander in Berührung bleiben.

Im Aberglauben haben sich derartige Denkweisen erhalten und ein Hinweis mag die Zusammenhänge illustrieren, um die es hier geht. Unter unzähligen Beispielen greifen wir eines heraus, bei dem Fett eine entscheidende Rolle spielt. So empfahl man früher im süddeutschen Raum, einen Leinenlappen einzufetten und an der Schneide der Axt festzubinden, mit der man sich geschnitten hatte. Trocknete das Fett auf der Axt, dann sollte auch die Wunde heilen[57]). Beuys ist freilich durchaus nicht als moderner Agent des Sympathiezaubers zu betrachten. Ohne Glauben an die Effektivität derartiger Eingriffe, wie er sie an der Badewanne vernommen hatte, geht es ihm offenbar vornehmlich darum, verschüttete und obsolet gewordene Formen der Wirklichkeitsaneignung in Erinnerung zu rufen und so den Gegensatz zu einem allein funktionellen Denken aufzuzeigen.

In eine ähnliche Richtung zielt die Verwandlung eines alten Atelierofens (Kat. 311, Abb. 234). Die Asbestscheibe oben, die Filzplatte hinten und die Zeichnungen von Axt und Fisch genügen hier bereits, aus dem Heizkörper ein totemähnliches Gebilde bzw. rituelles Objekt zu machen.

Entsprechende Beobachtungen legt auch das »Jason II« benannte Werk (Kat. 278, Abb. 227) nahe. Dabei verweist die Ziffer auf den verschollenen Prototyp aus dem Jahre 1962, in dem auch die hier gezeigte Arbeit konzipiert wurde. Die Realisierung fand allerdings erst 1980 statt. Wie so oft steckt auch diesmal das Entscheidende im Detail. Die vertikal mit dem Kopfende nach unten ausgerichtete Zinkbadewanne blieb im Gegensatz zum Kinderzuber unverändert. Mit ihrer Stütze hängt sie an einer Riegelhalterung, die ihrerseits mit einer Holzleiste verhakt ist. Abgesehen von den Bleistiftmarkierungen auf der Latte erscheint insbesondere der Riegelknauf bemerkenswert, da es sich um einen kleinen behelmten Männerkopf handelt. In dieser Büste, ein anonymes Indu-strieprodukt des vorigen Jahrhunderts, hat man dem Titel entsprechend das Antlitz des antiken Helden zu erblicken, der auszog, das Goldene Vlies zu erobern. Die Wanne verwandelt sich damit gleichsam in das Schiff des Argonauten, das ausrangiert und nicht mehr seetüchtig, wie eine Trophäe an die Wand montiert wurde. Die Größenverhältnisse von dominierendem Gerät und winziger Figur legen allerdings noch einen weiteren Gedanken nahe, nämlich den der wechselseitigen Abhängigkeit des Menschen von seinen eigenen technischen Produkten und Maschinerien. Das archaisch anmutende Denkmal transformiert sich in ein Denkbild, bleibt aber gleichzeitig immer auch ausrangierter Gegenstand. Durch Kombination des Heterogenen und Benennung des Anonymen erhalten die obsoleten Dinge plötzlich eine neue evokative Bedeutung, die sich umgekehrt proportional zu den sinnlich-materiellen Gegebenheiten verhält.

Manchmal entstehen freilich auch ungewöhnliche Gebilde, deren Sinn sich erst allmählich erschließt. Das ist besonders klar am »Gemeinschaftsspaten« (Kat. 288, Abb. 235) abzulesen, bei dem das stählerne Blatt mit zwei hölzernen Stielen verbunden wurde. In der Aktion »und in uns … unter uns … landunter« (1965)[58] fiel diesem Objekt eine wichtige Aufgabe zu. Es fungierte dort als Lebenszeichen, Schutzschild und Energieleiter. Die Transformation des Alltäglichen in einen Fetisch gelingt auch hier nur dadurch, daß Vertrautes verrätselt wird, das Änigmatische zugleich aber Ergebnis einer Verschmelzung relativ einfacher Gedanken darstellt.

Schamane und Hasendämmerung

Betrachtet man die Objekte unter ikonographischen Gesichtspunkten, dann ergeben sich auch hier vielfältige Beziehungen zu dem Motivrepertoire, wie es in den Zeichnungen vorliegt. Statt die außerordentlich komplexen Vorstellungswelten des Künstlers in allen Einzelheiten darzulegen, beschränken wir uns lediglich auf einige Bemerkungen zu einem Tier, das in Leben und Werk von Beuys seit Anfang der 60er Jahre eine zentrale Rolle spielt. Real taucht der Hase erstmals 1963 im Rahmen einer Fluxus-Aktion auf. Einer späteren Bemerkung des Künstlers zufolge sollte das Tier die Transformation durch Materie, aber auch Leben und Tod repräsentieren[59]. Spektakulärer war zweifellos die Inszenierung »Wie man dem toten Hasen die Bilder erklärt«, mit der Beuys im November 1965 eine Ausstellung in der Galerie Schmela eröffnete. Seinen Kopf hatte der Künstler mit Honig bestrichen und zudem dünnes Gold aufgetragen, um so seinen Dialog mit den Manen des Hasen aufzunehmen.

Einem aufgeklärten Menschen muß solches Unterfangen wie eine irrwitzige Spintisiererei vorgekommen sein. Man hat sich aber zu vergegenwärtigen, wie Beuys hier ganz bewußt an die Praktiken der Schamanen anknüpfte. Um das zu verdeutlichen, hier nur einige Bemerkungen.

Die Schamanen stehen insbesondere in Zentral- und Nordasien im Mittelpunkt des religiösen Lebens und sie erfüllen mehrere Funktionen, als Magier und Medizinmann, als Seelengeleiter, Priester, Mystiker und Künstler. Als Auserwählte haben die Schamanen Zutritt zum Bereich des Heiligen, der für die übrigen Mitglieder der Gemeinschaft unzugänglich ist[60]. Als entscheidendes Kriterium für ihre Berufung gilt bei allen sibirischen Völkern die Krankheit, das Initiationserlebnis von Zerstückelung, rituellem Mord und Auferstehung[61]. Aufgrund der Ekstasen und tranceähnlichen Zustände wurden in der einschlägigen Literatur seit dem 19. Jahrhundert immer wieder die Zusammenhänge zwischen verschiedenen Formen der arktischen Hysterie und dem Schamanismus herausgestellt und die Gleichheit von Schamanismus und Geisteskrankheit behauptet[62]. Inzwischen betont man die Differenzen stärker, so daß Mircea Eliade zu diesem Problem bemerken konnte: »... der primitive Zauberer, der Medizinmann und der Schamane ist nicht einfach ein Kranker; er ist vor allem ein Kranker, der sich selber geheilt hat«[63]. Dabei muß dieser Heilungsprozeß immer wieder von neuem vorgenommen werden[64].

Äußeres Kennzeichen der Schamanen ist ihre Tracht, die bei den einzelnen Völkern verschieden ausfällt, aber fast nie auf das wichtigste Teil, die Mütze, verzichtet. Erst durch das Anlegen der Tracht überschreitet der Schamane den profanen Raum und rüstet sich, mit der geistigen Welt in Beziehung zu treten[65].

Die Tätigkeit des Schamanen konzentriert sich darauf, mythische Bilder lebendig und produktiv werden zu lassen und durch ihre Darstellung und Bewußtmachung zur Stärkung des seelischen Zusammenhalts einer Gruppe beizutragen. Künstlerische Aktivitäten wie Darstellen, Erzählen, Singen, Tanzen usw. machen daher den wesentlichen Teil des Schamanisierens aus[66].

Insgesamt gilt der Schamane als ein Spezialist der Trance, in der seine Seele den Körper zu Himmel- und Unterweltfahrten verläßt. Er meistert seine Geister (im Gegensatz zum Besessenen) in dem

Sinn, daß er als menschliches Wesen eine Verbindung mit den Toten, den »Dämonen« und den »Naturgeistern« zustandebringt, ohne sich dazu in ihr Instrument verwandeln zu müssen[67]). Als wichtigste Hilfsgeister gelten ihm die Tiere, mit denen er Zwiesprache hält, in die er sich teilweise selbst verwandelt, um so seine menschliche Verfassung aufzugeben. Das Tier symbolisiert geradezu die Verbindung mit dem Jenseits[68]). Die den Lebewesen zugeschriebene Kraft des Zaubers und des Schutzes lebt in den Tierinsignien der Schamanentracht fort[69]). Das alles verrät seine Herkunft aus einer hochentwickelten Jägerschicht bei Völkern, deren religiös-magisches Weltbild von einem organischen Ganzheitsdenken geprägt wird[70]).

Man hat wiederholt auf die zahlreichen Berührungspunkte zwischen dem Gebaren von Beuys und dem Agieren der Schamanen hingewiesen[71]). Und tatsächlich sind die Parallelen sehr auffällig. F. J. van der Grinten notiert beispielsweise, daß sich bei Beuys 1957 die Heilung aus eigener Kraft vollzogen habe[72]) und benennt damit *das* Kriterium, das den Schamanen von anderen Heilern und Wundertätern unterscheidet. Darüber hinaus wird man die so charakteristische Kleidung von Beuys mit Fliegerweste, Hut und einem Stück Hasenfell auf der Brusttasche als schamanistische Tracht ansehen können. Ferner beschwören viele Zeichnungen aus der Frühzeit die Welt der Schamanen und die Aktionen mit dem toten Hasen bzw. dem lebendigen Coyoten sind allein unter solchen Prämissen zu begreifen. Beuys selbst hat im übrigen diese Bezeichnung für sich gelten lassen[73]).

Wieweit der Versuch einer Adaption oder Identifikation von ihm getrieben wurde, läßt sich freilich weniger deutlich an den Objekten als an den Aktionen ablesen. »Wie man dem toten Hasen die Bilder erklärt« bezeichnet in dieser Hinsicht zweifellos einen Höhepunkt. Ein anderes zentrales Ereignis mit denselben Protagonisten fand im Herbst 1966 in Kopenhagen statt und wurde Ende Oktober unter dem Titel »Eurasia, 32. Satz der Sibirischen Symphonie 1963« in der Berliner Galerie René Block wiederholt. Das Objekt in unserer Ausstellung (Kat. 296, Abb. 209) ist das Relikt dieser Aktion. Um zu verstehen, worum es geht, lassen wir Troels Andersen zu Wort kommen, der die sehr ähnlichen Vorgänge in Kopenhagen beschrieben hat:

»Der Rest des Stückes bestand darin, daß Beuys längs einer eingezeichneten Linie einen toten Hasen manövrierte, dessen Beine und Ohren mit langen dünnen schwarzen Holzstäben verlängert waren. Wenn er den Hasen auf seinen Schultern hatte, berührten die Stangen den Fußboden. Von der Wand aus ging Beuys zur Tafel, wo er den Hasen niederlegte. Auf dem Rückweg geschahen drei Dinge. Er streute weißes Pulver zwischen die Beine des Hasen, steckte ihm ein Thermometer in den Mund, blies in eine Röhre. Danach wandte er sich der Tafel mit dem halben Kreuz zu und ließ den Hasen mit den Ohren wittern, während er selbst einen Fuß, an den eine Eisenplatte festgebunden war, über einer ebensolchen Platte am Boden, schweben ließ. Ab und zu trat er hart mit dem Fuß auf diese Platte.

Das ist der Hauptinhalt der Aktion ... Das halbe Kreuz: Das wiedervereinigte Europa und Asien, wohin der Hase unterwegs ist. Die Eisenplatte auf dem Boden ist eine Metapher – es ist schwer zu gehen und die Erde ist gefroren. Die drei Unterbrechungen auf dem Rückweg bedeuten die Elemente: Schnee, Kälte und Wind. All das ist nur zu verstehen, wenn man das Stichwort ›Sibirisch‹ bekommt«[74]).

So befremdend das Gebaren auch ist, das zu dem Objekt geführt hat (Kat. 296, Abb. 209), zumindest in Umrissen erkennbar wird jener Hintergrund, vor dem die vielen Hasendarstellungen von Beuys zu sehen sind. Freilich muß man sich dabei ins Gedächtnis rufen, daß das Tier für Beuys den »alchimistischen Charakter« seiner Person bezeichnen soll, ja daß er sich mit dem Hasen identifiziert (»Der Hase bin ich«)[75]). Nach einer anderen Bemerkung des Künstlers steht das Lebewesen ferner für die Blutskräfte und damit für alle chemischen Prozesse im Blut. In demselben Zusammenhang spricht Beuys davon, daß das Eingraben des Hasen in die Erde ein »Hineininkarnieren« (!) sei und er vergleicht es mit dem Denken des Menschen, das sich an der Materie reibe und stoße[76]). Allerdings könne das Tier mehr verstehen als der Mensch mit seinem sturen Rationalismus, zumal es wahrscheinlich besser als dieser um die Bedeutung von Richtungen wisse[77]). Derartige Äußerungen ließen sich ergänzen, ohne daß der Eindruck eines geradezu abenteuerlichen Antirationalismus sich abschwächte. Im Gegenteil, Beuys besteht auf der Behauptung von Homologien, die ihre Herkunft aus Alchimie, vorgeschichtlichen Praktiken der Medizin, Volksaberglauben und magischen Riten verraten.

Derartige obskure Phantastereien sind hier nicht in extenso zu rekapitulieren. Das Œuvre von Beuys bietet eine Fülle von Material, aus dem hervorgeht, daß der Hase für ihn das Totemtier schlechthin darstellt, das es erlaubt, abgesunkene Bedeutungsschichten erneut bewußt zu machen. Man hat sich zu vergegenwärtigen, daß dem Hasen seit altersher immer eine mythische Bedeutung zukam, daß er mit Venus und Diana in Verbindung gebracht wurde und wegen seines geringen Wertes als Opfertier der Armen galt. Seine außerordentliche Fruchtbarkeit machte in zu einem erotischen Symbol und ließ ihn als Frühlingstier erscheinen[78]). Auch dieses alles klingt bei Beuys indirekt an und ist letztlich Resultat eines Totalitätsdenkens, wie es sich bei ihm von Anfang an abzeichnete. Der rituelle Umgang mit dem Hasen und das Schamanisieren im allgemeinen erweisen sich als konsequente Rückgriffe auf magische und präanimistische Kulte.

Wenngleich derartige Aktionen mit dem Kadaver ein tiefes Trauma offenbaren, Beuys selbst legte sich über sein Tun immer Rechenschaft ab. Seine Intentionen kommen beispielsweise in der folgenden Bemerkung zum Ausdruck: »Es ist ja allgemein verbreitet, daß die Menschen den heutigen Wissenschaftsbegriff einfach akzeptieren ... Ich setze diesem positivistischen Weltbild ... ein Bild gegenüber von einer Welt, die nach der herrschenden Meinung überholt ist. Meines Erachtens ist sie nicht überholt, sie wird sogar etwas Hochaktuelles ... Ich war nie der Meinung, unser zivilisatorischer Stand sei negativ zu beurteilen. Ich wende mich zwar zurück, gehe zurück, suche ebenso das Existierende zu erweitern, indem ich es nach vorn durchbreche. Auf diese Weise werden alte mythische Inhalte aktuell«[79]). M. a. W., Vorstellungen, Ideen sinken ab, geraten in Vergessenheit, bleiben aber auch in Zeiten ihrer praktischen Wirkungslosigkeit potentiell wirksam, so daß sie durch den Künstler/Seher wieder verfügbar gemacht werden können. Als im wesentlichen von seiner Vernunft bestimmtes Wesen ist der Mensch von den alten kollektiven Zusammenhängen abgetrennt, steht aber nach Beuys heute vor der Frage, »wie nun diese Struktur (des herrschenden Rationalismus) wieder durchbrochen werden kann«[80]).

Wie so oft bei Beuys haben wir es demnach mit einer Mischung aus abstrusen und hellsichtigen, attavistischen und hochaktuellen Vorstellungen zu tun. Zwei Gesichtspunkte scheinen dabei von besonderer Wichtigkeit: die Geltung von Archetypen und die Lehre von der Reinkarnation des Menschen. Erst diese wohl Rudolf Steiner verdankte Idee einer wiederholten Teilnahme des Menschen am geschichtlichen Prozeß und die postulierte Wirksamkeit bestimmter urtümlicher Bilder liefert den Schlüssel für den Dialog mit dem Hasen. Insgesamt läßt sich demnach auch hier beobachten, wie Irrationales und Rationales ständig ineinander fließen. Allein in den Werken kommt es zu einer Synthese und zu einer überzeugenden Konfiguration, die eine permanente Herausforderung darstellt.

Die Beschäftigung mit dem Hasen ist im 20. Jahrhundert viel häufiger als es zunächst den Anschein hat. Besonders in der Literatur spielt dieses Tier eine wichtige Rolle. Helmut Heißenbüttel hat das in einem schönen, erhellenden Essay skizziert[81]). So wagte beispielsweise Hermann Löns in seiner Erzählung vom Heidehasen Mümmelmann die Prophezeiung, daß der Hase zum Herrn der Erde wird, weil er ihr fruchtbarstes Geschöpf ist. 1909 erschien seine Novelle »Hasendämmerung«, deren Titel wie eine journalistische Parodie auf Wagners »Götterdämmerung« anmutet. Löns beschreibt jedoch nicht den Untergang der Götter und der alten hierarchischen Ordnung, es geht ihm vielmehr um ein Versprechen der befriedeten Welt. Solches läßt sich Löns zufolge nicht durch Einhaltung des Gesellschaftsvertrages erreichen, sondern durch Überdauern der Widerstandslosen, derer, die reinen Herzens sind und niemand ein Leid antun[82]). Im »Hasenroman« von Francis Jammes und bei Beatrix Potter, die

den Peter Rabbit zur literarischen Figur machte, sind ähnliche Intentionen spürbar. Heißenbüttel hat aus dem häufigen Vorkommen des Hasen in dieser spezifischen Bedeutung den Schluß gezogen, daß unter dem Kode des Tierfabelbildes eine historisch-politische Vorstellung weitergetragen wird, »die gerade dadurch, daß sie theoretisch und ideologisch nicht auflösbar ist, sich vielmehr an einen kollektiven Beobachtungsbereich hält, etwas aufdeckt, das nun auf ein kollektives Unterbewußtsein beziehbar wäre«[83]). Immer geht es darum, dem Druck der historisch-gesellschaftlichen Zwänge auszuweichen. Für die Gegenwart wäre für diesen Aspekt, der indirekt auch bei Beuys eine Rolle spielt, auf das Buch »Watership down« (1972) von Richard Adams zu verweisen, das einen Kritiker der New York Times zu folgender Äußerung über diese Hasengeschichte veranlaßte: »Ich nehme alles zurück, was ich über Kaninchen gesagt oder gedacht habe. Sie werden höchstwahrscheinlich einmal die Erben unseres Planeten sein«[84]).

Soweit gehen die Vorstellungen und Hoffnungen von Beuys sicher nicht, denn trotz der suggestiven Bezüge zur animalischen Kreatur begreift er den Menschen primär als geistiges Wesen, das sich nach und nach über seine physischen Abhängigkeiten erhebt. Wenn er dennoch paramedizinische Objekte, fabulöse Geräte und absurde Apparate verwendet, pseudoorganische Strukturen, irrationale Kräfte beschwört, die Praktiken von Alchimie, Magie und Schamanismus nachahmt, dann artikuliert sich darin vor allem Skepsis gegenüber der Hegemonie von Technik und Naturwissenschaften. Der Stellenwert der Aktionen und Objekte wird erst ganz sichtbar, wenn auch die andere Seite seines Œuvres, die öffentlichen Vorträge und Interviews usw. eine kritische Berücktsichtigung finden. Erst die Statements machen voll sichtbar, daß die regressiven Momente, mit denen sein Werk durchsetzt ist, als Teile eines umfassenden Humanismus verstanden werden wollen. M. a. W., die pseudowissenschaftlichen Verfahren, das notorische Analogiedenken, das gelegentlich zum Beziehungswahn ausartet, die homöopathischen und intuitiven Methoden und Rituale haben isoliert keinerlei Chance, für verbindlich genommen zu werden, wenngleich das eine oder andere Moment sicherlich auch heute noch seine Gültigkeit bewahrt (Homöopathie z. B.). Diese Praktiken in ihrer Gesamtheit und die vom Künstler verwendeten Geräte, Substanzen, Essenzen, Tiere usw. sind letztlich aber konstitutiv für das Kontrastbild, das Beuys vor dem erschreckenden Hintergrund des gegenwärtigen Zustandes der Zivilisation entwirft. Dieses Anliegen manifestiert sich auf besonders eindrucksvolle Weise in einem Environment, das im folgenden unsere Aufmerksamkeit beansprucht.

Zwischenstück: zeige deine Wunde

Im Mittelpunkt dieses Environments (Kat. 329, Abb. 246) stehen paarweise angeordnete Leichenbahren[85], die auf den Tod als unausweichlicher Konsequenz des Lebens verweisen. Es sind alte Inventarstücke aus der Pathologie, voller Spuren des Gebrauchs und der Abnutzung. Geräte — banal und erschreckend in einem —, die nur eine Funktion erfüllt haben und nur an eines erinnern, den Tod. Die sparsame Ergänzung mit den trüben Leuchten über den Kopfenden mindern die Tabuverletzung nur unwesentlich, die auch darin liegt, daß die Bahren unverändert, d. h. ohne überhöhenden, gestalterischen Eingriff in einen künstlerischen Zusammenhang eingerückt werden. Ra-

tionalisierung des Todes und seine Verdrängung, Unfähigkeit zur Trauer und ähnliche Schlagworte mögen einem angesichts dieser trostlosen Objekte und der eigenen spontan abwehrenden Reaktion einfallen.
Weitere Einzelheiten verstärken zunächst diesen Eindruck. Unter den Bahren befinden sich zwei geöffnete, mit Fett gefüllte Blechkästen. Auf der gelblichen, erstarrten Masse zwei Thermometer und, schräg über die Ränder hinausragend, Reagenzgläser mit jeweils einem skelettierten Amselschädel, davor schließlich zwei simple, mit Gaze abgedeckte Einmachgläser. Was soll das? Das Arrangement erinnert — soviel ist deutlich — an eine physikalisch-chemische Versuchsanordnung, wenn nicht die unansehnlichen Ingredienzien eher auf eine alchimistische Praxis deuten würden. Wie durchgängig bei Beuys ist das Fett zu verstehen als organische Energiequelle (es nimmt hier gleichsam die Stelle des Bunsenbrenners ein). Allerdings bleibt die lebensspendende Substanz unwirksam, denn die gläsernen Röhrchen umschließen nur den unverwesten Rest der Kreatur. Alles Lebendige hat sich verflüchtigt, die Filter haben nicht einmal Spuren festgehalten, die Gläser am Boden sind leer, so als hätten sich die Vogelkörper ins Nichts aufgelöst. Am Beispiel der Fauna wird verdeutlicht, so könnte man folgern, daß der Übertritt vom Leben in den Tod eine Auflösung der physischen Existenz ins absolute Nichts ist. Die einfache, nichtsdestoweniger sinnfällige Anordnung alltäglicher Utensilien läßt sich somit auf einen Nenner bringen. Während in diesen aus verschiedenen Einzelheiten bestehenden Objekten das Thema des Todes artikuliert ist, verweisen andere Elemente auf kulturhistorische Zusammenhänge, auf die Sphäre von Arbeit und Information, auf Leben im weitesten und allgemeinsten Sinne.

Da sind zunächst zwei Schepser, Geräte aus dem Voralpenland, die ursprünglich dazu gedient haben, die Rinde von Bäumen zu entfernen. Zwei weiße Tafeln isolieren diese Werkzeuge von der Wand. Ihre Position im räumlichen Zusammenhang wird durch diese Maßnahme festgelegt. Stempel und Signatur auf der Schneide schließen sie von erneuter Verwendung aus.

Weiterhin erkennt man zwei doppelzinkige Forken, mit denen man Schotter unter Gleisen festigt. Die Tuchfetzen stammen noch von den Bahnarbeitern und verweisen auf ihre ehemalige Benutzung. Beide Geräte stehen auf kleinen Schieferstücken, wobei die Spitzen unvollendete Kreisschläge markieren. Angesichts der heute üblichen automatischen Apparaturen, die bei Gleisarbeiten eingesetzt werden, erscheinen die Geräte als nahezu archaisch. Die Einritzungen machen aber deutlich, daß die Forken hier wie Zirkel benutzt wurden. Damit ist auf ein altes Symbol für den Schöpfer, für den Künstler angespielt, so daß sich der Sinn dieser Objektkombination nicht eindeutig festlegen läßt. Altes einer neuen Funktion zuführen und damit kreative Möglichkeiten eröffnen, geht es darum?

Mehrdeutig sind offenbar auch die Zeitungen. Das linksgerichtete, in Italien publizierte Blatt »Lotta Continua« (Der Kampf geht weiter) befindet sich noch in seiner Versandhülle, adressiert an Beuys selbst. Das Ganze als Hinweis darauf, wie die Informationsflut der Massenmedien das Bild der Wirklichkeit eher verdunkelt oder nur als generelles Indiz für die gegenwärtige Zivilisationsstufe? Jedenfalls bewahren die alten, ungelesenen Nummern des vergilbenden Blattes längst überholte Geschehnisse, sind Zeugnisse von Vergangenem, konservieren einen historischen Augenblick.

Alle drei Doppelobjekte zusammen (Schepser, Forken, Zeitungen) machen deutlich, daß gleichsam archaische bzw. frühindustrielle Lebensformen hinüberreichen in unsere von den Medien total bestimmte Gesellschaft. Indirekt kommt freilich in dieser Reihung auch die wachsende Problematik der jeweils höheren Zivilisationsform zum Ausdruck. Keine glitzernden Konsumfetische, keine blanken Apparaturen, keine neuen Automaten, sondern lauter einfache Dinge sind hier versammelt, Dinge die ihre Funktion längst erfüllt haben, an die man sich kaum noch erinnern möchte, so krude und obsolet erscheinen sie. Altes Gerät und ungelesene Zeitungen bewahren allerdings die Spuren von gelebtem Leben. Vor allem das durch seine Arbeit bestimmte Dasein des sozialen Wesens Mensch ist hier gemeint, während die Leichenbahren mit allen zugehörigen Details den Blick eher auf den einzelnen und sein individuelles Schicksal lenken wollen.

Dieser Dualität von Leben und Sterben, von Individuum und Gesellschaft, von Gegenwart und Vergangenheit, von Aktualität und Geschichte trägt auch das letzte Doppelobjekt Rechnung: die beiden Schultafeln, auf die eine kindliche Hand mit Kreide den Appell schrieb: »Zeige deine Wunde«. Wunde meint hier weniger eine zufällige Verletzung, sondern allgemeiner das Bewußtsein vom Ableben als existentieller Grenze und die Beeinträchtigung, Lädierung des Menschen im Rahmen der gegebenen Zivilisation. Die zunächst eigentümlich anmutende Verdoppelung aller Details, die zusammen den Charakter der Werke bestimmen, findet hier ihre Erklärung.

Auch in dieser Arbeit geht es Beuys darum, in der Negation die ursprüngliche humane Ganzheit, das verlorene Gleichgewicht von Verstand und Intuition, von Denken und Empfinden sichtbar zu machen. Methodisch, jedoch nicht inhaltlich orientiert sich Beuys dabei eher an Mythos, Magie und Ritual. Es handelt sich bei dem Environment »Zeige deine Wunde« um eine teils im Vorbegrifflichen operierende, teils individuell ausgelegte und daher nicht unmittelbar einsehbare Diagnose des gestörten Verhältnisses des Menschen zu sich selbst und zu seiner Umwelt. Die zentralen Stücke lösen dabei zweifellos einen Schock aus, legen einen allenthalben gut funktionierenden Verdrängungsmechanismus bloß. Dabei bleibt es jedoch nicht. Was einem oberflächlichen Betrachter als zufällige Zusammenstellung heterogener Geräte, Relikte, Materialien erscheint, läßt sich doch in einen sinnvollen Zusammenhang bringen. Allein die Vergegenwärtigung der ursprünglichen Funktion der Geräte und ihres gegenwärtigen Zustandes legt den Rahmen möglicher Bedeutungen fest. Freilich, eine eindeutige Interpretation determinieren die Objekte und ihre Anordnung damit nicht, aber sie bestimmen in hohem Maße die Richtung einer Fülle von Assoziationen, die erst ein fruchtbares Dialogverhältnis zwischen Werk und Betrachter ermöglichen.

Die subversive Kraft der Arbeit von Beuys liegt hier auf zwei Ebenen: in der Konfrontation, in der Vergegenwärtigung von Unangenehmem, Schrecklichem, Verdrängtem, Abgeschiedenem, Ausrangiertem wird nicht nur eine bestimmte Erwartungshaltung der Kunst gegenüber unterlaufen, sondern der Betrachter findet sich auch mit sich selbst konfrontiert, mit dem Mief der Vergangenheit und einem trostlosen Ende. Zugleich reicht die Arbeit weit über den ästhetischen Rahmen hinaus und intendiert indirekt eine Neubestimmung von Gegenwart und unmittelbarer Zukunft. Kunst als Gleichnis von Lebenspraxis, wobei offenbleibt, ob das Gegenbild eher arkadische oder utopische Züge trägt.

Die Therapie, die Heilung der Wunde oder die Rückgewinnung der eigenen Identität erfolgt auf einer anderen Ebene, jedenfalls nicht im Kontext der bildlichen Darstellung. Plastik ist für Beuys nicht an das herkömmliche Bezugsfeld dieser Gattung gebunden, meint vielmehr Bildung im weitesten Sinne, Bildung auch von Menschen und Organisationsformen. Die öffentlichen und politischen Aktivitäten von Beuys ergeben sich aus dem Totalitätsanspruch von Kunst. Kein Plädoyer für die Regression des Verstandes demnach, eher eine Aufforderung, der eigenen Sinnlichkeit und dem Erinnerungsvermögen zu trauen und die Suche nach einer alternativen Lebenspraxis nicht aufzugeben.

Das Environment wurde im Februar 1976 im Münchner Kunstforum der Fußgängerunterführung Altstadtring/Maximilianstraße realisiert. Der riesige, eiskalte und öde Raum verstärkte den Eindruck von Trostlosigkeit, der auch den Objekten zukommt. Durch die arsenalartige Anordnung in dem erheblich kleineren Raum des Museums treten nun andere Dimensionen der Arbeit stärker hervor, die ursprünglich weniger zum Tragen kamen. Der ursprüngliche Zustand wirkt in der jetzigen Installation weiter, und man erinnert sich zwangsläufig an ihn.

Aufbruch wohin?

Als Antithese zu »zeige deine Wunde« kann das zweite Environment der Ausstellung verstanden werden. Die Arbeit »vor dem Aufbruch aus Lager I« (Kat. 339, Abb. 216, 217) entstand zu Beginn dieses Jahres und wurde zuletzt im Züricher Kunsthaus gezeigt (»Mythos und Ritual in der Kunst der

70er Jahre«). Verschiedene geometrische Körper wie Quader, Boxen, Kisten, Tafeln, Trichter usw. füllen einen zimmergroßen Raum. Die meisten Dinge scheinen wie zufällig auf dem Boden ausgebreitet, wobei sich manche Teile auch übereinandertürmen oder an den Wänden hängen. Alle diese Hohlkörper ohne Deckel und Böden, keilartigen Gebilde und rechteckigen Flächen sind in einem tiefen Rotbraun gehalten. Der anschauliche Charakter der Installation wird von diesem stumpfen Ton, der alles überzieht, ebenso bestimmt wie von der rhythmischen Verteilung dynamischer und statischer Formen. Allerdings wird diese Monochromie bei den zentralen Stücken des Ensembles unterbrochen. Wie der Tisch ist auch die zweigeteilte Tafel grün, deren Ständer dagegen gelb. Grün schimmert weiterhin die an der Kreideablage aufgehängte Stablampe, während Straßenbauleuchte, Butter und Fettecke auf dem Tisch verschiedene Gelbvariationen aufweisen.

Diese bewußte koloristische Differenzierung schränkt bis zu einem gewissen Grade auch die Interpretationsmöglichkeiten ein. So wie sich nämlich das Environment darbietet, gewinnt man den Eindruck, als blicke man in eine Werkstatt, in der zumindest zwei verschiedene Arbeitsprozesse ablaufen könnten. Die aufgrund ihrer braunen Farbe so neutral anmutenden, wegen der kantigen und zugespitzten Formen zugleich aber herausfordernd wirkenden Elemente suggerieren eine eher mechanische Tätigkeit. Der auf einer flachen Kiste liegende Hammer mit dem großen runden Kopf ist dafür das bündige Zeichen. Die von den braunen Sachen umstellten Möbel sind vertrauter. Sie haben ihre normale Farbigkeit bewahrt. Das Diagramm auf der Tafel, die Begriffe und verschiedene andere Indizien verweisen auf

Aktivitäten, die intellektueller Art zu sein scheinen.

An dem kleinen Zeichentisch könnte man sogleich weiterarbeiten. Licht gibt es, ein Modelliermesser liegt bereit und Material ist als Fett vorhanden. Die Fettecke an der äußersten Tischkante deutet den Formprozeß an, wobei das Messer in die Mitte zwischen amorpher Masse und präzisem Detail plaziert wurde. Mit seiner Spitze bezeichnet das Werkzeug die Richtung vom Ungestalteten zum Gestalteten. Die Anspielungen auf die Tätigkeiten des bildenden Künstlers, des Plastikers, sind damit evident. Unter solchem Blickwinkel wird nun auch der gelbe Ständer zur Staffelei, die Tafel selbst zum Bild. Das mit Kreide gezeichnete Diagramm – von Beuys unzählige Male verwendet, um seine plastische Theorie zu veranschaulichen – gibt wieder, was auf dem Tisch zu sehen ist: das unbestimmte Liniengeschlinge links steht für Fett, die Spiralform in der Mitte signalisiert Bewegung, die zu dem Tetraeder, d. h. zur bestimmten Form führt. In Begriffen ausgedrückt: vom ungerichteten Willen führt der Weg über die Seele bzw. das Gefühl zum präzisen Denken. Der Künstler hier also nicht als Maler, der ein Staffeleigemälde fertigt, sondern als Lehrender, der einen Sachverhalt klar macht und sich dazu der Sprache, der Worte und Metaphern bedient. Die zentralen Stücke des Environments vergegenwärtigen demnach eine Ateliersituation, in der die doppelpolige Tätigkeit von Beuys auf einfache und sinnfällige Weise zum Ausdruck kommt.

Während die bestechende Klarheit von »zeige deine Wunde« (Abb. 246) an die konstruktiven Räume der klassischen Moderne, etwa an Lissitzkys Prounenraum von 1923 erinnert, steht im Hintergrund dieser Arbeit eine ganz andere Tradition.

Merkwürdig funktionslose Körper wie Kegel und Würfel, Kästen und Kisten, Winkelmaße und Richtscheite, Stangen und Stäbe, Tafeln und Scheiben, Podeste und Sockel gehören zum Inventar der Bilder De Chiricos. Auf ihnen finden wir darüber hinaus die viel weniger konzisen Formen von Broten, Zuckerwerk u.a. Den Vergleich legt aber vor allem etwas anderes nahe: unter all den rätselhaften Gebilden erscheint bei De Chirico manchmal ein Staffeleibild, das die Darstellungsebene des Gemäldes durchbricht. Das Bild im Bild steigert die schockhafte Hintergründigkeit des gesamten Werks. Zu verweisen wäre etwa auf das »Große metaphysische Interieur« von 1917 (Museum of Modern Art, New York) oder das »Metaphysische Interieur mit großer Fabrik« von 1916 (Staatsgalerie Stuttgart). Sowohl bei Beuys als auch bei De Chirico füllen anscheinend unnütze Sachen eine enge Raumzone derart aus, daß sich die gesamte Situation auf den ersten Blick als undurchschaubar erweist. Beide fügen jedoch im Zentrum ihrer Arbeit Elemente ein, die eine andere, vertrautere Wirklichkeitsebene repräsentieren.

Man wird diese offensichtlichen Parallelen nicht überbetonen dürfen und daraus den Schluß ziehen, Beuys habe Kompositionen De Chiricos ins Körperhafte umgesetzt und gleichsam eine plastische Illustration zum Œuvre dieses großen Künstlers geliefert. Die Bezüge scheinen viel eher zu bestätigen, daß das Environment »vor dem Aufbruch aus Lager I« eine spezifische Tradition des Atelierbildes aufgreift und weiterführt. Erst wenn man diesen Hintergrund mitreflektiert, zeigt sich, daß eine Besonderheit der Installation im Moment der historischen Rückversicherung liegt.

Auf einer anderen Ebene hat Beuys diesen Gedanken selbst formuliert. Dem im Züricher Katalog abgedruckten Interview mit Erika Billeter ist zu entnehmen[86]), daß Beuys für das Environment Objekte verwendete, die z.T. eine spezifische Funktion im 1971 gegründeten Büro der »Organisation für direkte Demokratie« erfüllten. So war beispielsweise der große Trichter innen mit einer Mattscheibe versehen, auf die von der zugespitzten Seite her Lichtbilder projiziert werden konnten. Ein umgekehrter Nürnberger Trichter, wenn man so will. Auch die anderen Kisten und Kästen haben mit Information und Dokumentation zu tun gehabt und bringen den Prozeß der Sinnesrezeption auf elementare Weise zum Ausdruck. Zugrunde liegt dem allen ein mechanisches Modell.

Das Büro stellte den ersten Versuch von Beuys dar, mit Hilfe einer fest etablierten Institution den erweiterten Kunstbegriff, wie er ihn in den 60er Jahren entwickelt hatte, zu propagieren und durchzusetzen. Seinem Verständnis nach ist die Gesellschaft in ihrer Gesamtheit als plastischer Körper zu begreifen, an dem der Umgestaltungsprozeß einzusetzen hat. Bildnerische Tätigkeit geht in Politik über. Kein anderer Künstler hat seine Vorstellungen mit derartiger Konsequenz in die Realität zu überführen getrachtet wie Beuys. Das jedenfalls ist festzuhalten, wie immer man auch seine Ideen im einzelnen bewerten mag. Das Büro der Organisation gibt es nicht mehr. In gewisser Weise ist es heute durch die Geschäftsstelle der »Free International University« ersetzt.

Was jedoch bedeutet angesichts dieses Hintergrundes der Titel »vor dem Aufbruch aus Lager I«? Das Environment soll offenbar jenen Augenblick vergegenwärtigen, bevor man einen Ort verläßt, um einen anderen zu erreichen. Der Ausdruck Lager verweist dabei auf eine Expedition und Beuys hat in dem erwähnten Gespräch die Installation in diesem Sinne interpretiert: »Das war Lager I. Also im Verhältnis zu Lager I könnte man sagen, daß wir heute etwa in Lager VIII sind, weil danach einige wichtige Schritte vollzogen wurden, und von daher muß man den Titel sehen, also ganz real, daß wir uns in einer Aufbruchstimmung befinden und daß wir den Gipfel erklettern werden, also die ganzen Schwierigkeiten überwinden werden, die wir in dieser Zeit haben.« Das Environment erweist sich demnach als eine Form der Rekapitulation eines inzwischen überwundenen Momentes. Man läßt im Lager zurück, was nicht mehr benötigt wird, und nimmt lediglich mit, was weiterhin von Nutzen sein kann. Berücksichtigt man die Farbigkeit der Installation, dann heißt das, Modelle des mechanischen Eintrichterns von Botschaften gelten als überwunden. Die dunkle Erdfarbe signalisiert, daß die jetzt noch präzise und geschärft erscheinenden Elemente ihre Funktionen verloren haben und allenfalls noch das Entstehen von Gegenbildern stimulieren können. Als für die Zukunft produktiv weist das Environment den Zeichentisch mit Materialien und Werkzeugen des Plastikers aus und natürlich die Tafel, auf der sich die Ergebnisse einer Diskussion mit Schulkindern niedergeschlagen haben. Dieses Lehrmittel nämlich stammt nicht aus dem Büro der »Organisation für direkte Demokratie«, es kam erst im letzten Moment dazu, nachdem Beuys es gerade gebraucht hatte. Tisch und Tafel sind zudem durch das Licht, in dem sich ein spirituelles Moment verkörpert, ganz besonders akzentuiert. Die geschichtliche Aufarbeitung der eigenen Vergangenheit verschränkt sich hier mit einem aktuellen, realitätsbezogenen, zukunftsweisenden Element. Was bereits die Formen verdeutlichten, erhärtet sich, sobald man die Funktionen der Objekte und Gegenstände mitberücksichtigt. »Vor dem Aufbruch aus Lager I« als Manifestation produktiver, künstlerischer, pädagogischer Tätigkeiten steht damit in diametralem Gegensatz zu »zeige deine Wunde« als einem Monument der Trauerarbeit.

In vielen Interviews und Gesprächen hat Beuys zum Problem seiner Orientierung an der Vergangenheit Stellung genommen. So sagt er einmal: »Ich wende mich zwar zurück, gehe zurück, suche ebenso das Existierende zu erweitern, indem ich es nach vorn durchbreche. Auf diese Weise werden alte mythische Inhalte aktuell«[87]). Oder er äußert: »Man geht nicht zurück in ältere Bewußtseinszusammenhänge, sondern man schreitet in die Zukunft, in neue, erweiterte Bewußtseinszusammenhänge, womit natürlich ältere Bewußtseinsstufen wieder aufgearbeitet werden und das Neue mithineinnehmen«[88]). Aus einem solchen Anliegen heraus erklären sich verschiedene Environments von Beuys, unter ihnen auch »vor dem Aufbruch aus Lager I«. Darüber hinaus wird von hier aus noch einmal deutlich, warum sich der Künstler so intensiv mit allen Formen vorbegrifflicher Wirklichkeitsaneignung beschäftigt, mit Alchimie, Schamanismus, Magie, aber dann auch romantischer Naturphilosophie, Anthroposophie, Homöopathie, Volksaberglauben usw. In der Erinnerung an diese obsolet gewordenen Modelle einer Weltdeutung, in der Beschwörung von Wesen, die diese Vorstellungen exemplarisch vergegenwärtigen, sucht der Künstler nach dem verlorenen Gleichgewicht zwischen Intuition und Rationalität, zwischen Empfinden und Denken. Die künstlerische Praxis von Joseph Beuys erinnert gelegentlich – wie wir sahen – an das trancehafte Agieren der Schamanen. Doch sind seine Werke selbst nicht einfach Manifestationen entleerter Rituale oder esoterischer Geheimlehren. Sie sind vielmehr als Versuch zu werten, die durch die unaufhörliche Expansion der Naturwissenschaften gezeitigte Krise heutiger Zivilisation zu bezeichnen und indirekt einen Ausweg aus der Misere zu weisen. Heute klingt das wie ein fast schon modisches Anliegen und man muß betonen, daß Beuys dieses Problem von Anfang an artikulierte, als eine derartige Zivilisationskritik durchaus unzeitgemäß war.

Im Grunde geht es diesem Künstler einzig und allein um den Menschen und wenn man seine Position bezeichnen wollte, die nach Abzug der anthroposophischen Litanei übrigbleibt, dann müßte man sie als »normativen Humanismus« definieren, wie ihn Erich Fromm beschrieben hat. Dieser Ansatz gründet sich auf die Annahme, daß es richtige und falsche, befriedigende und unbefriedigende Lösungen für das Problem der menschlichen Existenz gibt, daß die Mehrheit der Menschen derzeit unter gesellschaftlich ausgeprägten Defekten leidet[89]), deren Synonym die Entfremdung darstellt[90]).

Beuys, der so entschieden auf Formen des Analogiedenkens beharrt, läuft freilich in seiner Kritik der bestehenden Verhältnisse nicht selten Gefahr, Aufklärung auf den Begriff instrumenteller Vernunft zu reduzieren. In seinem Bemühen, sich auf ein historisch entwickeltes Fassungsvermögen für persönliche Identität moralisch verantwortbarer Handlungen zu beziehen und der Verödung und Verarmung jeglicher Ausdrucks- und Kommunikationsmöglichkeiten entgegenzuarbeiten, setzt er als Künstler auf Erfahrungen, die sich den Abstraktionen der Wissenschaften und der rücksichtslosen Durchsetzung ihrer allein materiell verwertbaren Ergebnisse entziehen. Immer wieder plädiert er dafür, an die Stelle falscher die richtigen Begriffe zu setzen, Begriffe, die Einmaliges, Authentisches, Spontanes und Konkretes beschreiben.

Wie immer man die pädagogische und politische Seite seines Wirkens einzuschätzen hat, unzweifelhaft ist Beuys in seinem eigentlichen Medium der Zeichnungen, Objekte, Environments einer der großartigsten Diagnostiker unter den bildenden Künstlern. Wie kein anderer hat er die existentielle Gefährdung und Lädierung des Menschen beschrieben und dabei doch den Horizont seiner Werke offen gehalten, daß Alternativen denkbar und durchsetzbar erscheinen. Daß der internationale Durchbruch in der Anerkennung des Künstlers in einer Zeit des totalen politischen Status quo, der Wende zu verhärteten orthodoxen Positionen in der globalen ideologischen Auseinandersetzung, des drohenden Kollapses der technischen Zivilisation, aber auch der Bürgerinitiativen, der Aussteiger, der pseudoreligiösen Schwärmer usw. erfolgt, mag den historischen Ort umreißen, den dieses Œuvre einnimmt.

Anmerkungen

1 F. J. u. H. van der Grinten, Joseph Beuys – Wasserfarben/Watercolours. Frankfurt, Berlin, Wien 1975, Nr. 2.

2 Joseph Beuys, Zeichnungen 1947–59, I. Gespräch zwischen Joseph Beuys und Hagen Lieberknecht, geschrieben von Joseph Beuys. Köln 1972, S. 14f.

3 Vgl. Werner Hofmann, Runges Versuch, das verlorene Paradies aus seiner Notwendigkeit zu konstruieren. In: Katalog der Ausstellung »Runge in seiner Zeit«, Hamburger Kunsthalle 1977, S. 31 ff.

4 Vgl. Anm. 2, S. 15.

5 Vgl. Anm. 2, S. 15.

6 F.J. u. H. van der Grinten, Joseph Beuys – Bleistiftzeichnungen aus den Jahren 1946–1964. Frankfurt, Berlin, Wien 1973, Nr. 5.

7 Joseph Beuys: The secret block for a secret person in Ireland. Museum of Modern Art Oxford 1974, Nr. 2, 3, 4. – Vgl. ferner: Joseph Beuys, Zeichnungen / Tekeningen / Drawings. Nationalgalerie Berlin, Museum Boymans – Van Beuningen, 1979/1980, Nr. 1–3.

8 Vgl. Joseph Beuys, Caroline Tisdall, Dieter Koepplin, The secret block for a secret person in Ireland. Kunstmuseum Basel 1977, S. 16.

9 Mataré und seine Schüler Beuys, Haese, Heerich, Meistermann. Kestner-Gesellschaft Hannover 1979, S. 25.

10 Vgl. Ewald Mataré, Tagebücher. Ausgewählt und herausgegeben von Hanna Mataré und Franz Müller. Köln o.J. (1973), S. 10.

11 Mataré, Tagebücher, a.a.O., S. 249.

12 Caroline Tisdall, Joseph Beuys. The Solomon R. Guggenheim Museum, New York 1979, Abb. 73, 75.

13 Vgl. Anm. 1, Nr. 49; Anm. 12, Nr. 74.

14 Vgl. Anm. 6, Nr. 5, 34; Anm. 7, Nr. 12, 13.

15 Vgl. Anm. 12, Nr. 74.

16 Maurice Maeterlinck, Das Leben der Bienen. München 1922, S. 18.

17 Vgl. Anm. 1, Nr. 49.

18 Götz Adriani, Winfried Konnertz, Karin Thomas, Joseph Beuys. Köln 1973, S. 24 f. u. S. 187, Anm. 4.

19 Rudolf Steiner, Mensch und Welt. Das Wirken des Geistes in der Natur. Über die Bienen. 15 Vorträge vor den Arbeitern am Goetheanumbau in Dornach vom 8. Oktober bis 22. Dezember 1923. Dornach 1965, S. 138.

20 Die intensive Beschäftigung mit Steiner fällt in diese Zeit. Beuys selbst hat das u.a. so beschrieben: „Zunächst konnte ich mich nicht dafür (d.h. Steiners anthroposophische Ideen) begeistern. Erst nach dem Kriege, 1945 und 1946 nahm ich mir wieder die Schriften Steiners vor und gewann dabei einen sehr, sehr starken Eindruck, vor allem von Steiners fundierter Kenntnis naturwissenschaftlicher Probleme ... Immer von neuem stellte ich Steiner zur Diskussion und versuchte (Rainer) Lynen, der stets ablehnend reagierte, klar zu machen, beziehungsweise nachzuweisen, daß in Steiners Vorstellungen ein Ansatz vorliegt, der sich direkt und praktisch auf die Wirklichkeit bezieht, und daß demgegenüber alle Formen wissenschaftstheoretischer Erörterung ohne unmittelbaren Bezug zu den Kräften in der Zeit bleiben.« Vgl. Anm. 18, S. 19.

21 Vgl. J.Ph. Glock, Die Symbolik der Bienen und ihre Produkte in Sage, Dichtung, Kultus, Kunst und Bräuchen der Völker. Heidelberg 1891; Hilda M. Ransome, The sacred Bee in ancient times and folklore. London o.J. (1937).

22 Vgl. Jan Hendrik Waszink, Biene und Honig als Symbol des Dichters und der Dichtung in der griechisch-römischen Antike. In: Rheinisch-Westfälische Akademie der Wissenschaften, 186. Sitzung am 20. Juni 1973 in Düsseldorf. Opladen 1974.

23 Die Biene sei als besonders heiliges Tier anzusehen, »weil sie etwas bereitet, was eigentlich der Mensch fortwährend selber in sich bereiten muß«. Vgl. Steiner, Anm. 19, S. 143.

24 Vgl. Anm. 19, S. 141.

25 Paul Klee, Das bildnerische Denken. Schriften zur Form- und Gestaltungslehre hrsg. u. bearb. von Jürg Spiller, 2. Aufl. Basel, Stuttgart 1964, S. 93.

26 Volker Harlan, Paul Klee und Joseph Beuys: Tafelbild und Wärmeplastik. In: Kunst-Bulletin

d. Schweizerischen Kunstvereins, 7/8, 1981, S. 13 ff.

27 Vgl. W.-E. Peuckert, Stichwort »Hirsch«, in: Handwörterbuch des deutschen Aberglaubens, IV, Berlin, Leipzig 1932, S. 90.

28 M. Hoernes – O. Menghin, Urgeschichte der bildenden Kunst, 1925, S. 235.

29 Frederick S. Levine, The Image of Apokalypse, in: The Apocalyptic Vision: The Art of Franz Marc as German Expressionism. New York 1979, S. 76 ff.

30 Rolf Wedewer, Hirsch und Elch im zeichnerischen Werk von Joseph Beuys. In: Pantheon, 35. Jg., 1977, S. 58.

31 Vgl. u. a. Rudolf Steiner, Blut ist ein ganz besonderer Saft. Eine esoterische Betrachtung. Berlin 1920.

32 Vgl. Anm. 2, S. 8.

33 Vgl. Anm. 2, S. 13.

34 Joseph Beuys, Zeichnungen. Galerie Schellmann & Klüser, München 1977, Abb. 21.

35 Vgl. W. Flemming, Mataré. München 1955, Abb. 34.

36 Vgl. Anm. 18, S. 74.

37 Vgl. Anm. 2, S. 19.

38 Die Zeichnung von Beuys erinnert in der Kombination von weiblicher Gestalt und schwarzem Fleck an das Kandinsky-Bild »Dame in Moskau« (Städtische Galerie München). Sixten Ringbom hat überzeugend dargelegt, daß dieser Fleck bei Kandinsky als Manifestation negativer und teuflischer Kräfte zu betrachten ist. Das Schwarz drohe, das weiße, lebensspendende Licht der Sonne zu unterbrechen, die Versorgung mit vitaler Energie zu gefährden und so das geistige und physische Wohlbefinden der Dame in Frage zu stellen. Vgl. Sixten Ringbom, The Sounding Cosmos. A Study in the Spiritualism of Kandinsky and the Genesis of Abstract Painting. Acta Academiae Aboensis, Ser. A, Vol. 38, Nr. 2, Abo 1970, S. 97.

39 Vgl. die Aktion »34. Satz der Sibirischen Symphonie« von 1966, s. Anm. 18, S. 81 ff.

40 Rudolf Steiner, Entsprechungen zwischen Mikrokosmos und Makrokosmos. Dornach 1958, S. 97.

41 Vgl. Anm. 1, Nr. 6.

42 Vgl. Anm. 8, S. 11 f.

43 Martin Kunz, Christus, Kreuz und Braunkreuz. In: Joseph Beuys: Spuren in Italien. Kunstmuseum Luzern, 1979, o. S.

44 Joseph Beuys, Coyote. Text und Photographie von Caroline Tisdall. München 1976, S. 14.

45 Roland Barthes, Das Gesicht der Garbo. In: Mythen des Alltags, Frankfurt 1970, S. 74.

46 Anm. 45, S. 75.

47 Anm. 18, Abb. 51–54.

48 Anm. 18, Abb. 23, 61.

49 Anm. 18, Abb. 25.

50 Anm. 18, Abb. 62, 67.

51 Krawall in Aachen. Interview mit Joseph Beuys. In: Kunst. Magazin für moderne Malerei, Grafik, Plastik. Heft 4/5, Mainz 1964, S. 95 f. u. S. 127 f. Hier zitiert nach Joseph Beuys. Werke aus der Sammlung Karl Ströher. Kunstmuseum Basel 1969/1970, S. 12.

52 Vgl. Lothar Romain, Rolf Wedewer, Über Beuys. Düsseldorf 1972, S. 30.

53 Axel Hinrich Murken, Joseph Beuys und die Medizin. Münster 1979, S. 46.

54 Vgl. Joseph Beuys, Multiplizierte Kunst. Werkverzeichnis Multiples und Druckgraphik 1965–1980, hrsg. v. Jörg Schnellmann u. Bernd Klüser, 5. erweiterte Aufl. München 1980, o. S. (das Interview entstand 1970, Beuys machte die Bemerkung in Zusammenhang mit dem Multiple »Zwei Fräulein mit

leuchtendem Brot«, Schellmann & Klüser, Nr. 2).

55 Anm. 12, S. 10.

56 James George Frazer, Der goldene Zweig. Eine Studie oder Magie und Religion, I. Frankfurt, Berlin, Wien 1977, S. 53.

57 Anm. 56, S. 60.

58 Vgl. Anm. 18, Abb. 102.

59 Vgl. Anm. 12, S. 88.

60 Mircea Eliade, Schamanismus und Archaische Ekstasetechnik. Zürich u. Stuttgart 1957, S. 13 f. u. 17.

61 Anm. 60, S. 43 ff.

62 Anm. 60, S. 34 ff.

63 Anm. 60, S. 37.

64 A. Lommel, Die Welt der frühen Jäger: Medizinmänner, Schamanen, Künstler. München 1965, S. 17.

65 Anm. 60, S. 149.

66 Anm. 64, S. 170.

67 Anm. 60, S. 15.

68 Anm. 60, S. 102.

69 Hans Findeisen, Schamanentum, dargestellt am Beispiel der Besessenheitspriester nordeurasiatischer Völker. Stuttgart 1957, S. 33.

70 Matthias Hermanns, Schamanen – Pseudoschamanen, Erlöser und Heilbringer, I, Wiesbaden 1970, S. XXI, 3.

71 Vgl. u. a. Heiner Stachelhaus, Phänomen Beuys. In: Magazin Kunst, 13. Jg., Nr. 50, 1973, S. 38; Anm. 53, S. 24 ff.

72 Vgl. Anm. 6, S. 10.

73 Mythos und Ritual in der Kunst der 70er Jahre. Kunsthaus Zürich 1981, S. 89.

74 Zitiert nach Adriani, Konnertz, Thomas (Anm. 18), S. 83 f.

75 Vgl. Anm. 8, S. 18.

76 Anm. 2, S. 10.

77 Vgl. Anm. 8, S. 18.

78 Vgl. Riegler, Stichwort »Hase«, in: Handwörterbuch des deutschen Aberglaubens, III, Berlin, Leipzig 1931, Sp. 1505 ff.; George E. Evans u. David Thompson, The leaping hare. London 1972.

79 Joseph Beuys. Moderna Museet Stockholm 1971, o. S. (Gespräch mit H. van der Grinten).

80 Anm. 79, Ende des Interviews.

81 Helmut Heißenbüttel, Mümmelmann oder Die Hasendämmerung. In: Akademie der Wissenschaften und der Literatur Mainz, Jg. 1978, Heft 1.

82 Anm. 81, S. 12.

83 Anm. 81, S. 12.

84 Anm. 81, S. 14.

85 Joseph Beuys: zeige deine Wunde. Text: Laszlo Glozer, Fotos: Ute Klophaus. Galerie Schellmann & Klüser, München 1976; Joseph Beuys: zeige deine Wunde, 2 Bde., München 1980.

86 Vgl. Anm. 73, S. 91.

87 Vgl. Anm. 79, o. S.

88 Vgl. Anm. 73, S. 89.

89 Erich Fromm, Wege aus einer kranken Gesellschaft. 10. Aufl. Frankfurt 1980, S. 23.

90 Anm. 89, S. 111.

Ausgewählte Bücher, Kataloge, Aufsätze zum Werk von Joseph Beuys

A. Buchpublikationen

Götz Adriani, Winfried Konnertz, Karin Thomas: Joseph Beuys. Köln 1973. 1981 erschien eine aktualisierte Taschenbuchausgabe, DuMont-Taschenbücher, Nr. 108.

Götz Adriani: Joseph Beuys, Zeichnungen zu den beiden 1965 wiederentdeckten Skizzenbüchern ›Codices Madrid‹ von Leonardo da Vinci, Stuttgart 1975.

Heiner Bastian: Tod im Leben, Gedichte für Joseph Beuys. München 1972.

Heiner Bastian: Joseph Beuys, Kunst = Kapital, Gespräche sowie Texte und Materialien zu aktuellen Fragen. München 1980.

Joseph Beuys – Hagen Lieberknecht: Zeichnungen 1947–59, I. Köln 1972.

Joseph Beuys: Jeder Mensch ein Künstler – Gespräche auf der Documenta 5 1972, aufgezeichnet von Clara Bodenmann-Ritter. Frankfurt–Berlin–Wien 1975.

Ingrid Burgbacher-Krupka: Joseph Beuys, Prophete rechts, Prophete links. Nürnberg 1977.

Franz Joseph van der Grinten – Hans van der Grinten: Joseph Beuys, Bleistiftzeichnungen aus den Jahren 1946–1964. Frankfurt–Berlin–Wien 1973.

Germano Celant: Beuys. Tracce in Italia. Neapel 1978.

Franz Joseph van der Grinten – Hans van der Grinten: Joseph Beuys, Wasserfarben 1936–1963, Frankfurt–Berlin–Wien 1975.

Volker Harlan – Rainer Rappmann – Peter Schata: Soziale Plastik, Materialien zu Joseph Beuys. Achberg 1976, 2. Auflage 1980.

Chr. M. Joachimides: Joseph Beuys, Richtkräfte. Berlin 1977.

Axel Hinrich Murken: Joseph Beuys und die Medizin. Münster 1979.

Lothar Romain – Rolf Wedewer: Über Beuys. Düsseldorf 1972.

Helmut Rywelski: Einzelheiten – Joseph Beuys. Köln 1970.

Richard Schaukal: Von Tod zu Tod, 27 kleine Geschichten mit 19 Reproduktionen nach Zeichnungen von Joseph Beuys. Brühl 1965.

Tomas Schmit – Wolf Vostell: Programm- und Dokumentations-Publikation zum Festival der neuen Kunst, Technische Hochschule Aachen. 20. Juli 1964.

Similia similibus: Joseph Beuys zum 60. Geburtstag, hrsg. von Johannes Stüttgen. Köln 1981.

Caroline Tisdall: Joseph Beuys, Coyote. München 1976.

Charles Wilp: Joseph Beuys, Naturerfahrung in Afrika. Verlag Qumran 1980.

Charles Wilp: Joseph Beuys, Sandzeichnungen in Diani. Verlag Qumran 1980.

B. Aufsätze, Interviews

Willoughby Sharp: An Interview with Joseph Beuys. Artforum, Dezember 1969, S. 40 ff.

Fritz W. Heubach, Joseph Beuys – Zur idealen Akademie. Interfunktionen, Heft 2, 1969, S. 59 ff.

Ursula Meyer: How to explain Pictures to a Dead Hare. Artnews, Band 68, Nr. 9, Januar 1970, S. 54 ff.

Joseph Beuys: Iphigenie – Materialien zur Aktion. Interfunktionen, Heft 4, März 1970, S. 48 ff.

Dieter Koepplin: Zum ›Interpretationserfolg‹ der Hervorbringungen von Joseph Beuys. Kunstnachrichten, 6. Jahrg., Nr. 8, Mai 1970.

Johannes Stüttgen: Joseph Beuys & Henning Christiansen: Celtic (Schottische Symphonie), Edinburgh 1970. Interfunktionen, Heft 5, November 1970, S. 55 ff.

Peter Gorsen: Gefährliche Vermutungen zur Ästhetik der Aktion. Kunstjahrbuch 1, Hannover 1970, S. 161 ff.

Hanno Reuther: Werkstattgespräch mit Joseph Beuys. Westdeutscher Rundfunk, gesendet 1. 7. 1969 (20.00–20.30 h) und Kunstjahrbuch 1, Hannover 1970, S. 36 ff. (gekürzte Form).

John Anthony Thwaites: Das Rätsel Joseph Beuys. Kunstjahrbuch 1, Hannover 1970, S. 31 ff.

Achille Bonito Oliva: Partitura di Joseph Beuys: la rivoluzione siamo noi. Domus 505, 12. Dezember 1971, S. 49 f.

Dieter Koepplin: Freie Schule für Kreativität nach der Idee von Joseph Beuys. Kunstnachrichten, 9. Jahrg., Nr. 1, September 1972.

Joseph Beuys: Der Erfinder der Dampfmaschine. Interfunktionen, Heft 9, Köln 1972, S. 191.

Karlheinz Nowald: Realität / Beuys / Realität. In: Kat. d. Ausst. »Realität / Realismus / Realität«. Wuppertal, Berlin, Kiel usw. 1972/73, S. 113 ff.

Heiner Stachelhaus: Phänomen Beuys. Magazin Kunst, 13. Jahrg., Nr. 50, 1973, S. 29 ff.

R. Speck: Leonardo zwischen Beuys und Twombly. In: Deutsches Ärzteblatt, 71. Jahrg., Juli 1974.

C. Tisdall: Jimmy Boyle, Joseph Beuys: A Dialogue. In: Studio International, Vol. 191, Nr. 980, März–April 1976, S. 144 f.

C. Tisdall: Beuys – Coyote. In: Studio International, Vol. 192, Nr. 982, Juli–August 1976, S. 36 ff.

I. Rein: Das Triumvirat von Venedig. Der deutsche Beitrag zur Biennale 1976. In: Das Kunstjahrbuch 75/76 für die Bundesrepublik Deutschland, Österreich und die Schweiz, Mainz, 1976, S. 123 ff.

R. Wedewer: Hirsch und Elch im zeichnerischen Werk von Joseph Beuys. In: Pantheon, Internationale Zeitschrift für Kunst, Heft 1, Jahrg. XXXV, Januar–März 1977, S. 51 ff.

Horst Schwebel: Glaubwürdig. Fünf Gespräche über heutige Kunst und Religion mit J. Beuys, H. Böll, H. Falken, K. Marti, D. Wellershof. München 1979, S. 15–42.

Heiner Bastian: Die Straßenbahnhaltestelle von Joseph Beuys. Nationalgalerie Berlin 1980.

Thomas Kellein: Joseph Beuys im Guggenheim Museum. In: Kritische Berichte, Jg. 8, H. 1/2, 1980, S. 63 ff.

Joseph Beuys: Das Museum – ein Ort der permanenten Konferenz. Ein Gespräch mit J. B. In: Notizbuch 3, Kunst – Gesellschaft – Museum, hrsg. v. Horst Kurnitzky. Berlin 1980, S. 47 ff.

Paul-Albert Plouffe: Joseph Beuys: Avers et Revers. In: Parachute, Nr. 21, Winter 1980, S. 32 ff.

Ulrich Krempel: »Der Mensch muß lernen, sich über seine Wirklichkeit zu erheben« / Über Joseph Beuys. In: Tendenzen, Nr. 130, Jg. 21, 1980, S. 27 ff.

Benjamin H. D. Buchloh: Beuys: The Twilight of the Idol. In: Artforum, Januar 1980, S. 35 ff.

Franz-Joachim Verspohl: Das + von Joseph Beuys. In: Kritische Berichte, Jg. 9, H. 1/2, 1981, S. 73 ff.

Volker Harlan: Paul Klee und Joseph Beuys: Tafelbild und Wärmeplastik. In: Kunst-Bulletin d. Schweizerischen Kunstvereins, 7/8, 1981, S. 13 ff.

C. Ausstellungs- und Sammlungskataloge

Joseph Beuys – Zeichnungen/Aquarelle/Ölbilder/plastische Bilder aus der Sammlung van der Grinten, Städtisches Museum Haus Koekkoek, Kleve, 8.10.–5.11.1961, Text: Joseph Beuys, Hans van der Grinten, Franz Joseph van der Grinten.

Beuys – Städtisches Museum Mönchengladbach, 13.9.–29.10.1967, Text: Johannes Cladders, Hans Strelow.

Joseph Beuys – Zeichnungen, Kleine Objekte, Kunstmuseum Basel, 5.7.–31.8.1969, Text: Dieter Koepplin, Franz Josef van der Grinten.

Joseph Beuys – Werke aus der Sammlung Karl Ströher, Kunstmuseum Basel, 16.11.1969–4.1.1970, Text: Franz Meyer.

Joseph Beuys – Zeichnungen und Objekte 1937–1970, aus der Sammlung van der Grinten, Moderna Museet Stockholm, Jan.–Febr. 1971, Text: Pontus Hultén, Karin Linddgren, Dieter Koepplin, Franz Josef van der Grinten, Hans van der Grinten, Joseph Beuys.

Joseph Beuys – Handzeichnungen, Schleswig-Holsteinischer Kunstverein, Kunsthalle Kiel, 7.3.–11.4.1971, Text: Jens Christian Jensen, Christian v. Heusinger, Franz Josef van der Grinten, Hans van der Grinten.

Joseph Beuys – Objekte und Zeichnungen aus der Sammlung van der Grinten, Von der Heydt-Museum, Wuppertal, 20.3.–25.4.1971, Text: Günter Aust, Hans van der Grinten, Franz Josef van der Grinten.

Joseph Beuys – Sammlung Lutz Schirmer Köln, Kunstverein St. Gallen, 5.6.–31.7.1971, Text: Franz Josef van der Grinten, Hagen Lieberknecht, Joseph Beuys.

Joseph Beuys – Zeichnungen aus der Sammlung Karl Ströher, Kunsthalle Tübingen, 27.10.–2.12.1973, Text: Franz Josef van der Grinten.

Joseph Beuys – The secret block for a secret person in Ireland, Museum of Modern Art Oxford 7.4.–12.5.1974, National Gallery of Modern Art Edinburgh 6.6.–30.6.1974, Institute of Contemporary Arts London 9.7.–1.9.1974, Municipal Gallery of Modern Art Dublin 25.9.–27.10.1974, Arts Council Gallery Belfast 6.11.–30.11.1974, Text: Caroline Tisdall.

Joseph Beuys – Zeichnungen/Bilder/Plastiken/Objekte/Aktions-photographien, Kunstverein Freiburg 23. 5.–29. 6. 1975, Text: Franz Josef van der Grinten, Hans van der Grinten.

Joseph Beuys – Kestner Gesellschaft Hannover, 19. 12. 1975–8. 2. 1976, Text: Paul Wember.

Joseph Beuys – Zeige deine Wunde, Galerie Schellmann und Klüser. München, Februar 1976, Text: Laszlo Glozer.

37. Biennale in Venedig – Beuys, Gerz, Ruthenbeck, Venedig 18. 7.–10. 10. 1976, Texte: Klaus Gallwitz, Caroline Tisdall, Frankfurt 1976.

Joseph Beuys im Kaiser Wilhelm Museum, Bildheft 1, Krefeld 1976, Text: Gerhard Storck.

Joseph Beuys – The secret block for a secret person in Ireland, Kunstmuseum Basel, 16. 4.–26. 6. 1977, Texte: Dieter Koepplin, Caroline Tisdall, Joseph Beuys.

Joseph Beuys – Tekeningen/Aquarellen/Gouaches/Collages/Olie-verven, Museum van Hedendaagse Kunst, Citadelpark Gent, 6. 10.–11. 12. 1977, Text: Claire van Damme.

Joseph Beuys – Zeichnungen, Galerie Schellmann und Klüser, München 13. 10.–30. 11. 1977.

Joseph Beuys – Multiplizierte Kunst. Sämtliche Auflagenobjekte aus der Sammlung Dr. Günter Ulbricht, Düsseldorf. Städtisches Kunstmuseum Bonn, 13. 10.–20. 11. 1977. Darin der Beitrag von Dierk Stemmler, Zu den Multiples von Joseph Beuys.

Joseph Beuys – Multiplizierte Kunst, Kunstverein Braunschweig, 20. 1.–26. 2. 1978, Texte: Karlheinz Nowald, Dierk Stemmler.

Joseph Beuys – Zeichnungen, Objekte. Kunstverein Bremerhaven, Marburger Universitätsmuseum, Kunstverein Göttingen, 1978/79, mit Texten von Ludwig Rinn u. Joseph Beuys.

Joseph Beuys – Spuren in Italien. Kunstmuseum Luzern 22. 4.–17. 6. 1979. Texte von Martin Kunz u. Joseph Beuys.

Joseph Beuys – Zeichnungen und Objekte. Mönchehaus-Museum für moderne Kunst Goslar, 8. 9.–4. 11. 1979, mit Beiträgen von Wieland Schmied, H. u. F. J. van der Grinten.

Joseph Beuys – The Solomon R. Guggenheim Museum, New York 1979, Text: Caroline Tisdall.

Joseph Beuys – Zeichnungen/Tekeningen/Drawings. Nationalgalerie Berlin, Museum Boymans – van Beuningen, Rotterdam, 1979/80, mit Beiträgen von Heiner Bastian, Jeannot Simmen und einem Interview mit Joseph Beuys.

Joseph Beuys – Multiplizierte Kunst, Werkverzeichnis Multiples und Druckgraphik 1965–1980. Herausgegeben von Jörg Schellmann und Bernd Klüser. München 1980.

Joseph Beuys – Zeichnungen, Bildobjekte, Holzschnitte (aus dem Kunstmuseum Basel). Badischer Kunstverein Karlsruhe, 7. 10.–23. 11. 1980. Text: Dieter Koepplin.

Joseph Beuys – Objekte, Zeichnungen, Multiples im Städtischen Kunstmuseum Bonn, Bonn 1981, mit Texten von Dierk Stemmler.

Joseph Beuys – Zeige deine Wunde. 2 Bde., München 1980. Bd. 1: Text von A. Zweite; Bd. 2: Reaktionen auf den Ankauf des Environments durch das Lenbach-Haus.

Joseph Beuys

1921	Am 12. Mai in Krefeld geboren
1931–40	Gymnasium in Kleve
1941–45	Kriegsdienst als Sturzkampfflieger
1945	Gefangenschaft
1946–47	Vorbereitung auf das Akademie-Studium, Freundschaft mit dem Maler Hans Lamers
1947	Schüler von Joseph Enseling an der Staatlichen Kunstakademie, Düsseldorf
1949–51	Schüler von Ewald Mataré
1952–54	Meisterschüleratelier
1953	Erste Ausstellung im Hause van der Grinten, Kranenburg, und im Von der Heydt-Museum, Wuppertal
1958–59	Büdericher Gedächtnismal
1961	Berufung an die Staatliche Kunstakademie, Düsseldorf, Bildhauer-Klasse
1963	Veranstaltung von Festum Fluxorum Fluxus in der Staatlichen Kunstakademie, Düsseldorf
1964	Erste Aktion: »das Schweigen von Marcel Duchamp wird überbewertet«
1964	Auf der documenta III, Kassel, mit Zeichnungen und Plastiken vertreten
1967	Gründung der Deutschen Studentenpartei
1968	Eigener Raum in der documenta IV, Kassel
1970	Gründet die freie Volksabstimmung – Organisation für direkte Demokratie
1972	Unterhält ein Organisationsbüro mit permanentem Diskussionsforum auf der documenta V, Kassel. Wird aus dem Akademie-Amt fristlos entlassen
1976	Mit einer Eisenskulptur auf der Biennale Venedig vertreten
1977	Beteiligt sich mit der Plastik Unschlitt-Tallow an der Ausstellung »Skulptur« im Landesmuseum Münster
1978	Berufung als Professor für allgemeine Gestaltungslehre an die Akademie für angewandte Kunst in Wien. Mitglied der Akademie der Künste, Berlin
1979–80	Umfassende Retrospektive im New Yorker Guggenheim-Museum

Aquarelle

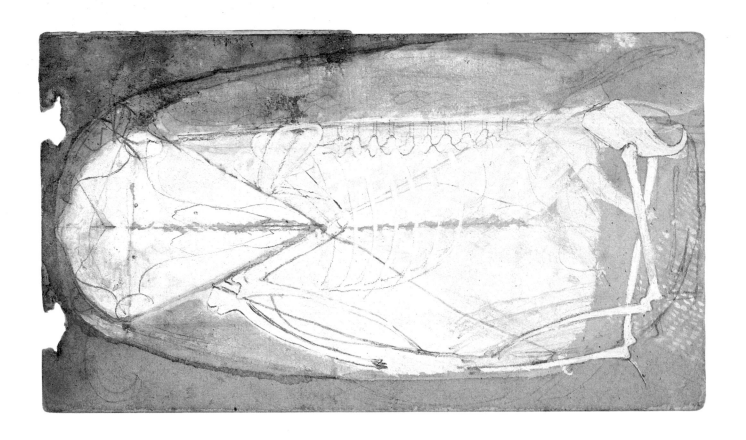

1   Schafskelett, 1949 (Kat. 17)

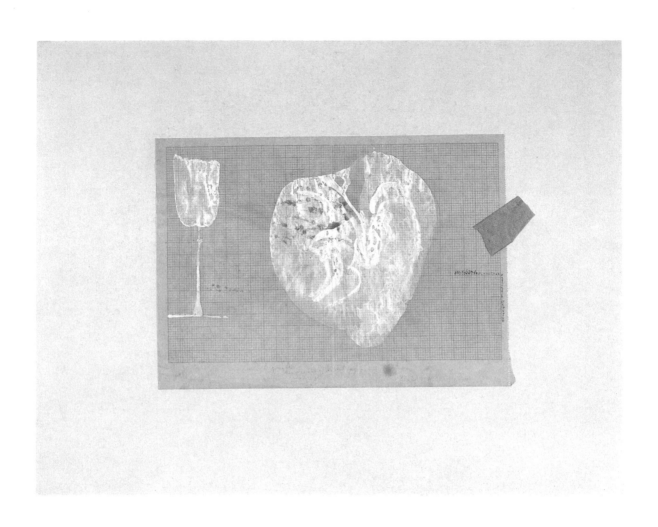

2　Mit gerade herausragendem Hirschkopf, 1948 (Kat. 11)

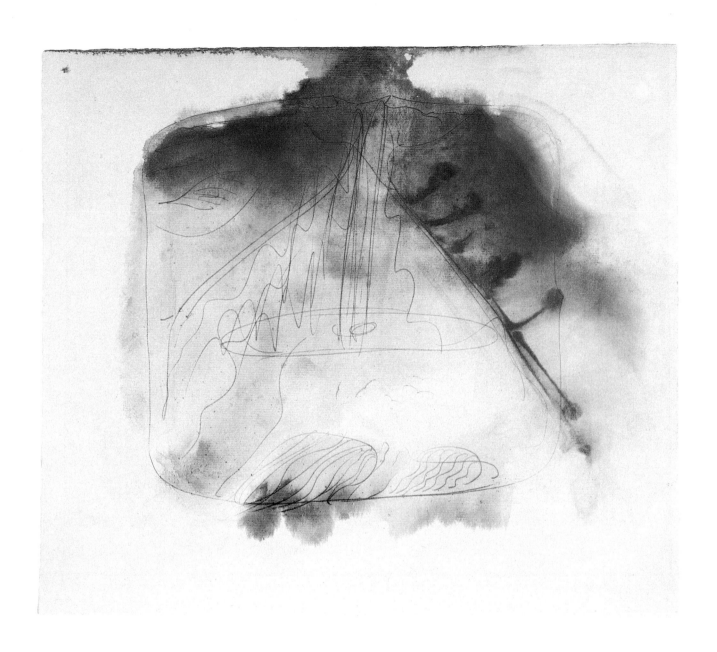

3   Zwei Mädchen betrachten Vulkan und Geysir, 1949 (Kat. 16)

4   Die Natur, 1947 (Kat. 5)

5   Fabrik auf dem Berg, 1949 (Kat. 15)

6   Ohne Titel, 1958 (Kat. 344)

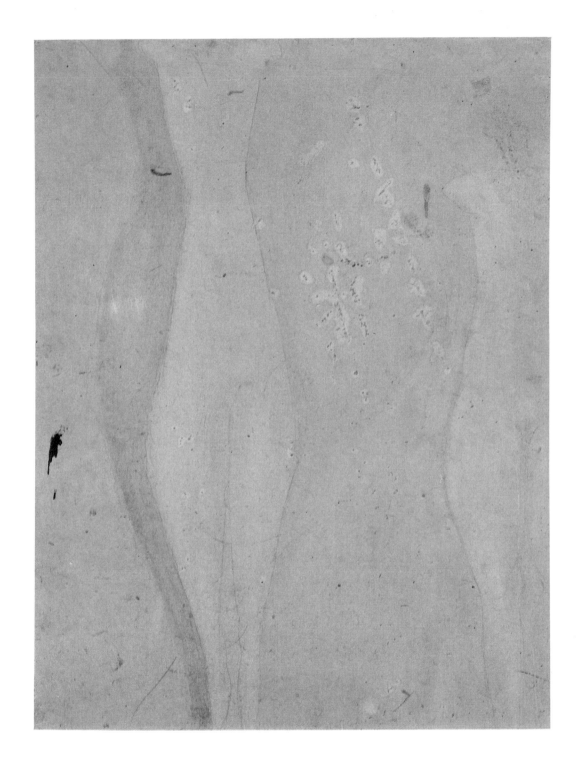

7   Drei Frauen, 1948 (Kat. 8)

8   Akt + ¹/₂ Akt, 1954 (Kat. 54)

9   Eskimofrauen, 1951/2 (Kat. 34)

10   Roter Hirsch, 1956 (Kat. 70)

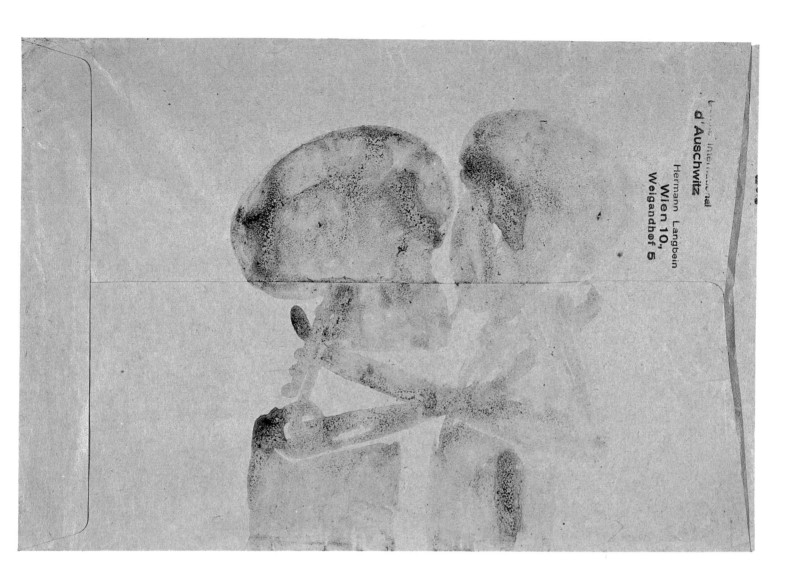

11   Der Tod und das Mädchen, 1957 (Kat. 87)

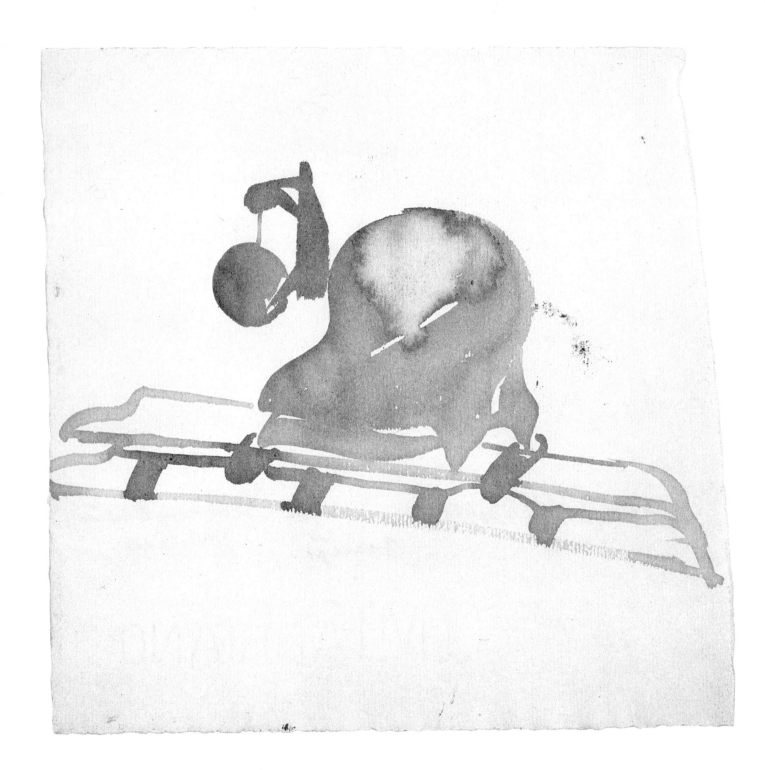

12   Urschlitten, Schädel und Bewußtseinszeichen, 1955 (Kat. 59)

13   Drei Elephanten, 1950 (Kat. 24)

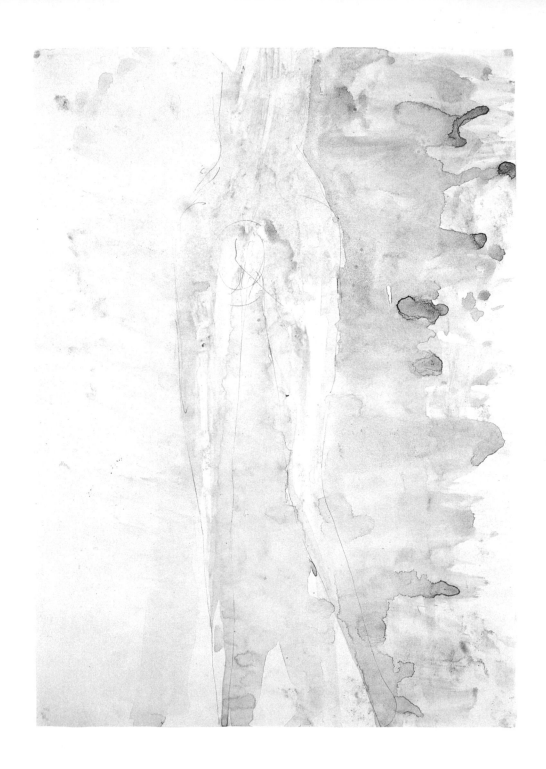

14   Frau, 1956 (Kat. 75)

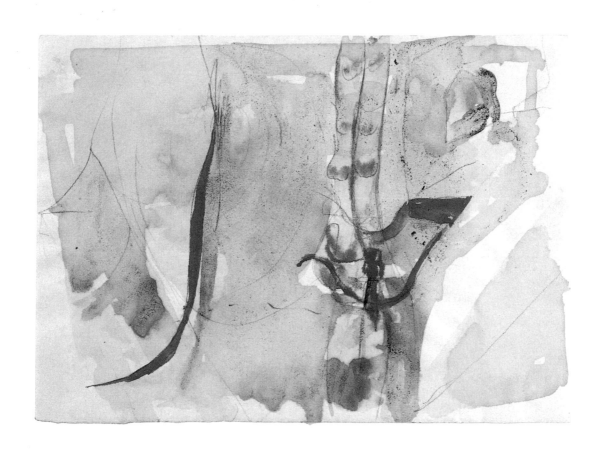

15   Drei Skulpturen, 1958 (Kat. 111)

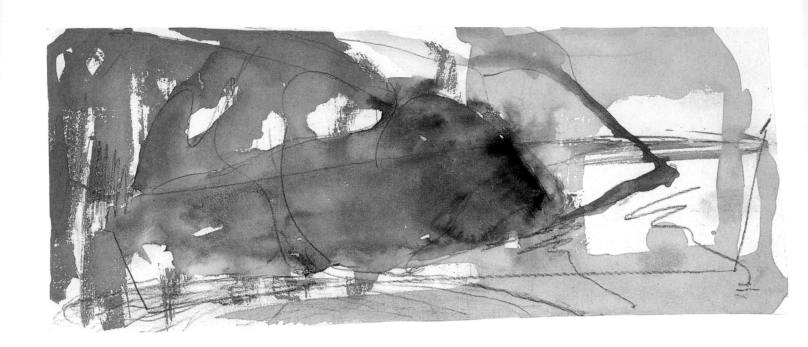

16   Ohne Titel, 1955 (Kat. 65)

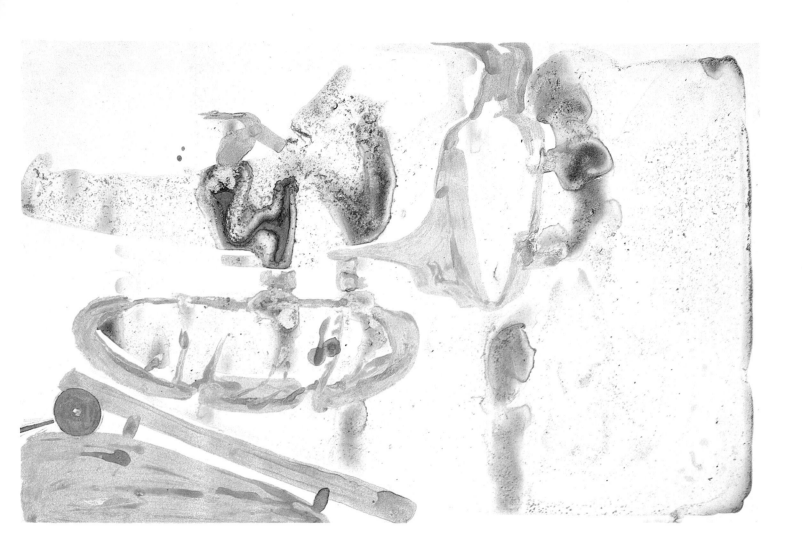

17 Ohne Titel, 1956 (Kat. 72)

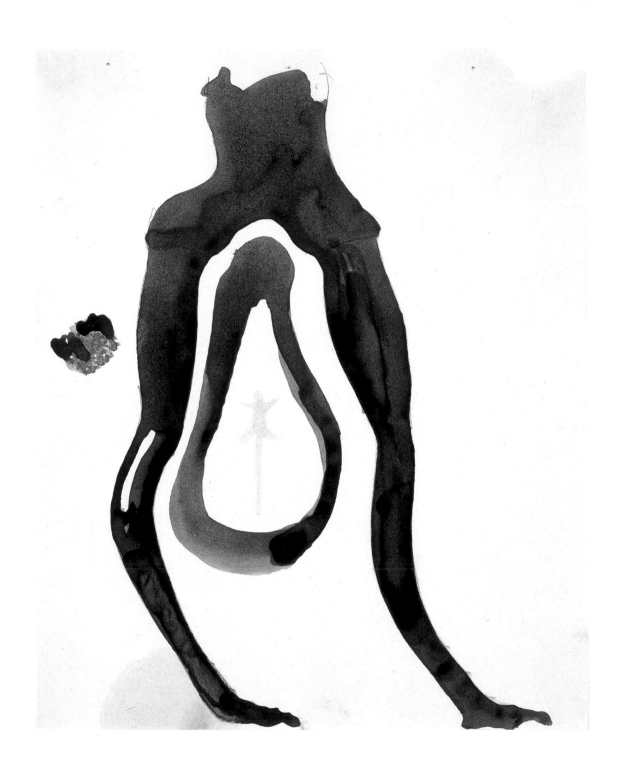

18   Ohne Titel, 1958 (Kat. 115)

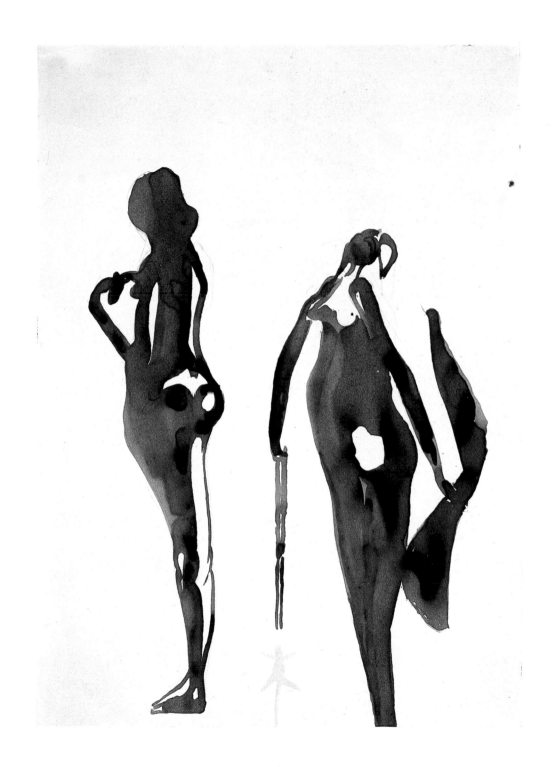

19   Ohne Titel, 1958 (Kat. 114)

20   Ohne Titel, 1957 (Kat. 90)

21   Ballettmädchen, 1950 (Kat. 21)

22   Flamme in der Ecke, 1955 (Kat. 58)

23 Versuch für »Geysir«, 1955 (Kat. 68)

24　Großer Magnet, 1961 (Kat. 153)

25   Ohne Titel, 1949 (Kat. 19)

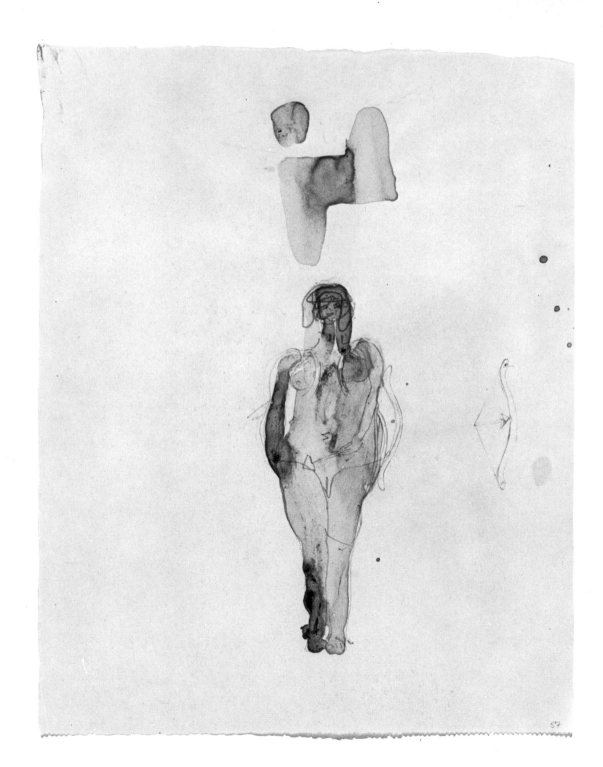

26   Jägerin und Ziel (Blutbild), 1957 (Kat. 88)

27   Ohne Titel, 1957 (Kat. 91)

28   Goldene Skulptur, 1956 (Kat. 79)

29   Akt, 1951 (Kat. 32)

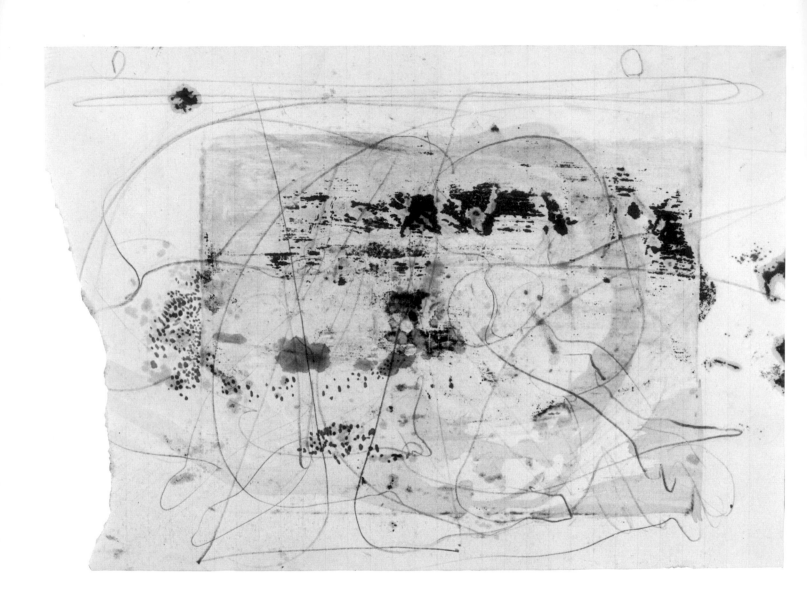

30   Tierwelt des Mittelmeeres, III Schwamm Bohrmuschel, 1958–59 (Kat. 119)

31   Lumen I, 1957 (Kat. 101)

32   Furcht des Knaben auf dem Hundsberg, 1954 (Kat. 57)

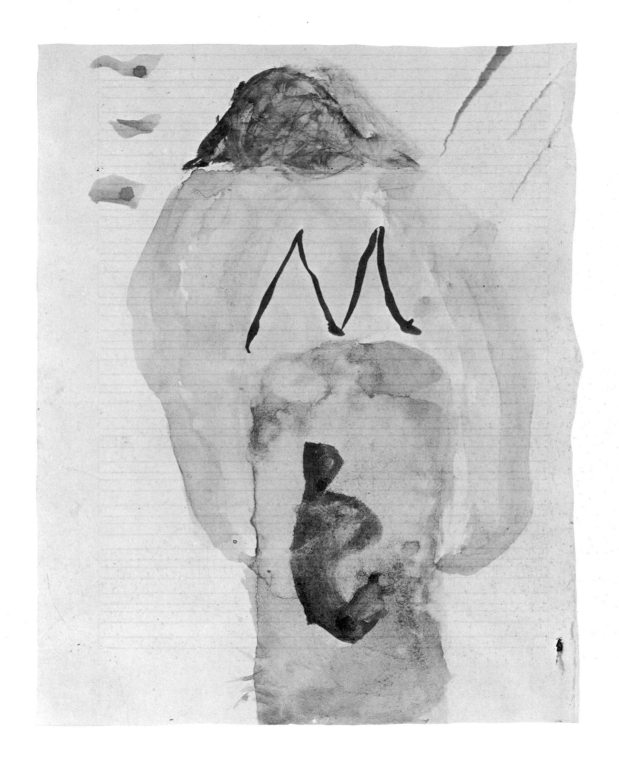

33   M / Mensch und Tier, 1957 (Kat. 96)

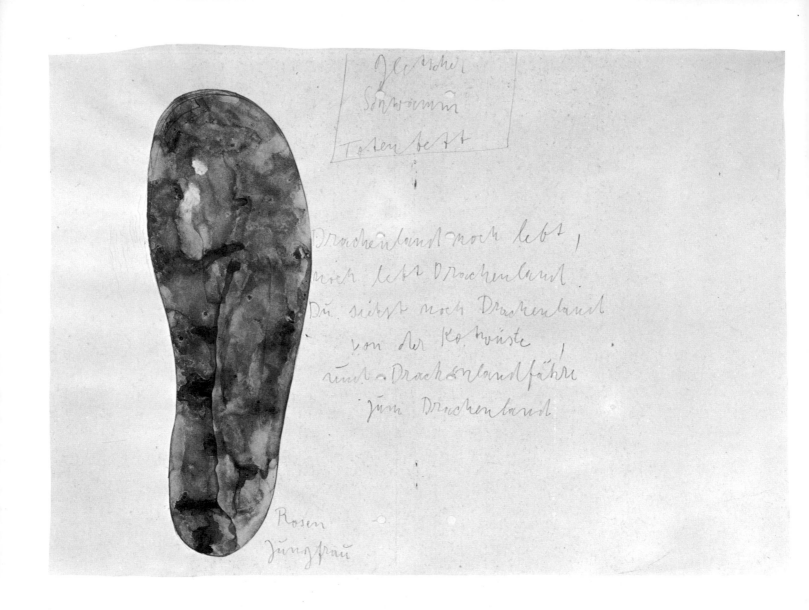

34   Gletscher, Schwamm, Totenbett, 1958 (Kat. 110)

35   Ohne Titel, 1959 (Kat. 123)

36   Frau, 1964/5 (Kat. 184)

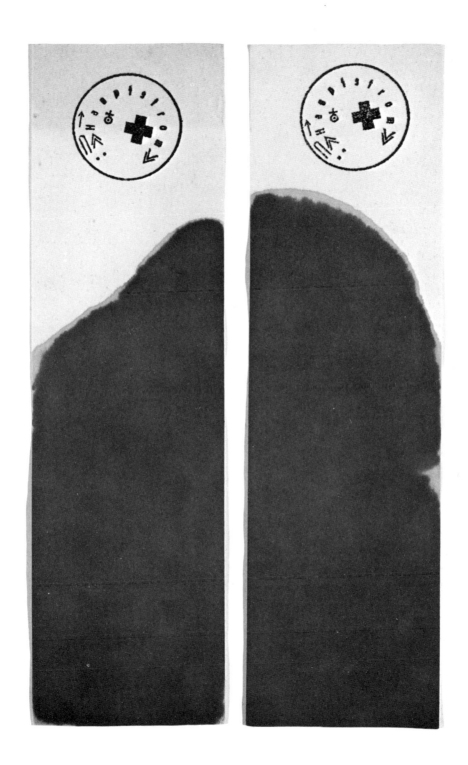

37　Rising sun, 1976 (Kat. 259)

38   Ohne Titel (Kat. 343)

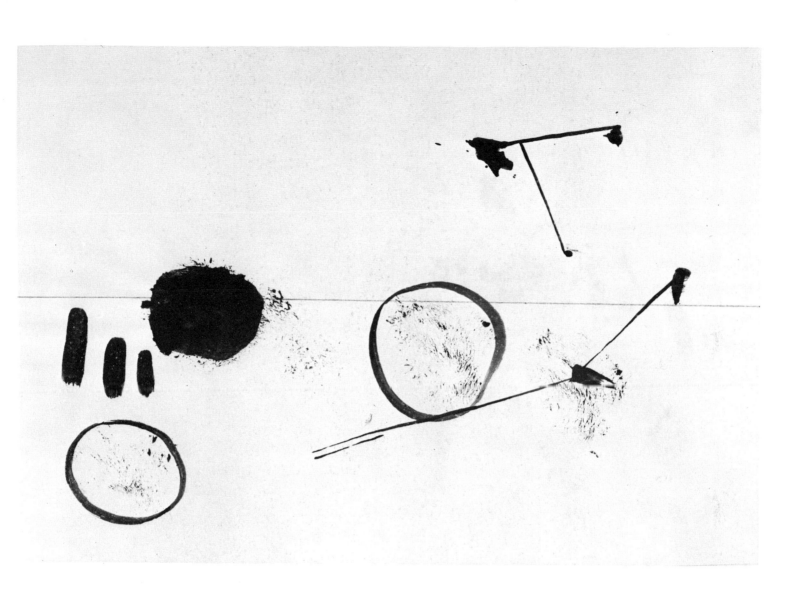

39   Hasenblut, 1978 (Kat. 265)

40 Action tools, 1971 (Kat. 231)

41   Action tools, 1971 (Kat. 230)

Bleistiftzeichnungen

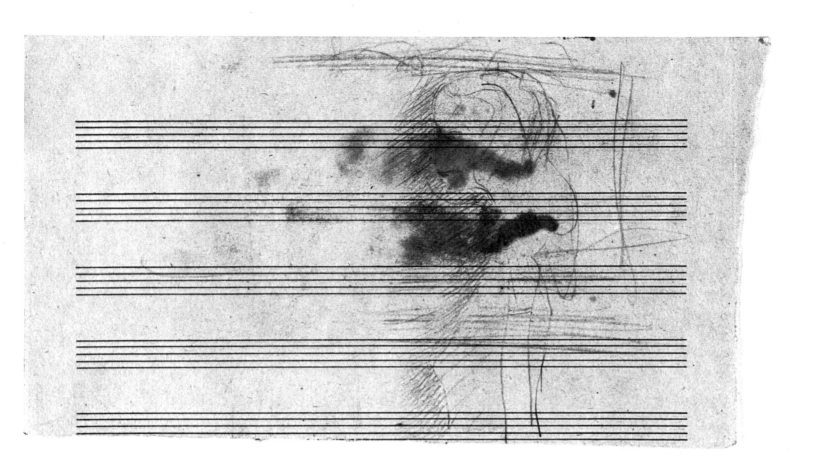

42   Ohne Titel, 1946 (Kat. 1)

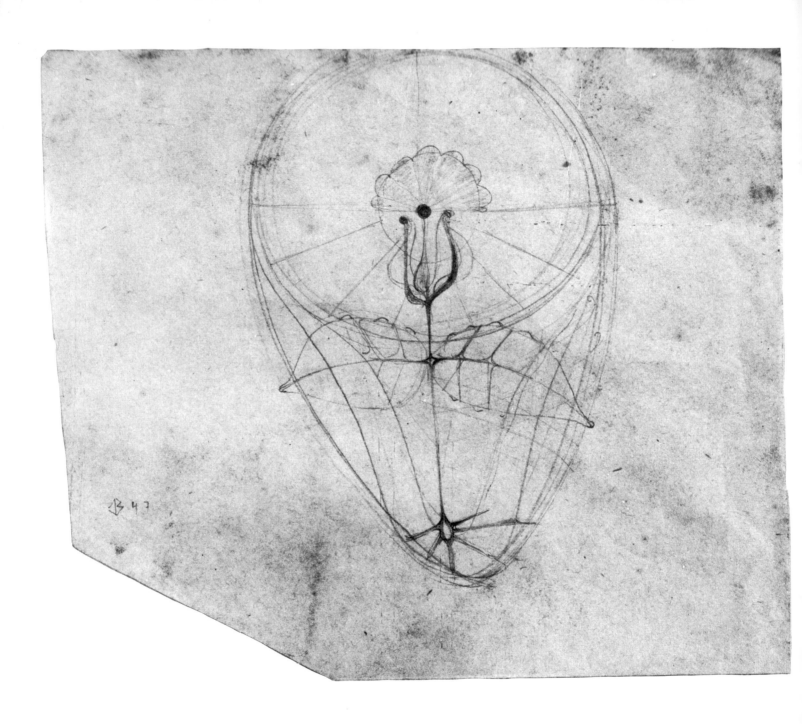

43   Pflanze, 1947 (Kat. 4)

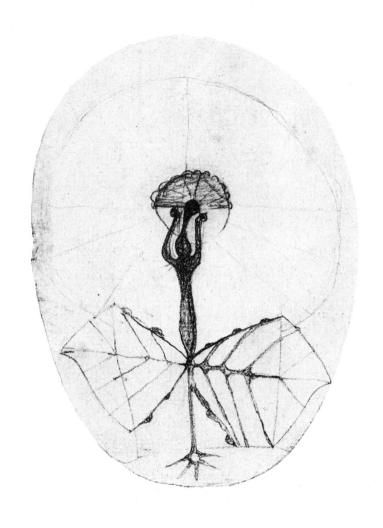

44   Pflanze, 1947 (Kat. 3)

45   Mädchen am Meer, 1951 (Kat. 33)

46   Mädchen, 1948 (Kat. 7)

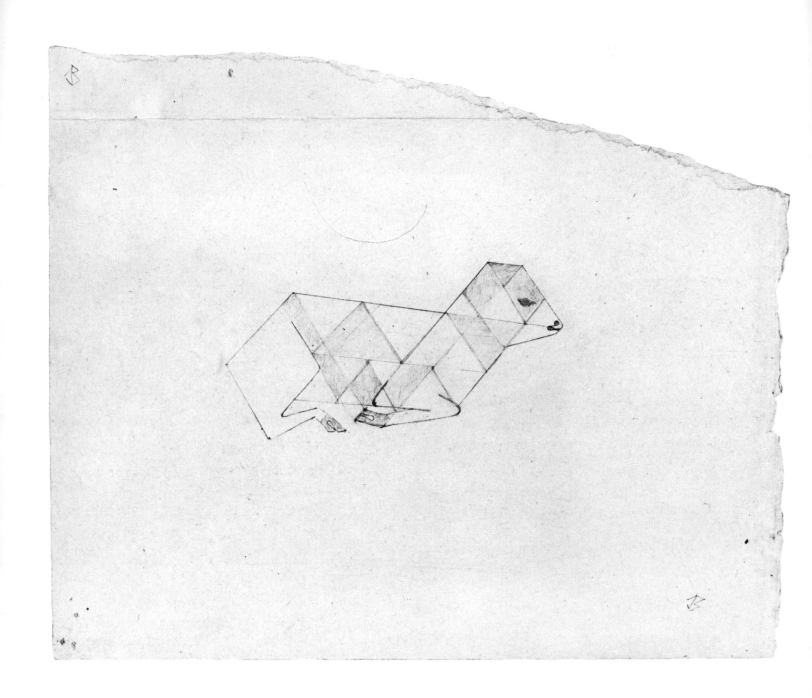

47 Liegendes Kalb, 1948 (Kat. 12)

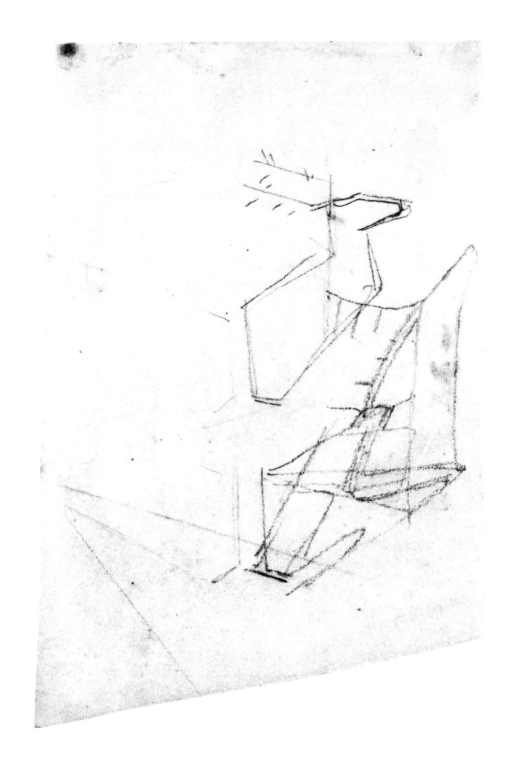

48   Zwei Hirsche, 1948 (Kat. 10)

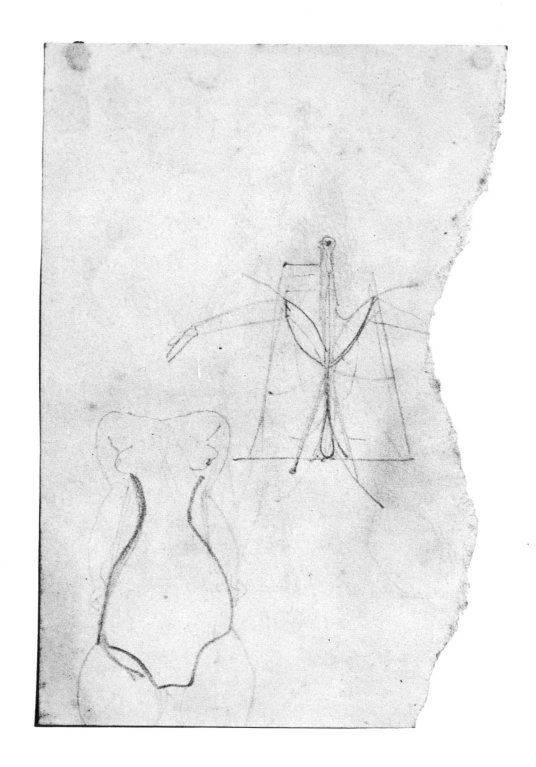

49   Ohne Titel, 1948 (Kat. 13)

50   Pietá, 1948 (Kat. 9)

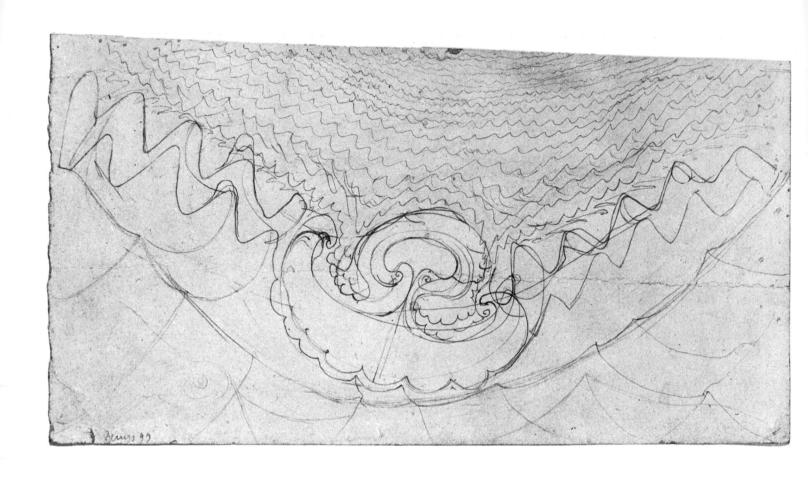

51   Die See, 1949 (Kat. 18)

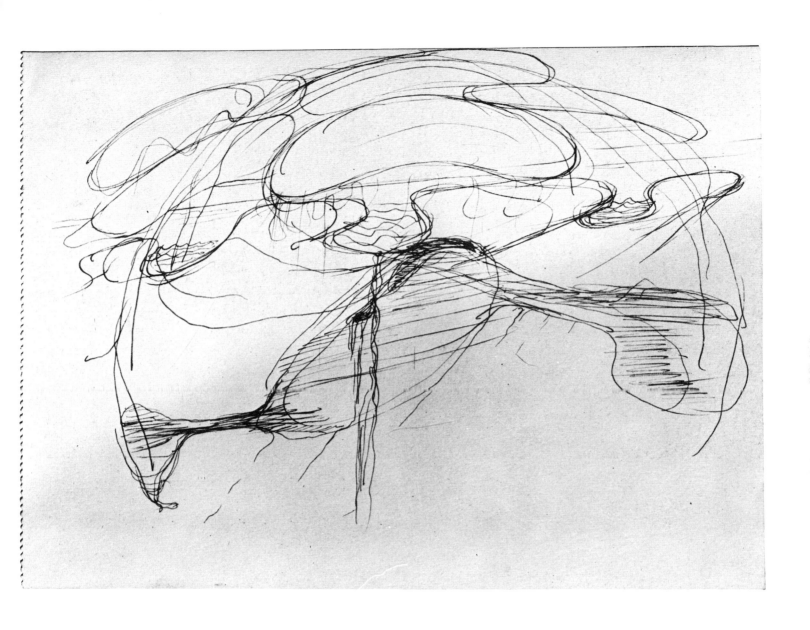

52　Innere Fjorde, ca. 1950 (Kat. 22)

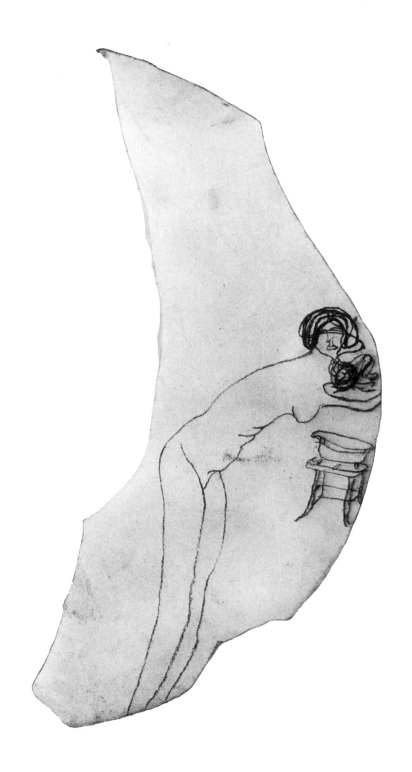

53   Frau ihr Kind badend, 1950 (Kat. 20)

54   Spaziergang, 1951 (Kat. 30)

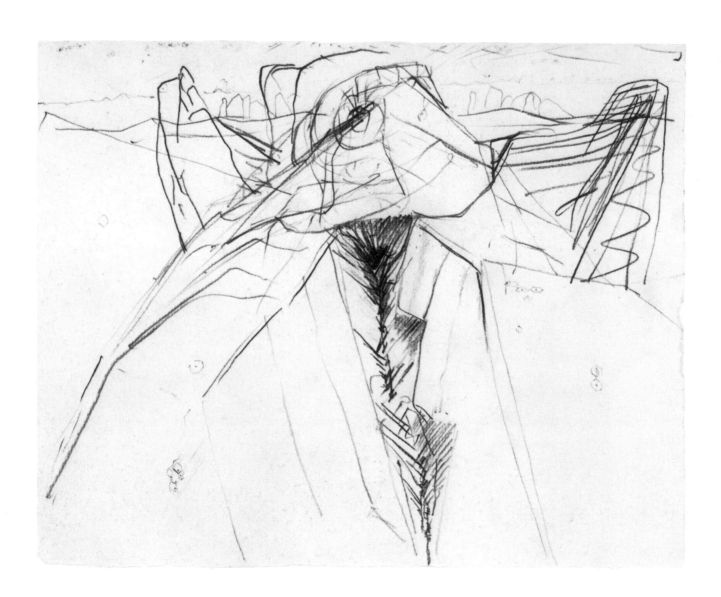

55   Zwei Polarschlitten, 1951 (Kat. 27)

56   Ohne Titel (Gebirge), 1950 (Kat. 23)

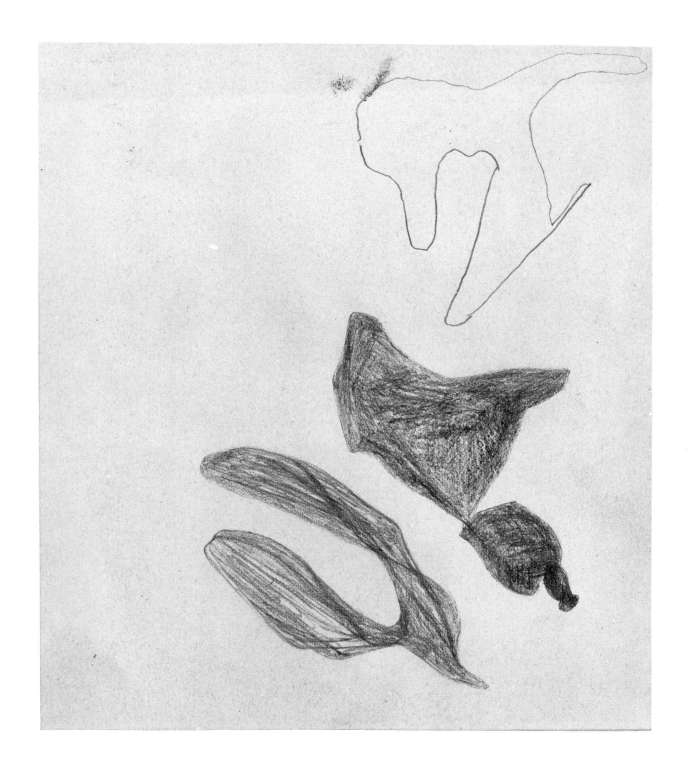

57   Ohne Titel, 1947 (Kat. 6)

58   Stehender weiblicher Akt, 1952 (Kat. 36)

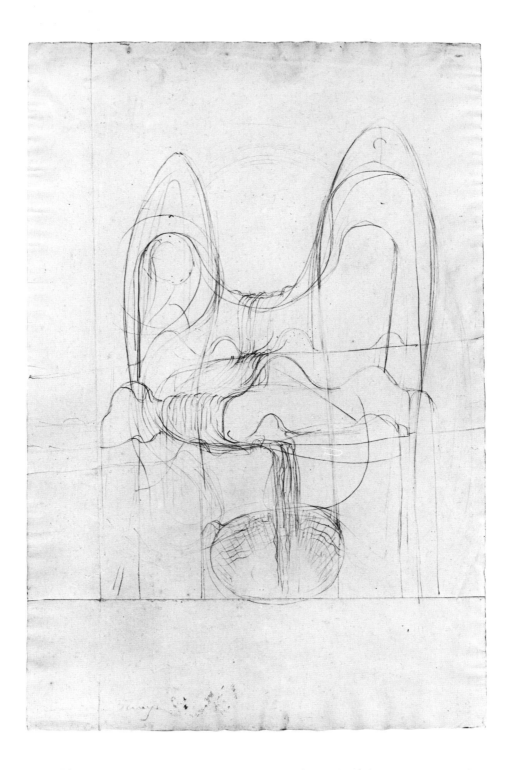

59   Planeten, Steine, Wasserfall, 1951/2 (Kat. 35)

60   Salome, 1954 (Kat. 55)

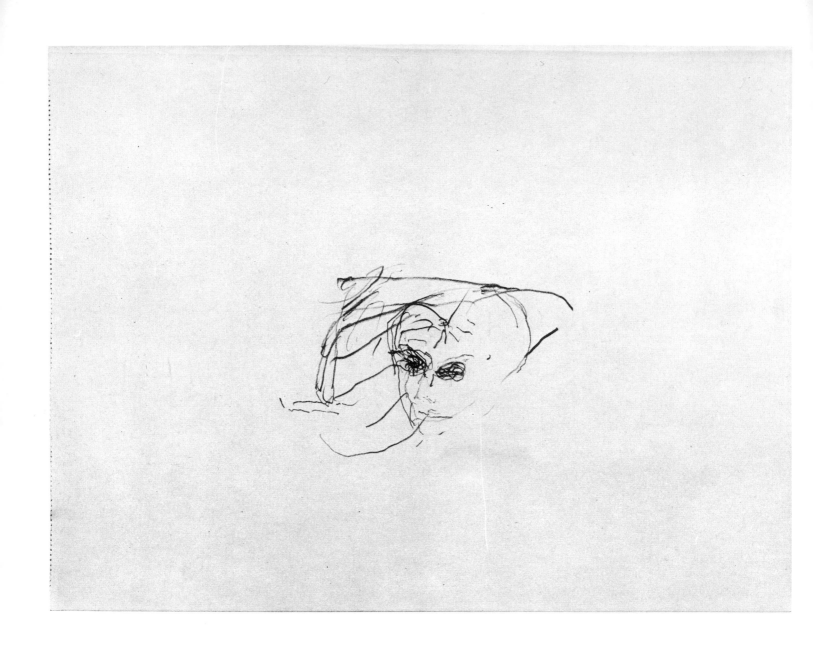

61   Ohne Titel, 1954 (Kat. 56)

62   Abwehrende Frau, 1952 (Kat. 37)

63   Sterbende, 1952 (Kat. 38)

64   Wo ist die Bienenkönigin?, 1952 (Kat. 39)

65   Hirschkuh, 1952 (Kat. 41)

66   Hirsch und Mond, 1954 (Kat. 49)

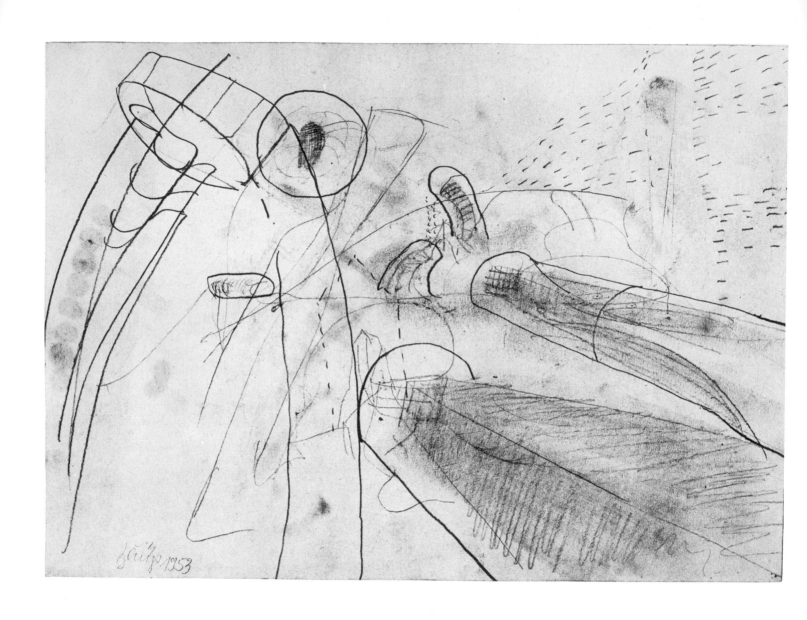

67   Landschaft mit Filterplastiken, 1953 (Kat. 43)

68   Ohne Titel, 1952 (Kat. 40)

69   Wolfsfalle, 1954 (Kat. 51)

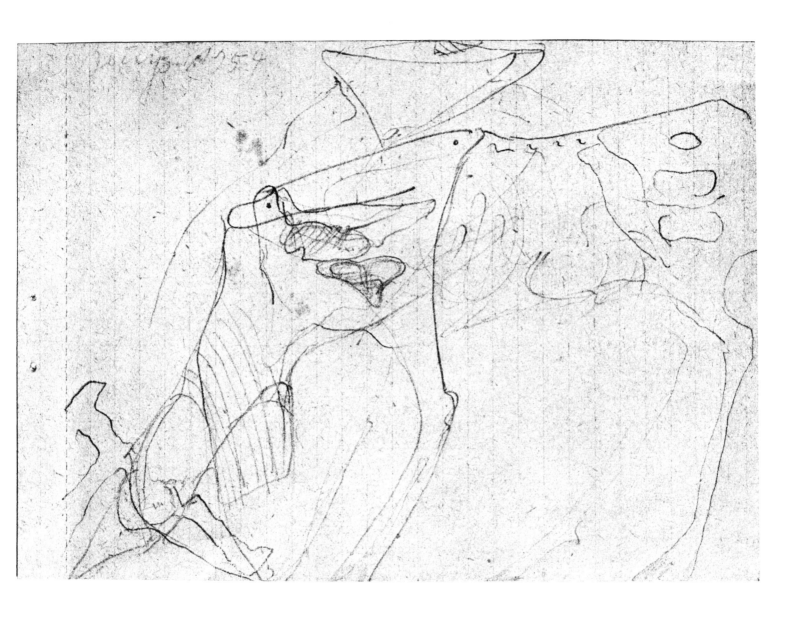

70   Elch, 1954 (Kat. 50)

71   Frau mit Faustkeil und Hermelinfell, obenseitig Bardame, 1955 (Kat. 62)

72   Daphne, 1955 (Kat. 63)

73   3 Hirschdenkmäler im Schneeland, 1954 (Kat. 48)

74   Ohne Titel, 1955 (Kat. 67)

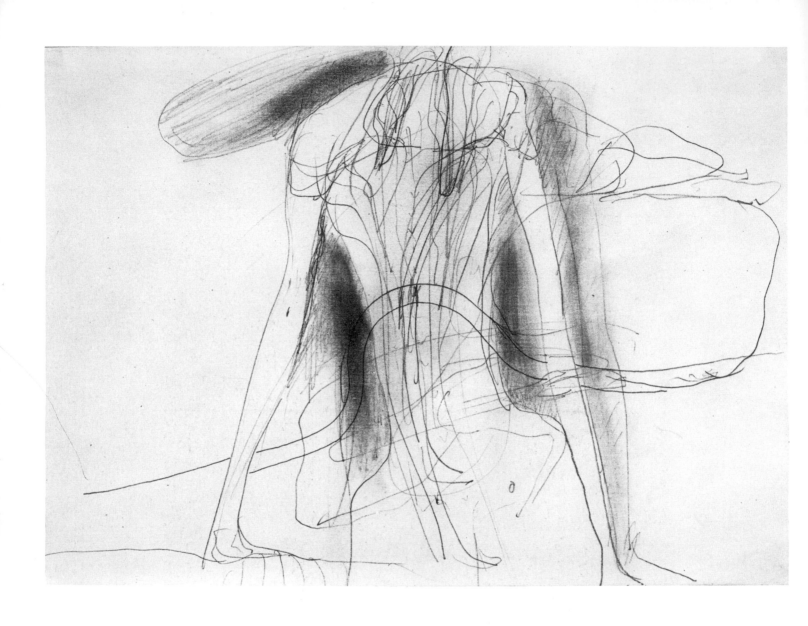

75 Der Schatten, 1955 (Kat. 66)

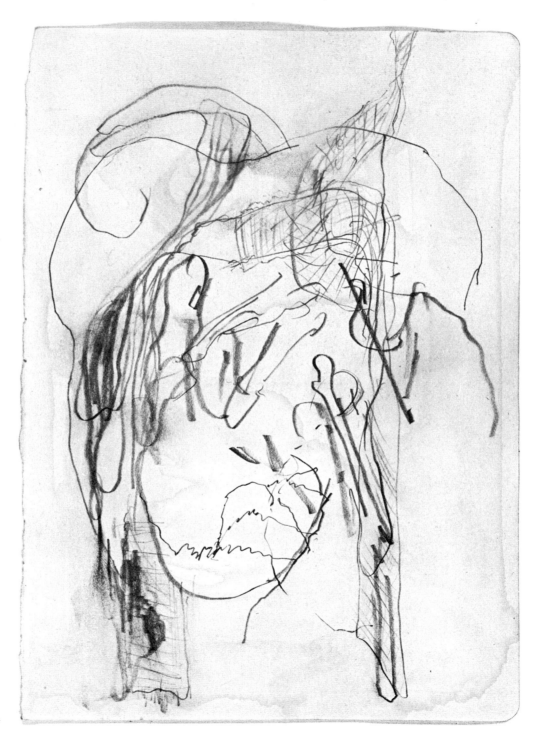

76   Ohne Titel (Mädchengesicht), 1955 (Kat. 64)

77   Toter Mann zwischen Elchskeletten, 1956 (Kat. 71)

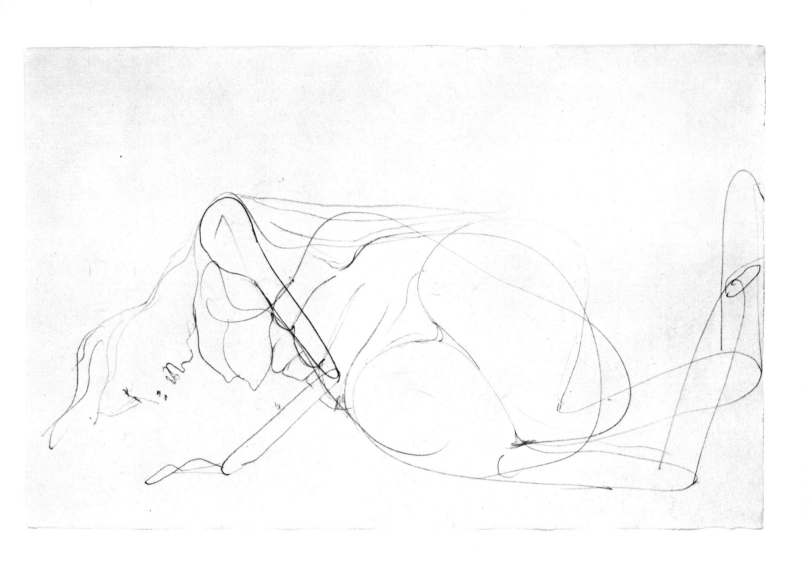

78   Liegender weiblicher Akt (Marionette), 1956 (Kat. 73)

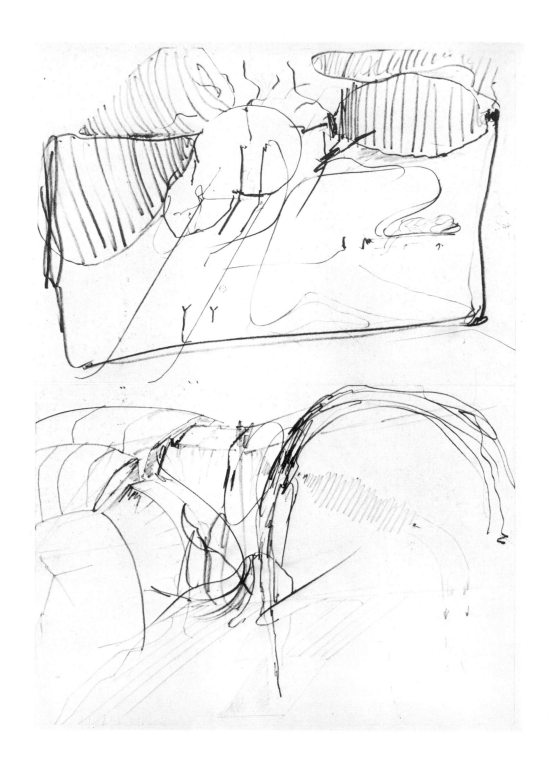

79   Wärmeplastik im Gebirge, 1956 (Kat. 78)

80   Ziegenmutter, 1956 (Kat. 69)

81   Frauenkopf, 1956 (Kat. 76)

82   Mädchenkopf, 1956 (Kat. 77)

83   Schlachtschiff und Zerstörer, 1956 (Kat. 80)

84   Ohne Titel, 1956 (Kat. 81)

85   Ohne Titel (Frau), 1957 (Kat. 84)

86   Ohne Titel (Frauen), 1958 (Kat. 105)

87   Liebespaar, 1957 (Kat. 86)

88   Aktrice, Objekt 1, Objekt 2, Objekt 3, 1957 (Kat. 89)

104 110

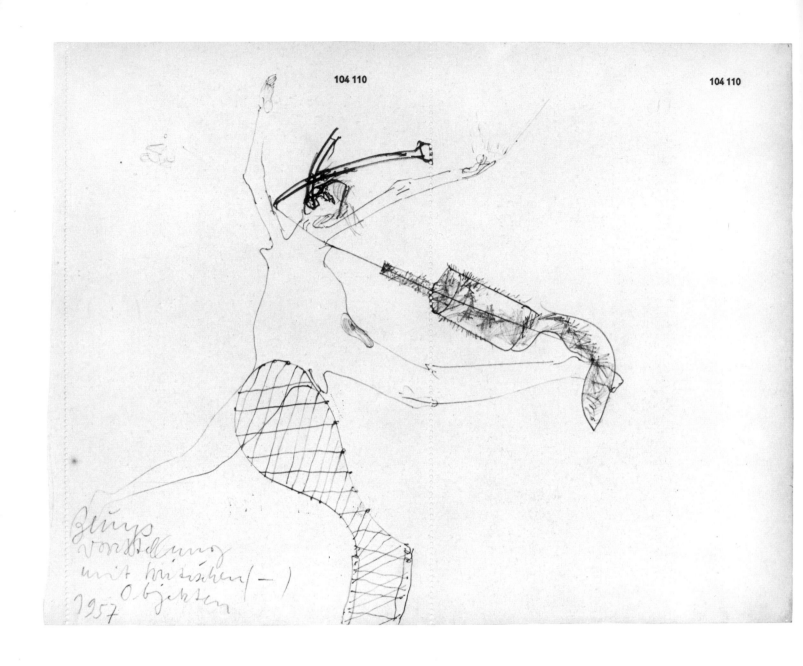

89   Darstellung mit kritischen (–) Objekten, 1957 (Kat. 92)

90   Ohne Titel, 1957 (Kat. 93)

91   Blutbild 2, 1957 (Kat. 94)

92   Ohne Titel (Landschaft), 1957 (Kat. 102)

93   Ohne Titel, 1958 (Kat. 108)

94   Mädchen, 1957/8 (Kat. 103)

95   Die Hirschreiterin, 1955 (Kat. 60)

96   Ohne Titel, 1958 (Kat. 112)

97   Ohne Titel (Doppelzeichnung), 1958 (Kat. 113)

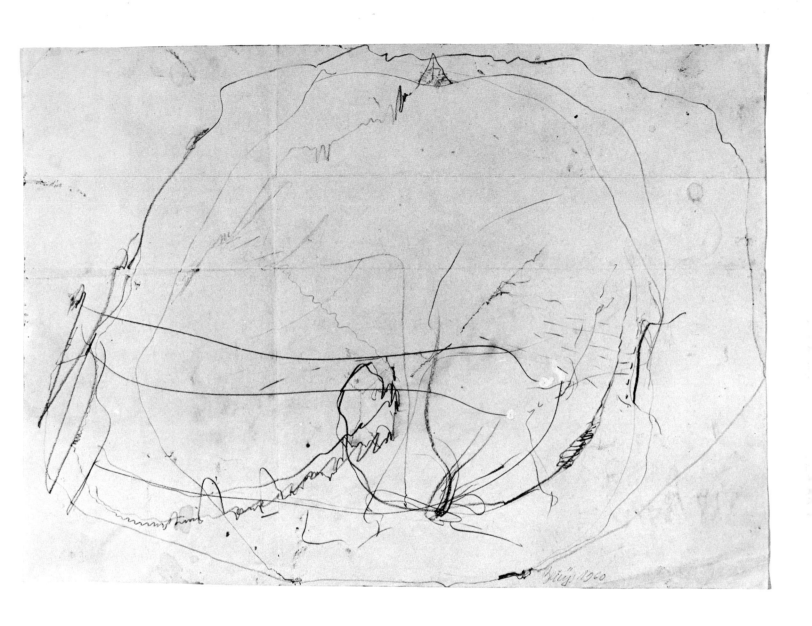

98   Wärmefähre, 1960 (Kat. 137)

99　Initiationsobjekt, 1960 (Kat. 134)

100 Zerstörter Brunnen (Doppelblatt), 1958 (Kat. 116)

101   In der Nacht ..., 1958 (Kat. 109)

102   Ohne Titel (Kupfer, Filz), 1960 (Kat. 138)

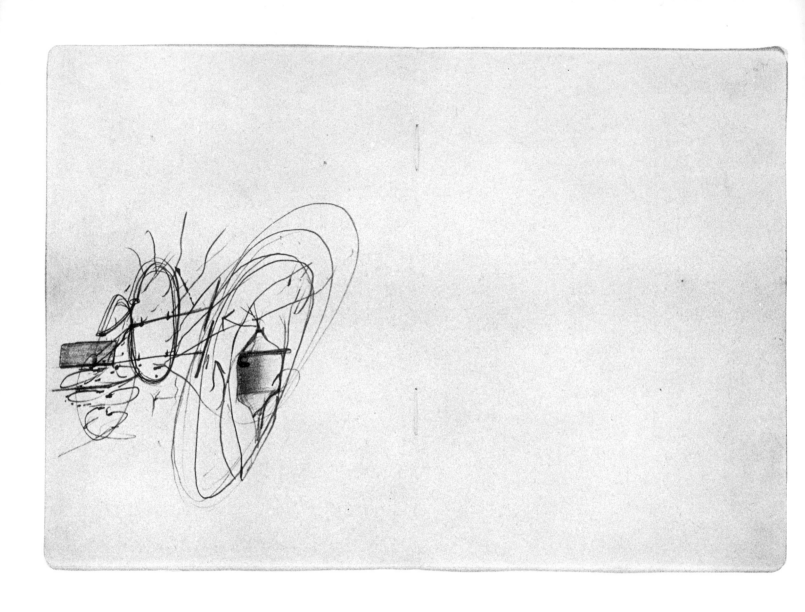

103   Ohne Titel, 1960 (Kat. 139)

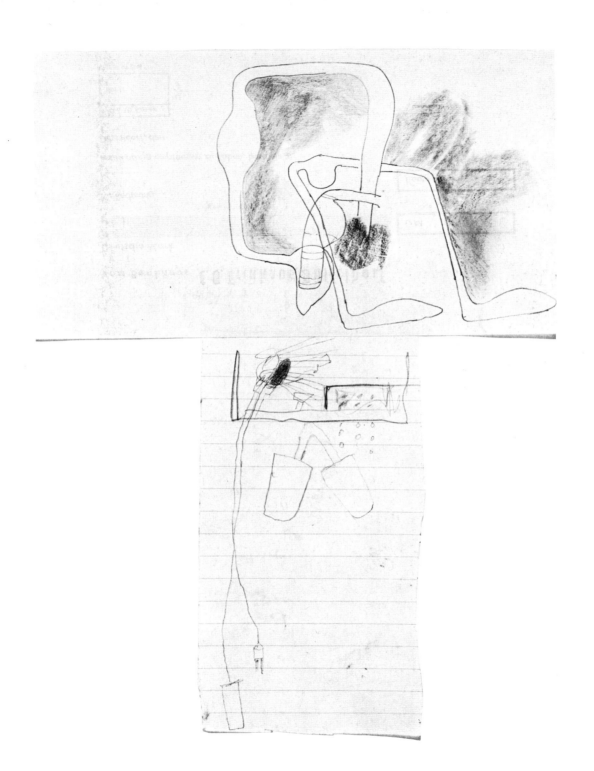

104   Art Kreuz / »Wo ist Element 3?« 1959 (Kat. 125)

105   Zwei Steine, einer rotierend, 1954 (Kat. 52)

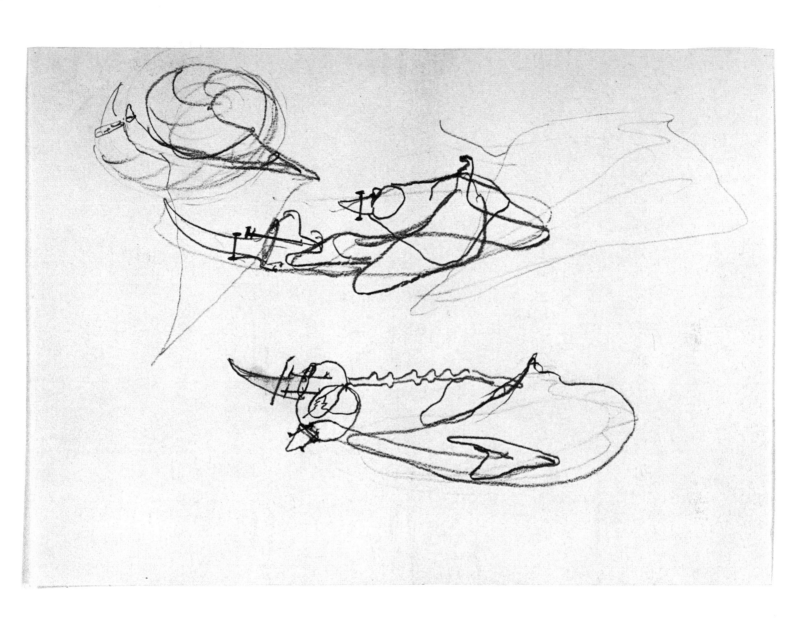

106   Ohne Titel, 1961 (Kat. 159)

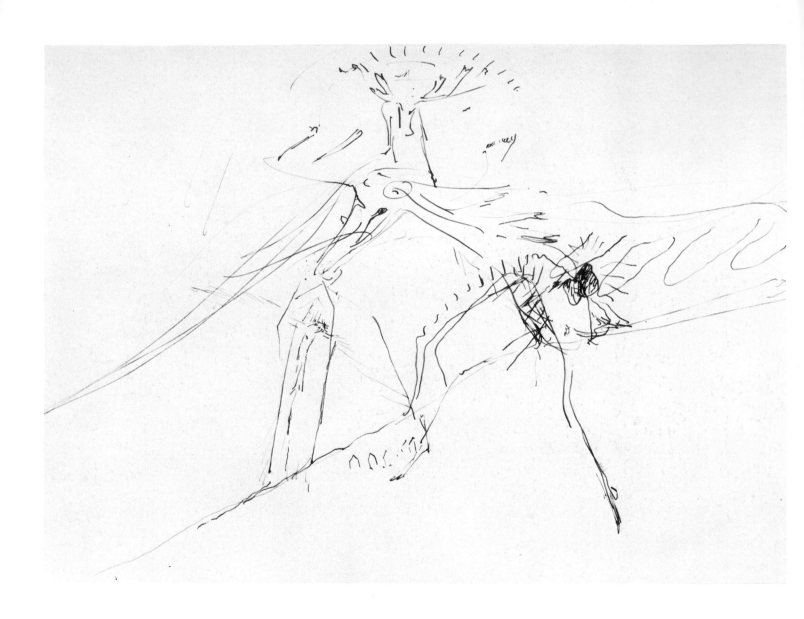

107   Tiermärchen, 1957 (Kat. 95)

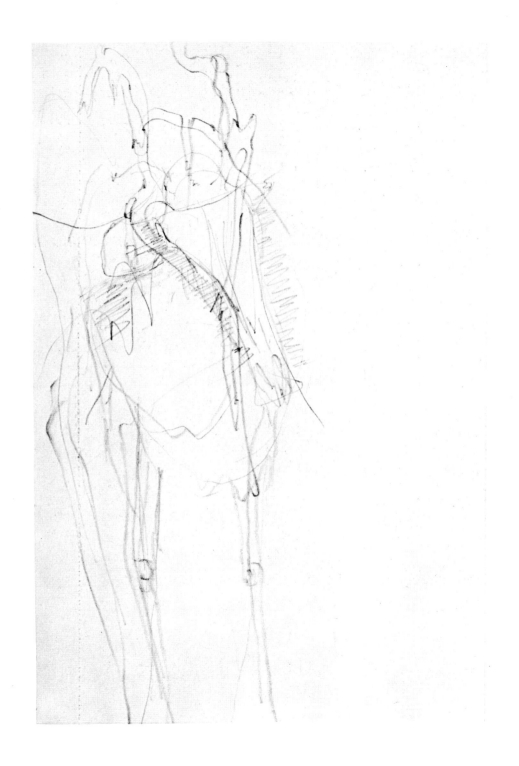

108   Hirsch, 1970 (Kat. 225)

109 Ohne Titel, 1956 (Kat. 82)

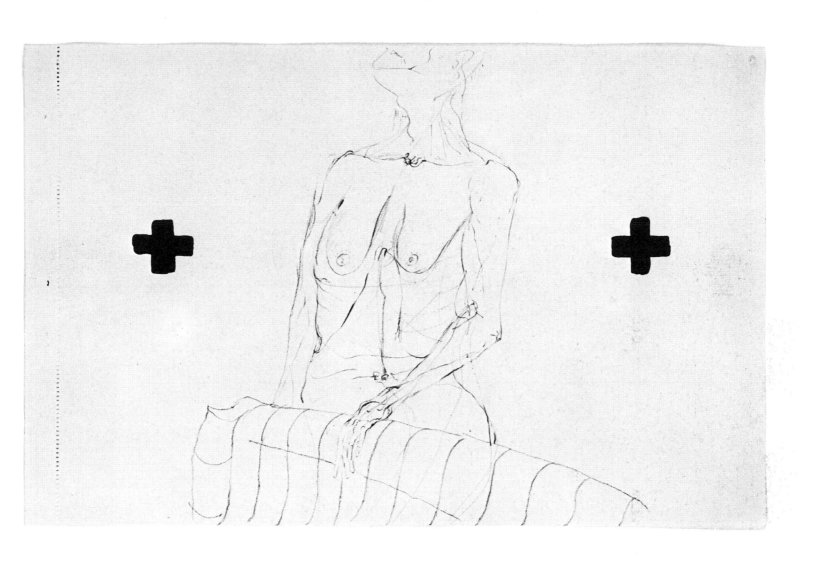

110   Ohne Titel, 1953 (Kat. 45)

111   Ohne Titel, 1961 (Kat. 156)

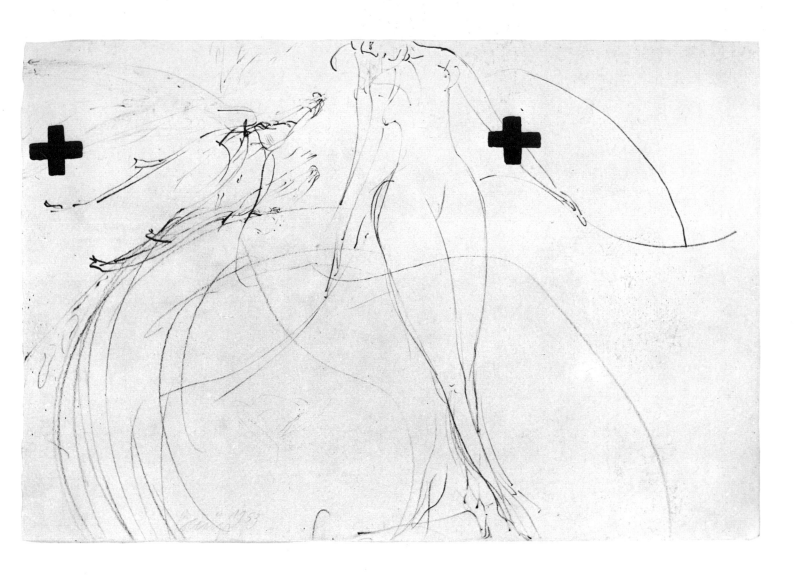

112   Frau mit Hirschen, 1953 (Kat. 42)

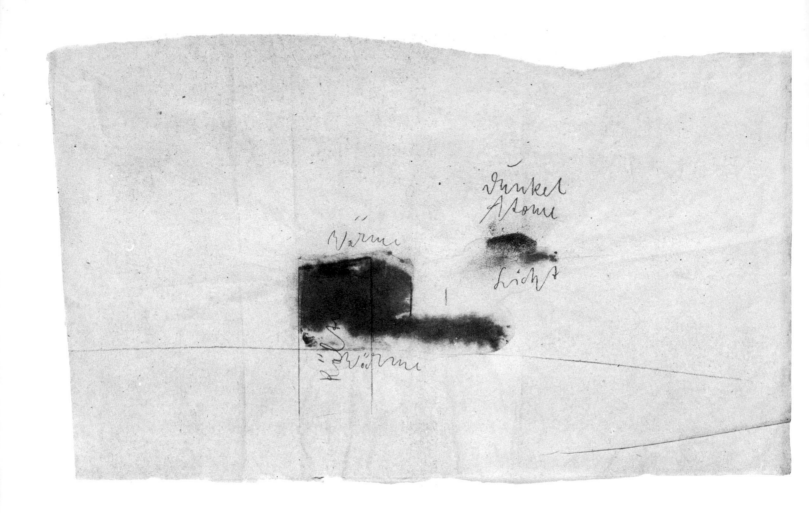

113   Ohne Titel, 1963 (Kat. 174)

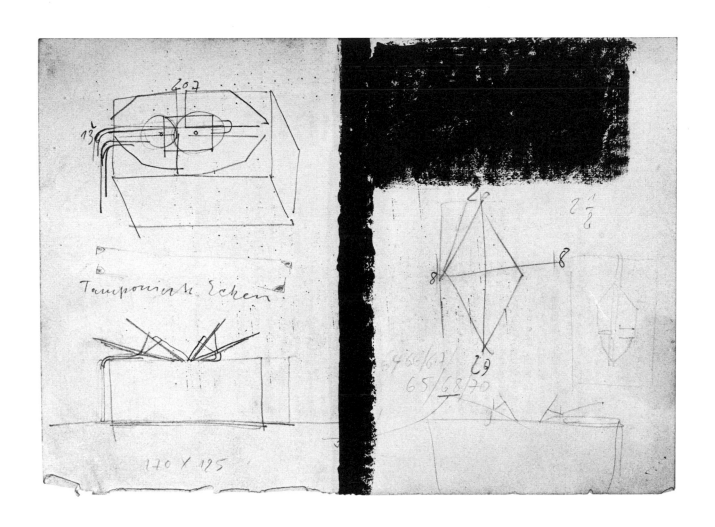

114   Ohne Titel, 1967 (Kat. 206)

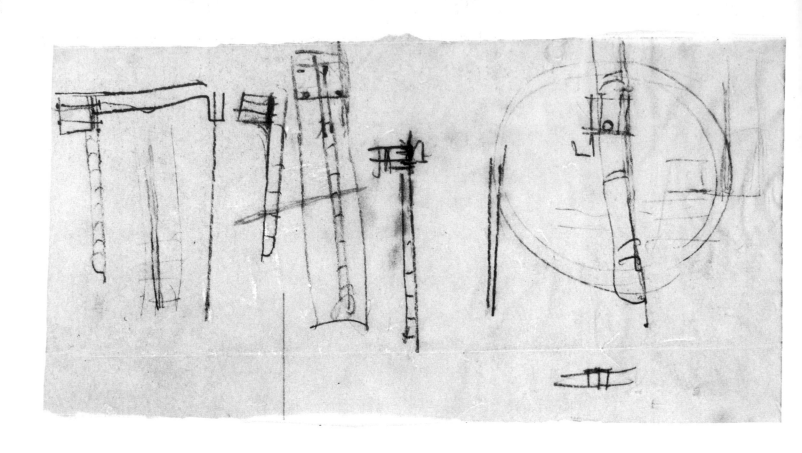

115   Korrektur für Klaus Beck, 1964 (Kat. 182)

116   Zwei Filzblöcke, 1961 (Kat. 152)

117   Labor, 1972 (Kat. 240)

118   Gewicht geteilt und eingeklemmt / Gewicht hängend, 1972 (Kat. 241)

119   Site of Lugus (Penninus), 1973 (Kat. 250)

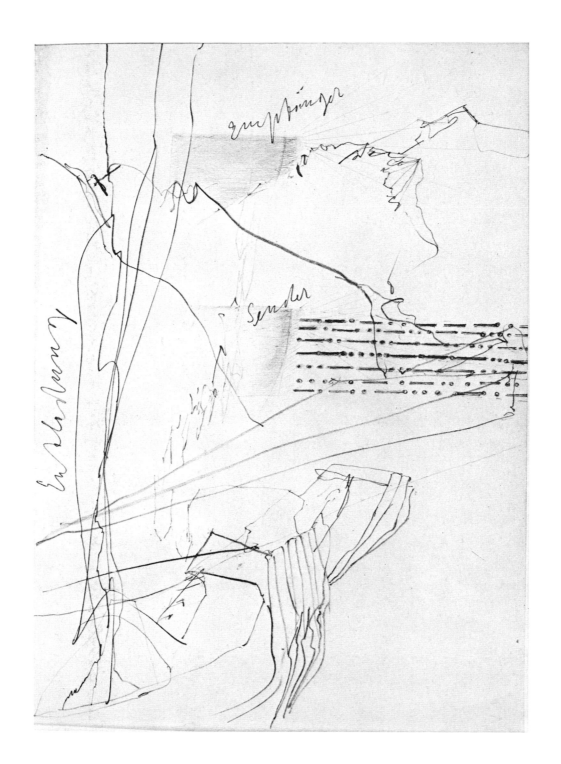

120   Partitur für Aktion mit Sender (Filz) Empfänger (Filz), (Kat. 249)

Partituren

Hering
Makrelen
Stockfisch
Pommes
Schwarzbrot
Steckrüben
Knollen
Kartoffeln
Erbsensuppe
Linsensuppe
Bohnensuppe
Kartoffelsuppe
Graupensuppe
Graupen
Milch
Nierenfett
Bücklinge
Kümmel
Bratkartoffeln
Salat
Sauerkraut
Naturreis

10 Palmin f. Pommes frites
3 Olivenöl
3 Sonnenblumenöl
3 Leinöl
3 Rapsöl
1 Meerrettich
2 Zwiebeln
5 Liebigs Fleischextrakt
2 Paprika
1 Chillies
3 Paprikaschoten
1 Pfeffer
1 Salz
3 Kümmel
2 Grünkern
3 Mehl
10 Naturreis
3 Roggen
2 Weizen
3 Maggi
3 Maggi-Würfel
5 Worcestersauce
1 Rosmarin
1 Petersilie
1 Zitrone

121 Speisekarte, 1947 (Kat. 2)

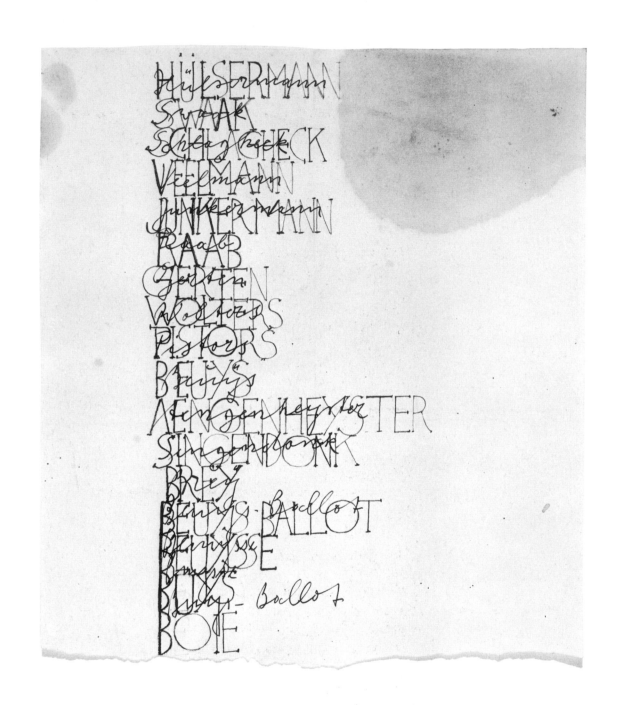

122 Clan, 1964 (Kat. 180)

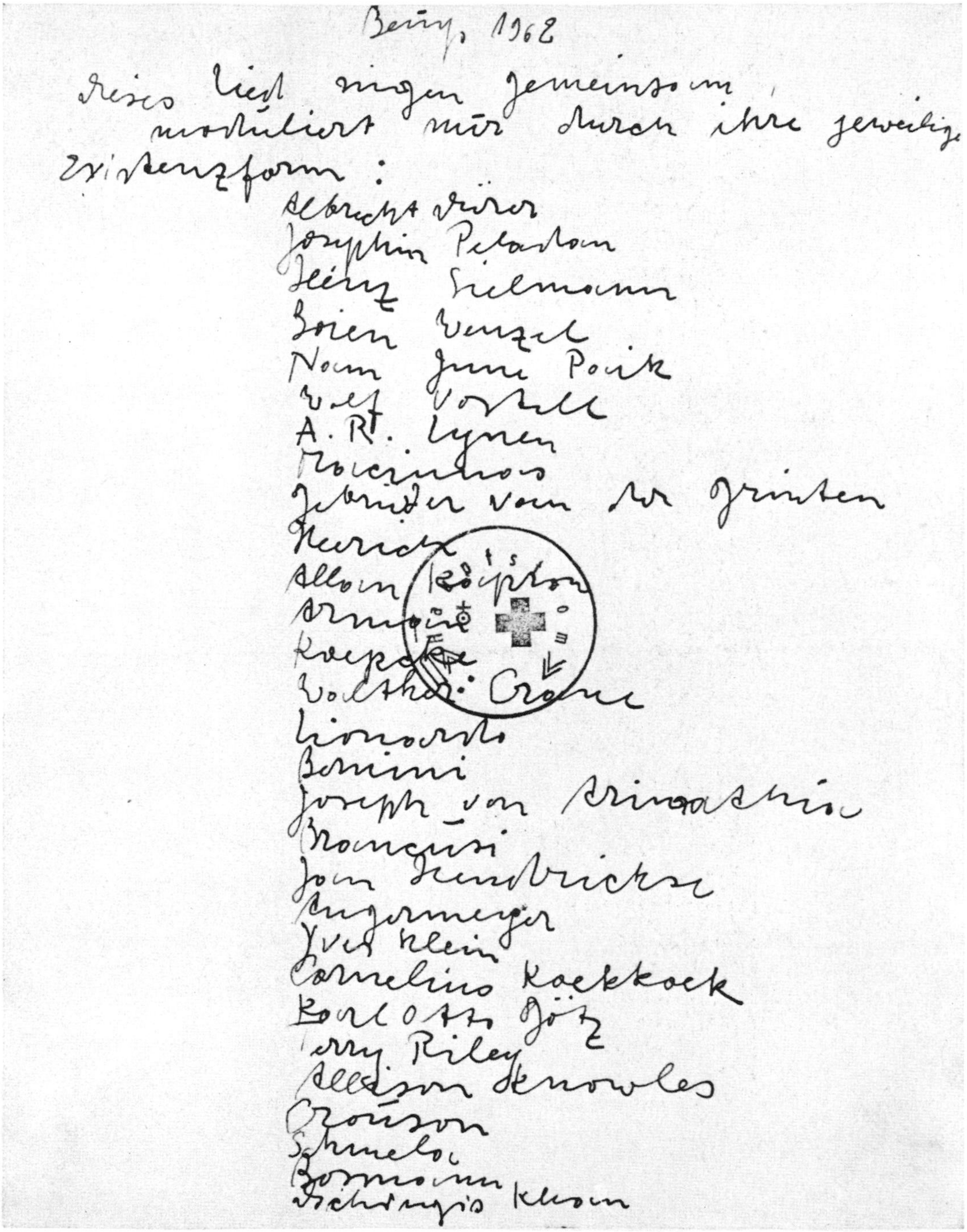

Beuys, 1962
dieses Lied singen gemeinsam
modulliert nur durch ihre jeweilige
Existenzform:
Albrecht Dürer
Josephin Peladan
Heinz Sielmann
Soren Wenzel
Nam June Paik
Wolf Vostell
A.R. Lynen
Maciunas
Gebrüder van der Grinten
Kricke
Allan Kaprow
Arman
Koepcke
Walter Crane
Leonardo
Borromini
Joseph von Krimaskis
Brancusi
Jan Hendrickse
Angermeyer
Yves Klein
Cornelius Koekkoek
Karl Otto Götz
Terry Riley
Alison Knowles
Cronson
Schmela
Bormann
Dschingis Khan

123 Ohne Titel (Partitur), 1962 (Kat. 345)

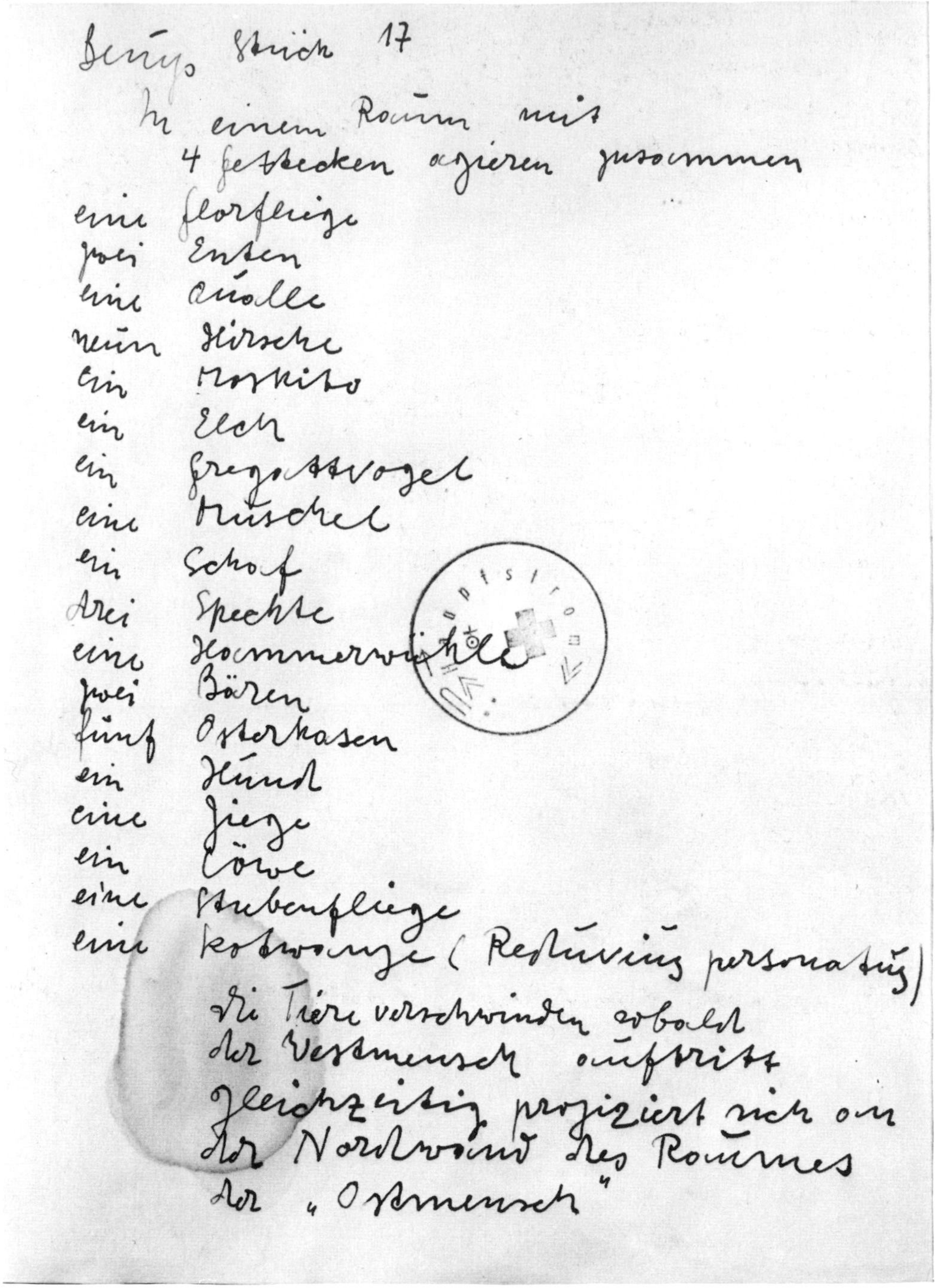

Beuys Stück 17

In einem Raum mit
4 Fettecken agieren zusammen

eine   Florfliege
zwei   Enten
eine   Quelle
neun   Hirsche
ein   Moskito
ein   Elch
ein   Fregattvogel
eine   Muschel
ein   Schaf
drei   Spechte
eine   Hammerwühle
zwei   Bären
fünf   Osterhasen
ein   Hund
eine   Ziege
ein   Löwe
eine   Stubenfliege
eine   Kotwanze (Reduviius personatus)

Die Tiere verschwinden sobald
der Westmensch auftritt
Gleichzeitig projiziert sich an
der Nordwand des Raumes
der „Ostmensch"

124   Beuys Stück 17, 1973 (Kat. 248)

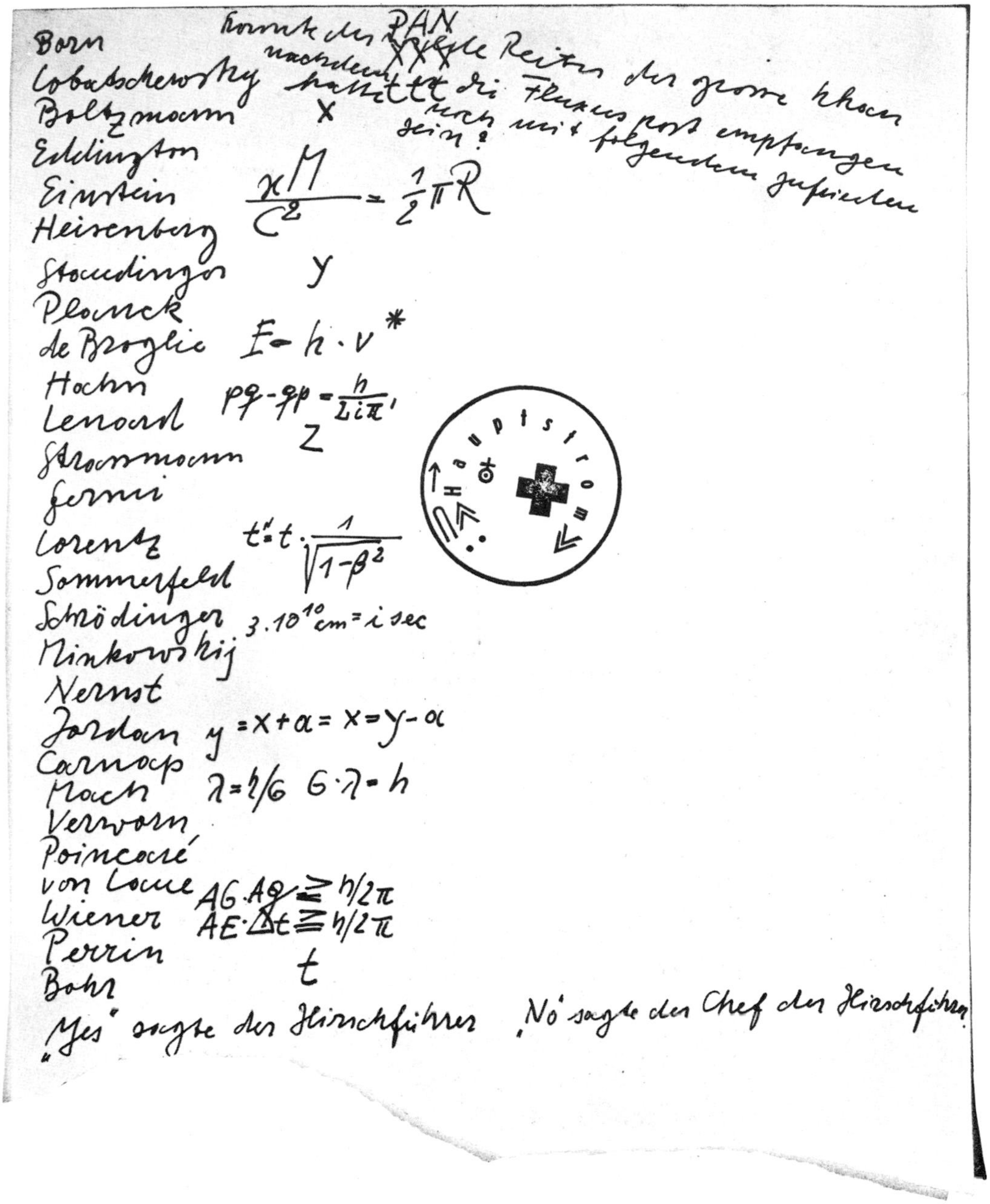

Born
Lobatscheworky
Boltzmann
Eddington
Einstein
Heisenberg
Staudinger
Planck
de Broglie
Hahn
Lenard
Strassmann
Fermi
Lorentz
Sommerfeld
Schrödinger
Minkowskij
Nernst
Jordan
Carnap
Mach
Verworn
Poincaré
von Laue
Wiener
Perrin
Bohr

X

$$\frac{x M}{C^2} = \frac{1}{2}\pi R$$

y

$E = h \cdot \nu \; *$

$$pq - qp = \frac{h}{2i\pi}$$

Z

$$t' = t \cdot \frac{1}{\sqrt{1 - \beta^2}}$$

$3 . 10^{10} \, cm = i \, sec$

$y = x + \alpha = x = y - \alpha$

$\lambda = \frac{l}{6} \quad 6 \cdot \lambda = h$

$$\Delta G \cdot \Delta q \gtrless h/2\pi$$
$$\Delta E \cdot \Delta t \gtrless h/2\pi$$

t

„Yes" sagte der Hirschführer „Nö" sagte der Chef der Hirschführer

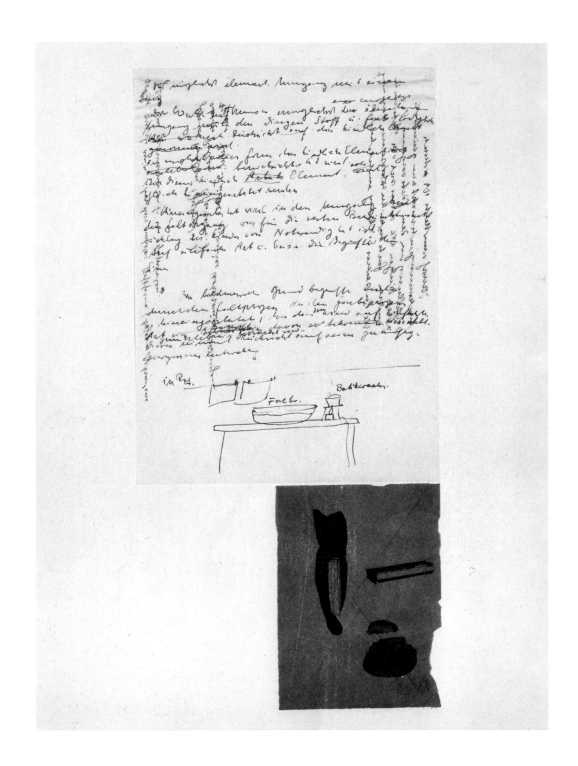

126   Ohne Titel (der möglichst elementare Umgang mit einem Ding), 1957 (Kat. 98)

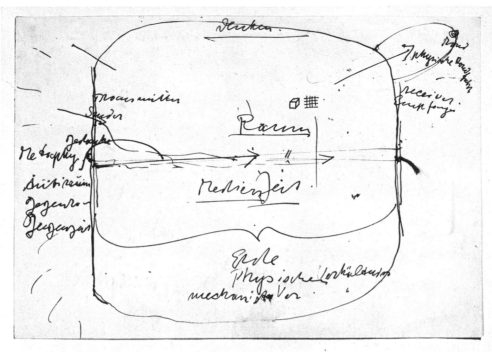

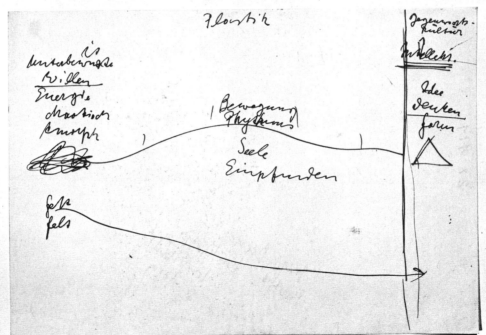

127 Partitur für Dieter Koepplin, 1969 (Kat. 221)

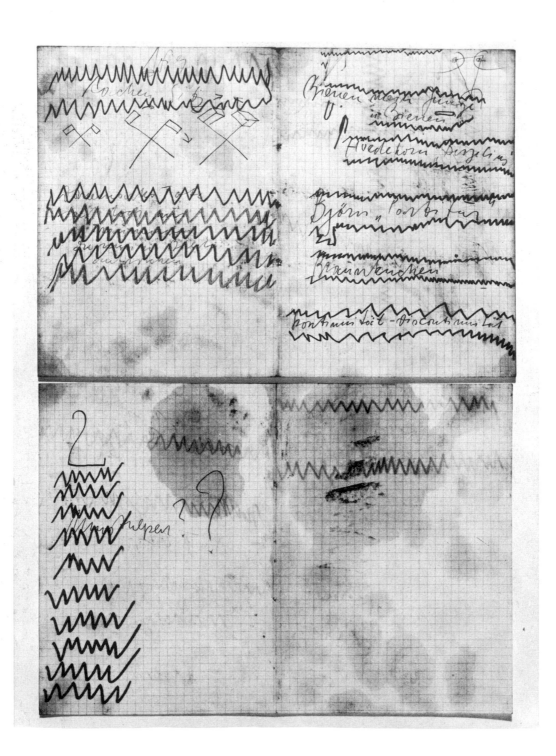

128   Aus »Hauptstrom«, 1967 (Kat. 203)

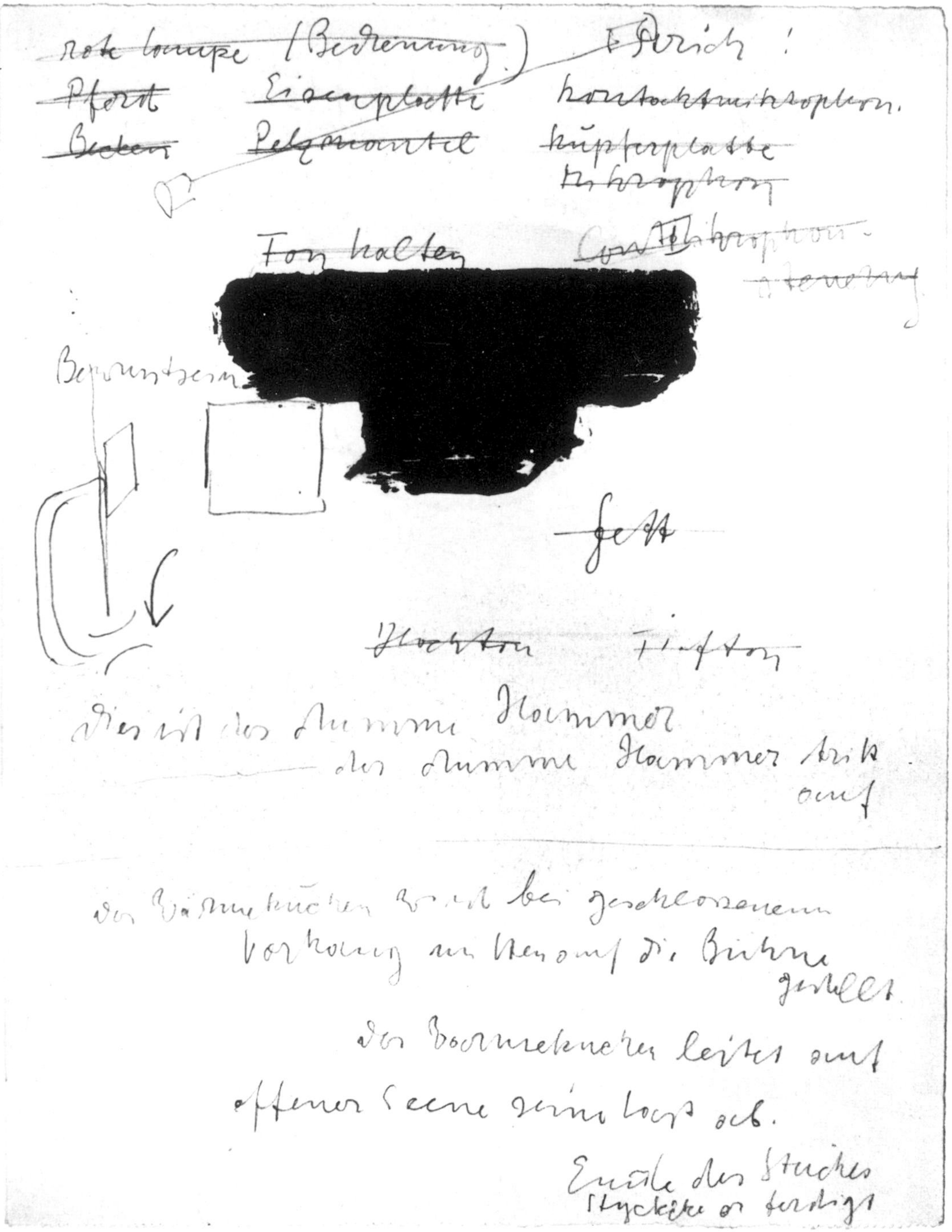

130 Partitur zu Iphigenie, 1968 (Kat. 213)

131   Partitur zu Iphigenie, 1968 (Kat. 212)

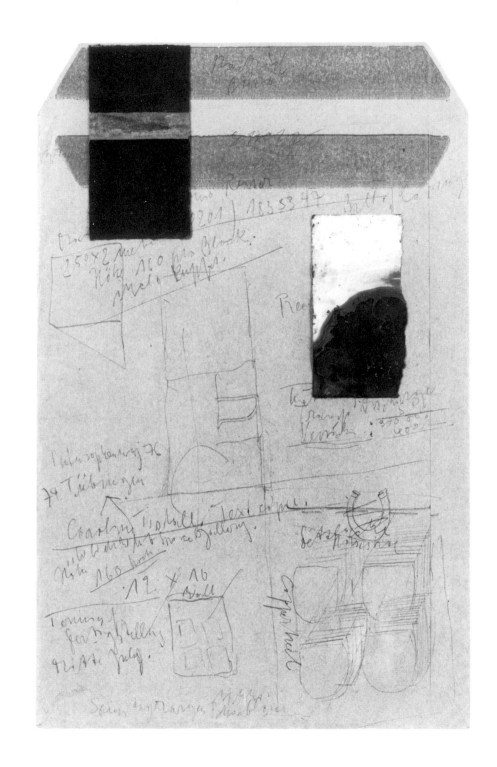

132   Für Brasilien-Fond, 1979 (Kat. 266)

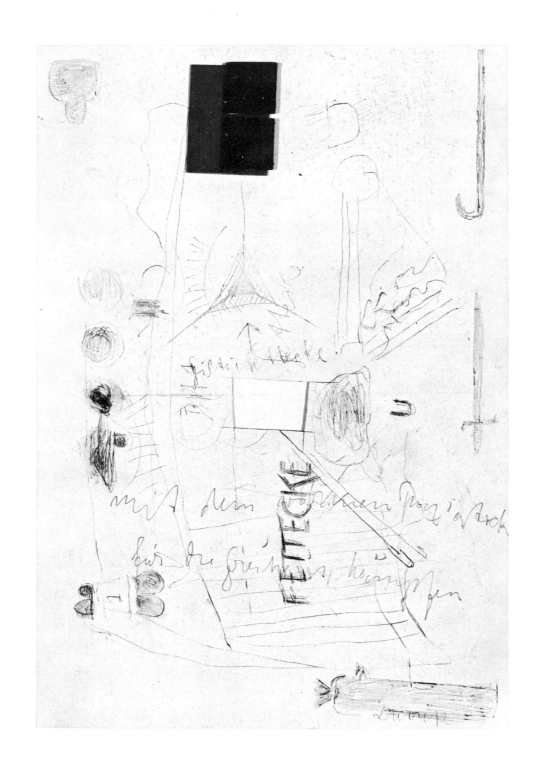

133   Aktion im magnetischen Raum, 1964 (Kat. 179)

134/135 Partitur, 1965 (Kat. 191)

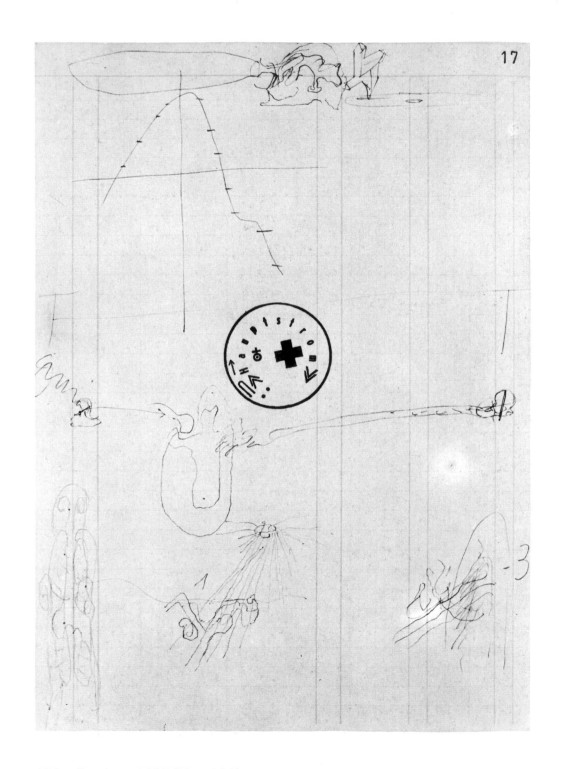

136   Partitur, 1965 (Kat. 191)

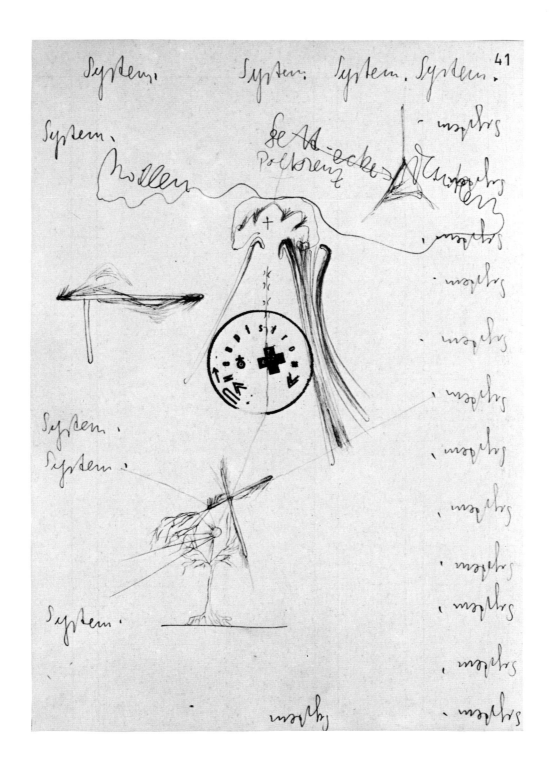

137   Partitur, 1965 (Kat. 191)

138   Partitur, 1965 (Kat. 191)

139   Partitur, 1965 (Kat. 191)

140   Partitur, 1965 (Kat. 191)

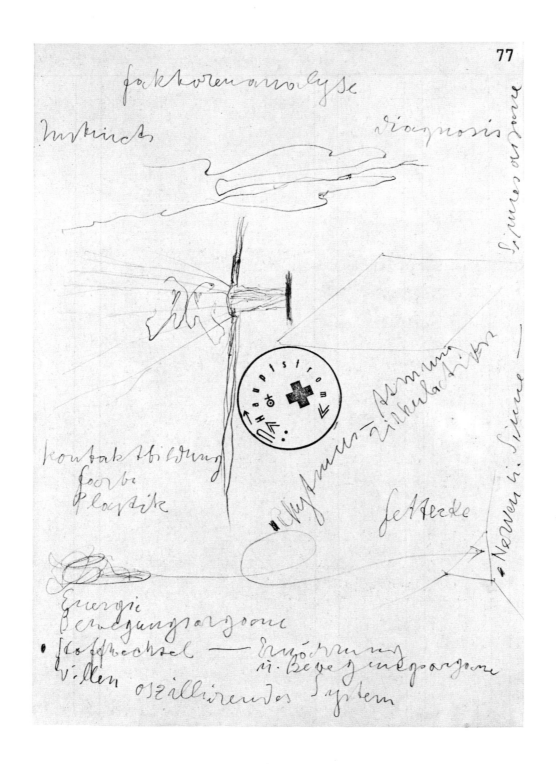

141   Partitur, 1965 (Kat. 191)

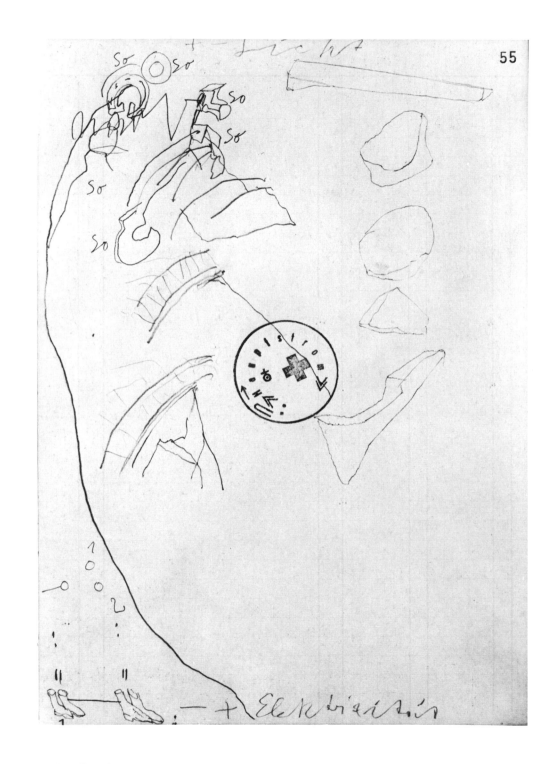

142   Partitur, 1965 (Kat. 191)

143   Partitur, 1965 (Kat. 191)

144   Partitur, 1965 (Kat. 191)

145   Partitur, 1965 (Kat. 191)

146   Partitur, 1965 (Kat. 191)

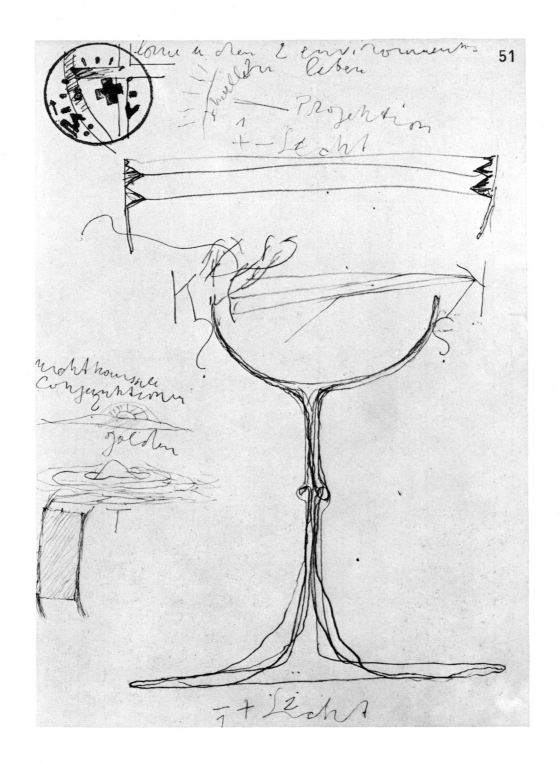

147   Partitur, 1965 (Kat. 191)

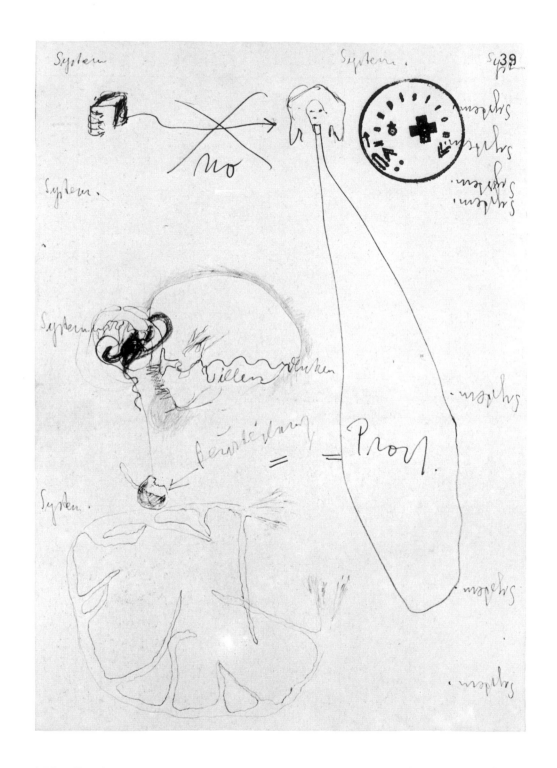

148   Partitur, 1965 (Kat. 191)

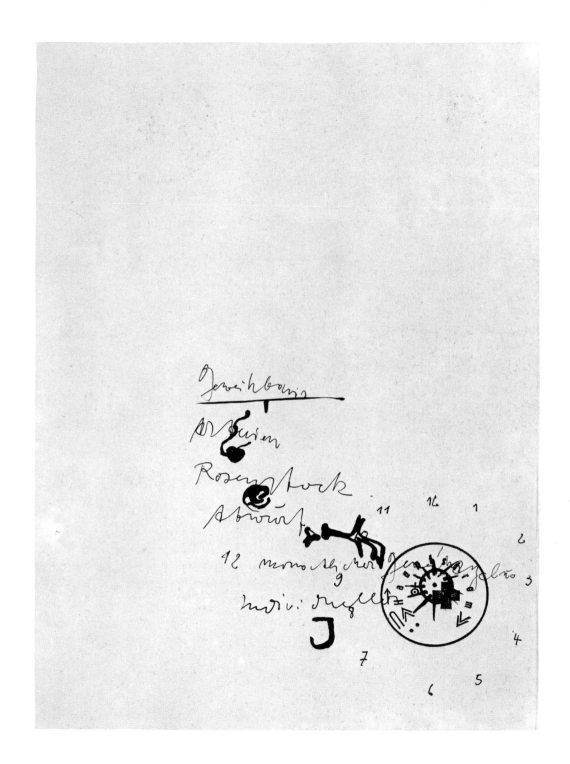

149   Ohne Titel, 1971 (Kat. 236)

Ölfarben

150   Zukünftige Frau des Sohnes II, 1961 (Kat. 149)

151   Ohne Titel, 1961 (Kat. 151)

152   In dieser Weise benutze ich Werkzeug, 1961 (Kat. 144)

153   Spiegelung eines erschlagenen Tieres, 1960 (Kat. 141)

154   Route eines Urschlittens, 1960 (Kat. 133)

155   Braunkreuz mit Transmission, 1961 (Kat. 157)

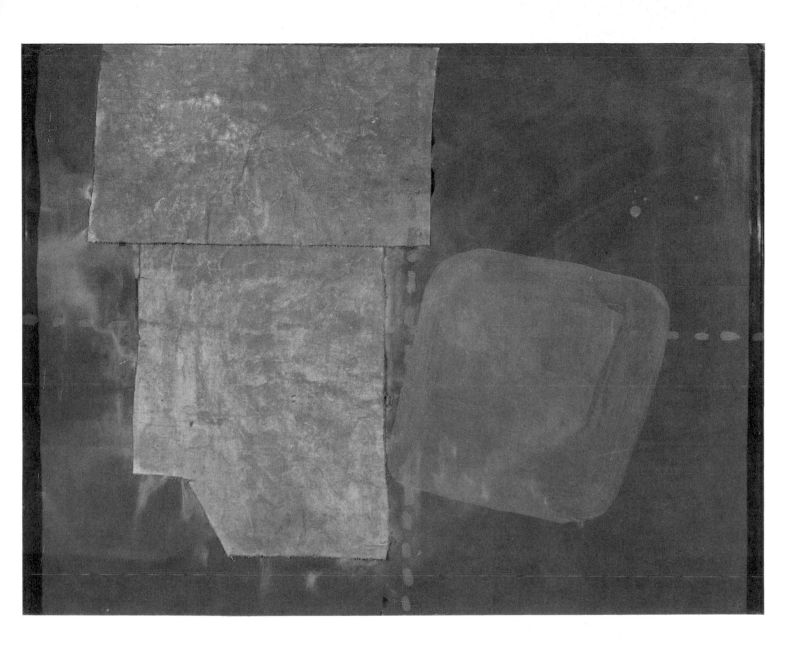

156   Collage, 1960 (Kat. 132)

157   Partitur, 1963 (Kat. 164)

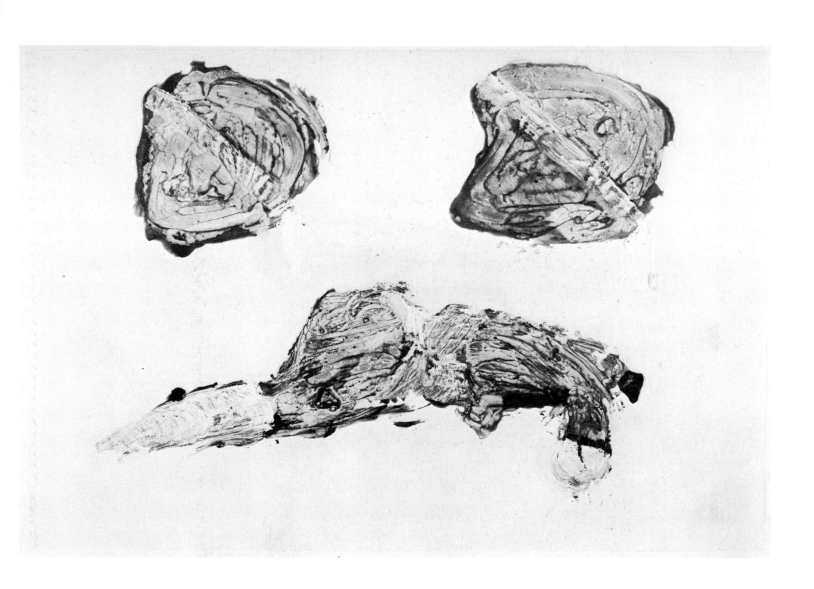

158   Zwei Rundformen und eine Langform, ca. 1960 (Kat. 143)

159   Schlittschuhläuferin, 1958 (Kat. 104)

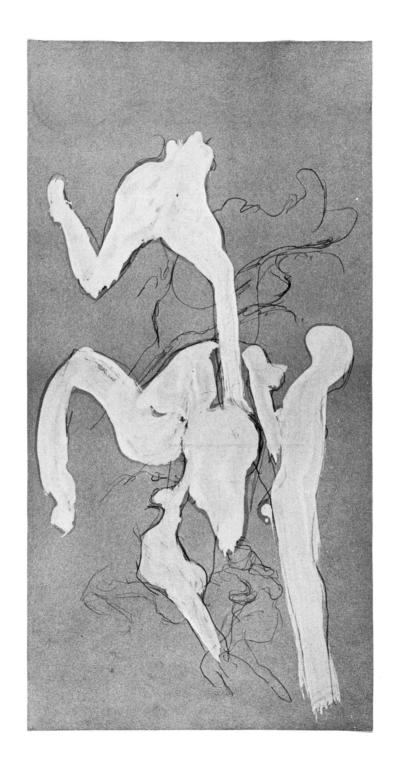

160   Frauen, 1961 (Kat. 150)

161 Norderney, 1950 (Kat. 26)

162 Ohne Titel, 1963 (Kat. 171)

163   Jungbrunnen, 1961 (Kat. 147)

164 Das Licht in den Nordbergen I, 1959 (Kat. 129)

165   Das Licht in den Nordbergen II, 1959 (Kat. 129)

166   Das Licht in den Nordbergen III, 1959 (Kat. 129)

167   Ohne Titel, 1961 (Kat. 146)

168   Magnetische Platte, 1964 (Kat. 178)

169   Ohne Titel, 1963 (Kat. 170)

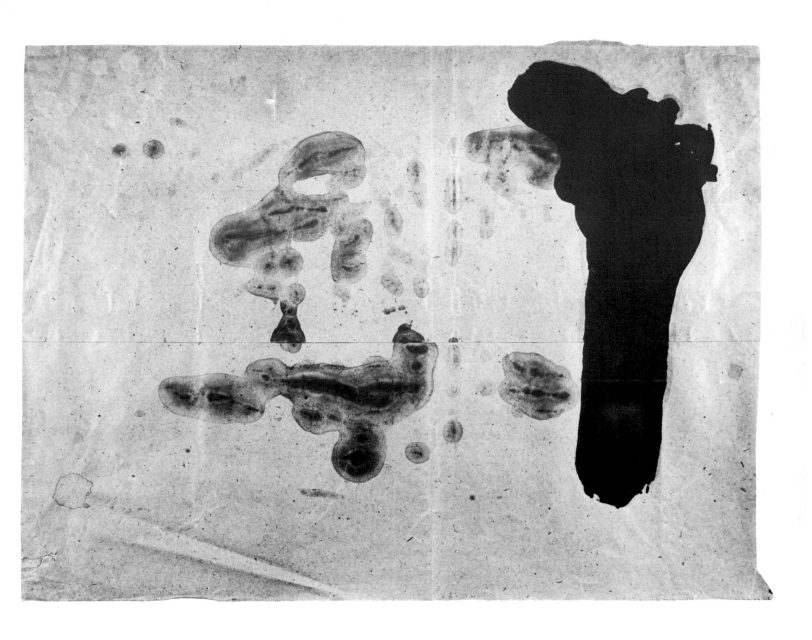

170   Braunkreuz mit Silbernitrat + Jod, 1960 (Kat. 142)

171   Schmetterlingskasten, Schmetterlinge, Schmetterlingsnetz, 1961 (Kat. 154)

172   Fünf Blätter, 1959 (Kat. 126)

173   Filzplastiken, 1962 (Kat. 161)

174   Hirsch, 1955–57 (Kat. 83)

175   Ohne Titel, 1967 (Kat. 208)

176   Whaltrap, 1966 (Kat. 195)

177 Ohne Titel, 1963/4 (Kat. 176)

178   Für Filz??, 1963 (Kat. 163)

Garbo-Zyklus, überarbeitete Fotos, Collagen

179 Greta Garbo Zyklus, Ohne Titel, 1964 (Kat. 183)

180   Greta Garbo Zyklus, Ohne Titel, 1964 (Kat. 183)

181 Greta Garbo Zyklus, Ohne Titel, 1964 (Kat. 183)

182   Greta Garbo Zyklus, Ohne Titel, 1964 (Kat. 183)

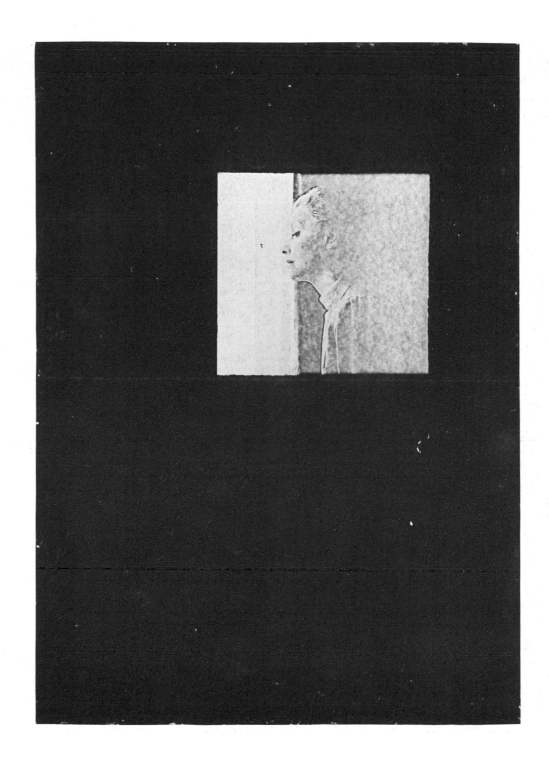

183   Greta Garbo Zyklus, Ohne Titel, 1964 (Kat. 183)

184   Greta Garbo Zyklus, Al Capone, 1969 (Kat. 183)

185   Greta Garbo Zyklus, Ho Chi Minh, 1969 (Kat. 183)

186   Ohne Titel, 1963 (Kat. 162)

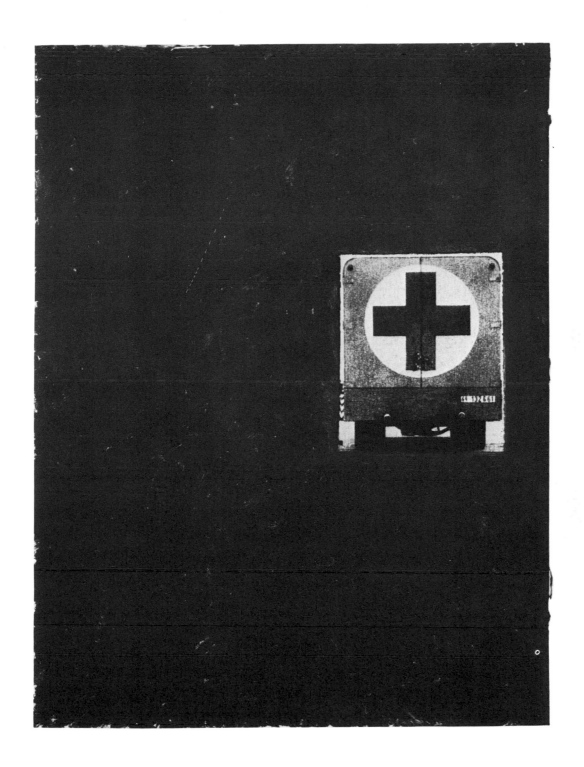

187   Braunkreuz, 1968 (Kat. 214)

188   Aus Hauptstrom, 1970 (Kat. 227)

189   Plastischer Entwurf, 1969 (Kat. 220)

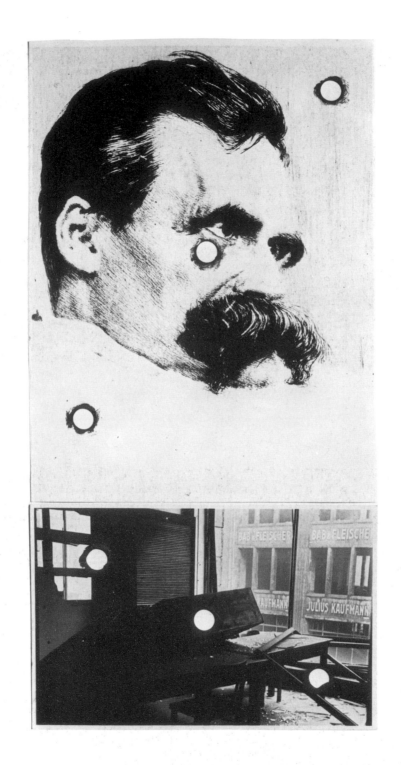

190   Sonnenfinsternis und Corona, 1978 (Kat. 263)

191 a.   Schußstelle, 1963 (Kat. 168)

191 b.   Schußstelle, 1963 (Kat. 167)

192   Ohne Titel, 1969 (Kat. 215)

193   Leda, 1960 (Kat. 135)

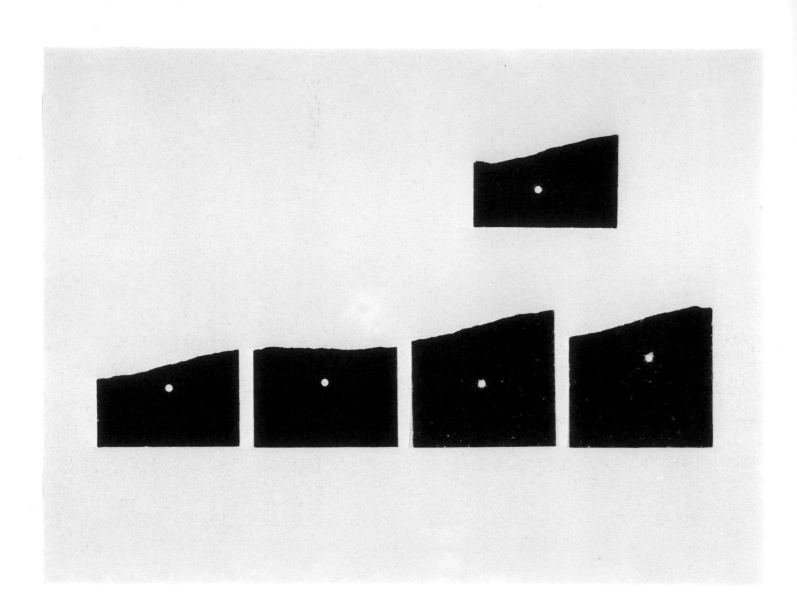

194   Braunkreuz, 1962 (Kat. 160)

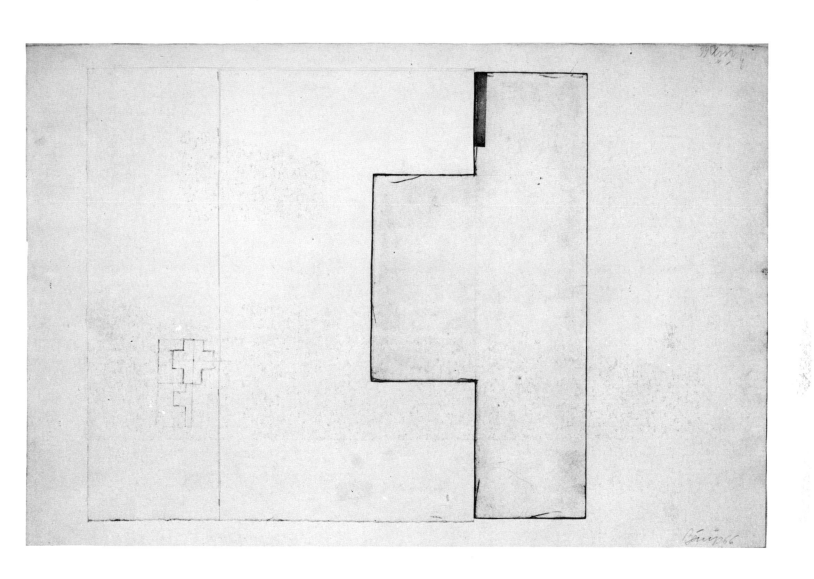

195   Entwurf für Filzkreuz, 1966 (Kat. 194)

196   Cirkus, 1958 (Kat. 117)

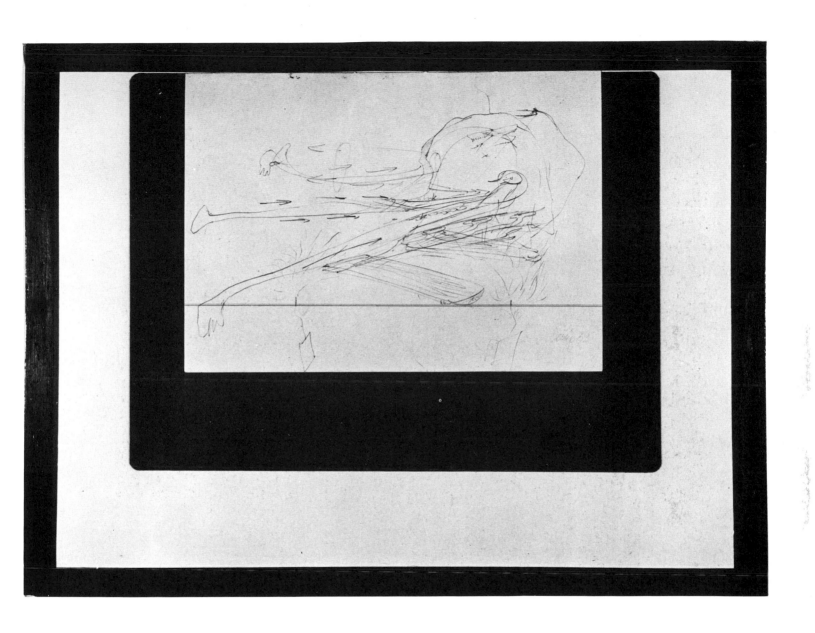

197   Schädelphysiologie, 1959 (Kat. 121)

198   Elektrisiermaschine, 1957 (Kat. 97)

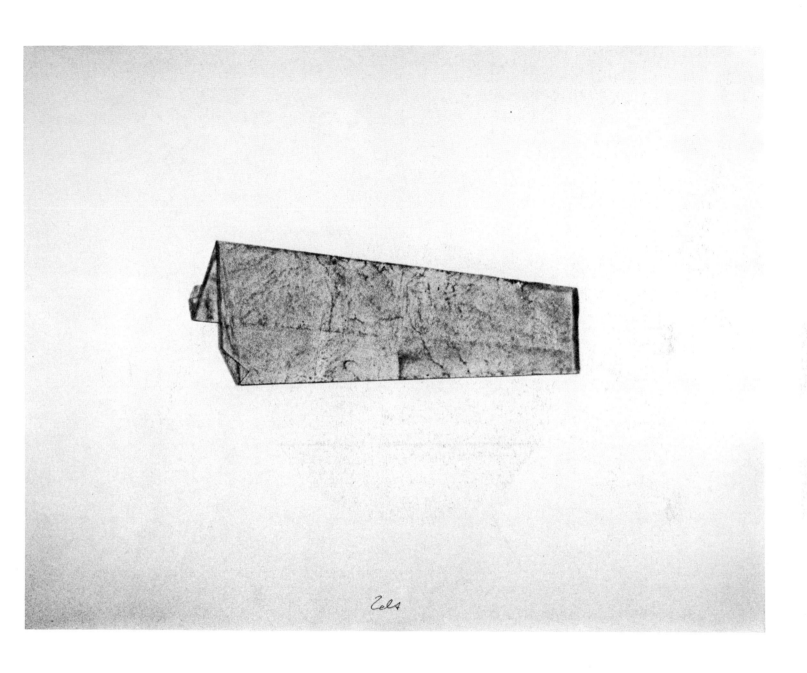

199   Zelt, 1964 (Kat. 181)

Frühe Druckgraphik

200   Intelligenz der Schwäne, Radierung 1958 (Kat. 107)

201   Kleiner Gletscher, Holzschnitt 1951 (Kat. 28)

202 Großer Gletscher, Holzschnitt 1951 (Kat. 29)

Skulpturen, Objekte, Environements

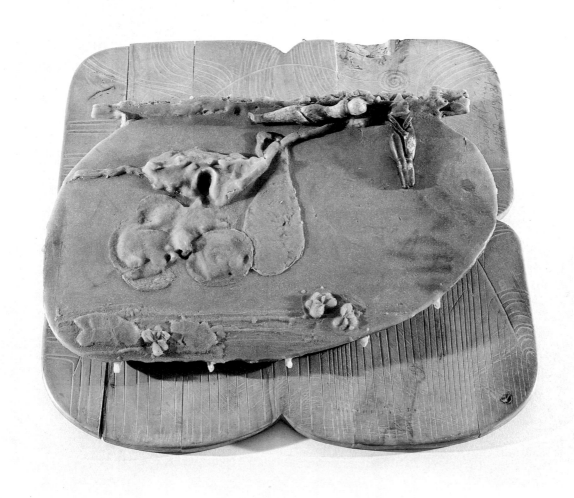

203   Bienenkönigin I, 1947–52 (Kat. 270)

204   Bronze, 1956 (Kat. 272)

205 Zwei Berglampen, 1953 (Kat. 271)

206   Ohne Titel, 1966 (Kat. 297)

207   Ohne Titel, 1963/69 (Kat. 294)

208   Ohne Titel, 1972/81 (Kat. 341)

209   Objekt aus »Eurasia, 32. Satz der Sibirischen Symphonie 1963«, 1966 (Kat. 296)

210   Mäusestall, 1968–70 (Kat. 306)

211   Hasengrab, 1962–67 (Kat. 293)

212   Ohne Titel, 1962 (Kat. 281)

213   Ohne Titel, 1967 (Kat. 299)

214   Fontanadose, 1957 (Kat. 274)

215   Ohne Titel, 1962 (Kat. 282)

216   Vor dem Aufbruch aus Lager I, 1970/80 (Kat. 339)

217   Vor dem Aufbruch aus Lager I, 1970/80 (Kat. 339)

218   Buttersender, 1968 (Kat. 301)

219   Kreuz, 1949 (Kat. 269)

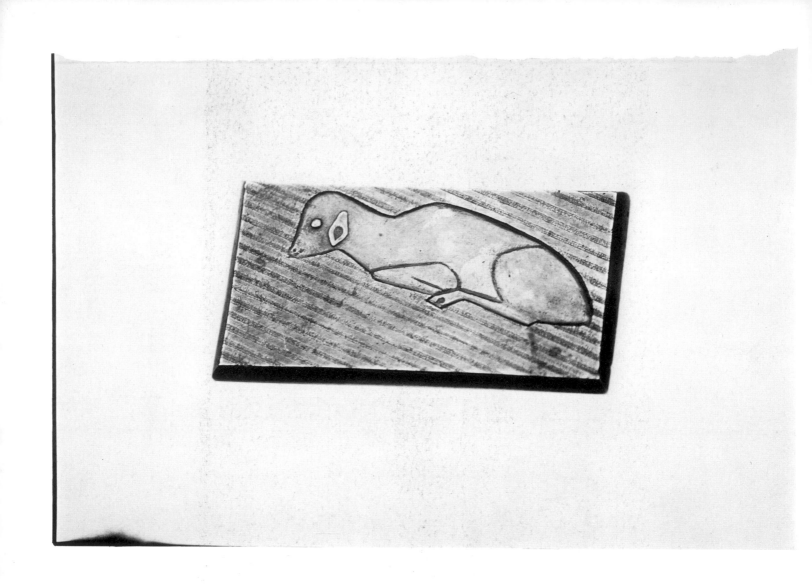

220   Schaf, 1948 (Kat. 267)

221   Corsett, 1949 (Kat. 268)

222   Straßenbahn, 1956/7 (Kat. 273)

223   Ohne Titel, 1964 (Kat. 290)

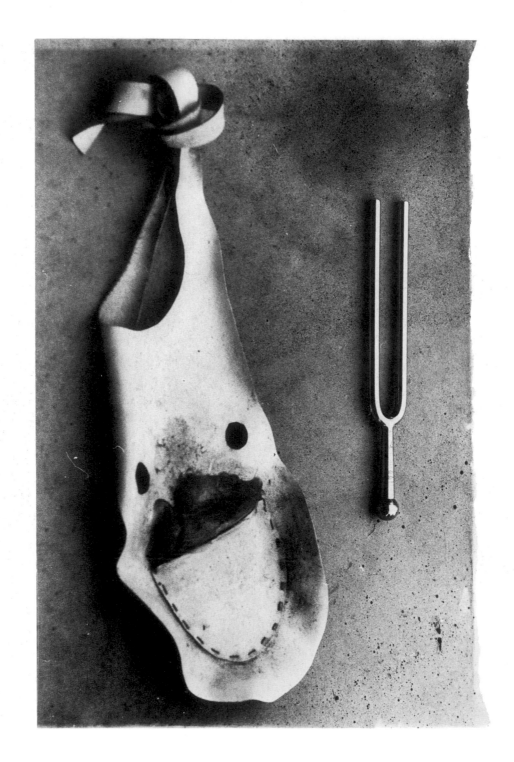

224   Ohne Titel, 1958/9 (Kat. 275)

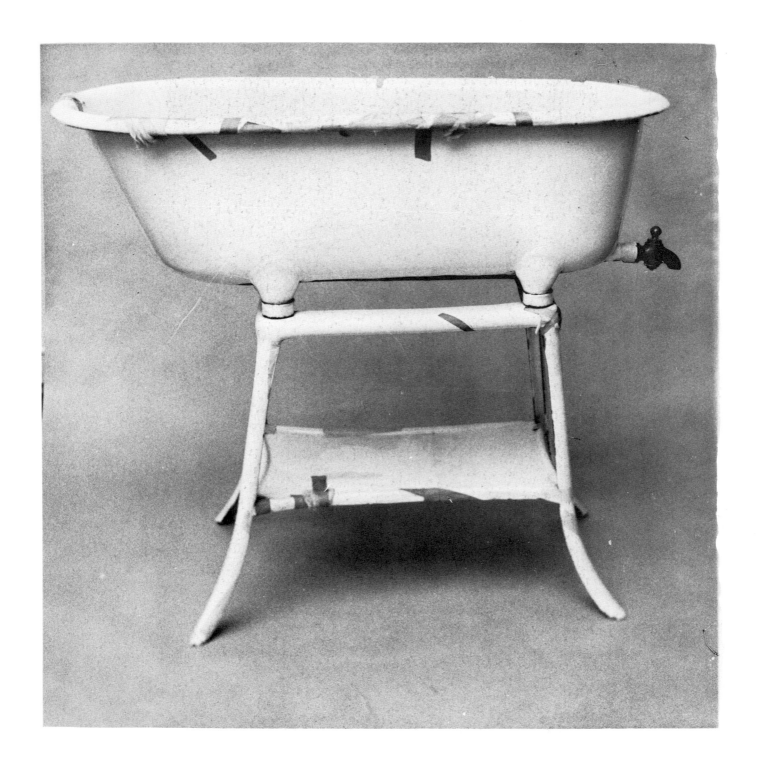

225 Badewanne, 1960 (Kat. 276)

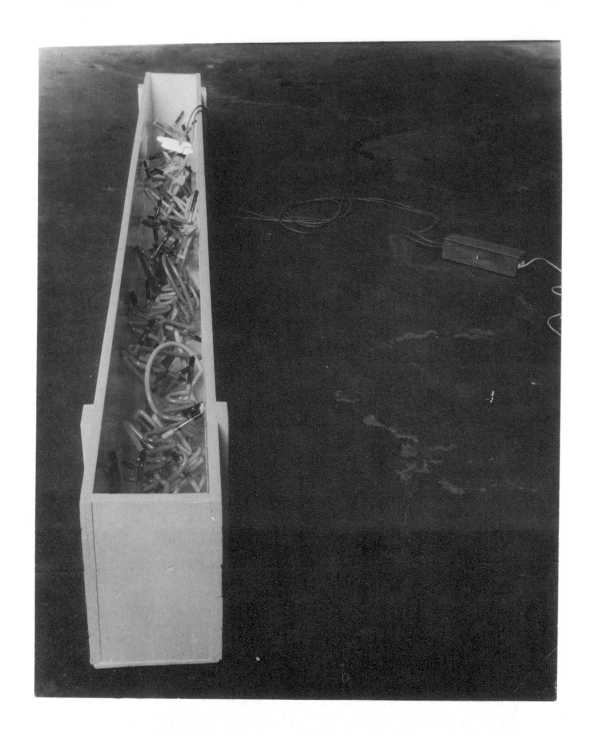

226   ö ö, 1972/81 (Kat. 340)

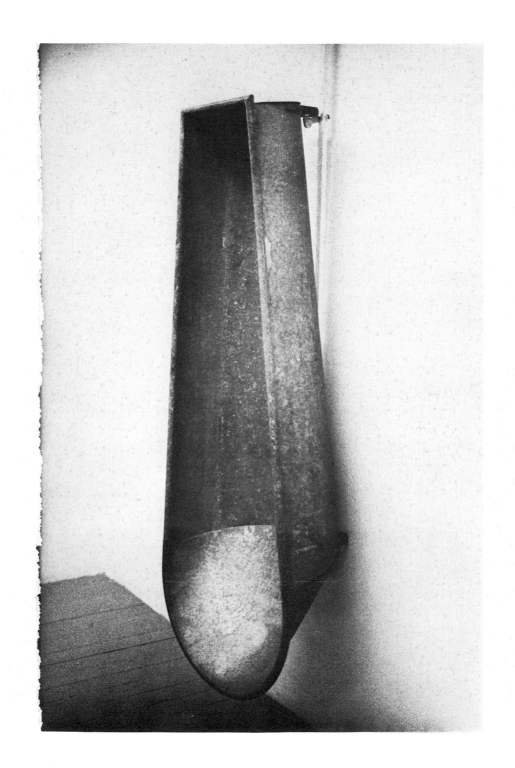

227   Jason II, 1962 (Kat. 278)

228   Mammut, 1960 (Kat. 277)

229   Ohne Titel, 1970/1 (Kat. 314)

230   K + N, 1949/79 (Kat. 337)

231   Vitrine Doppelobjekte, 1974//9 (Kat. 331)

232   Zwei 125-Grad Fettwinkel in Dosen, 1963 (Kat. 285)

233   Aggregat, 1962 (Kat. 279)

234   Ofen, 1970 (Kat. 311)

235   Gemeinschaftsspaten, 1964 (Kat. 288)

236   Plastik/medizinisch (Zinksalbe) behandelte Blutwurst, 1964 (Kat. 287)

237   Maschinenaggregat, 1964 (Kat. 291)

238   Ohne Titel, 1970 (Kat. 308)

239   Gelatinekeil/programmiert, 1969 (Kat. 307)

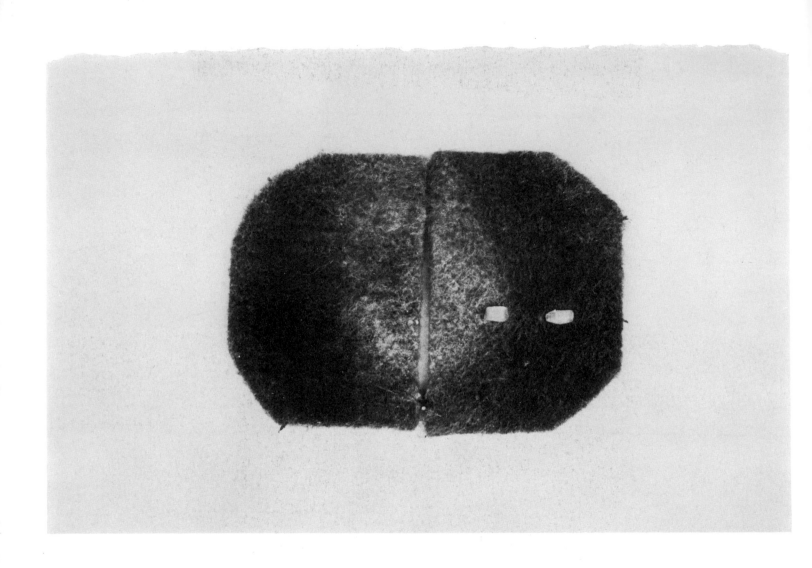

240   Ohne Titel, (Kat. 295)

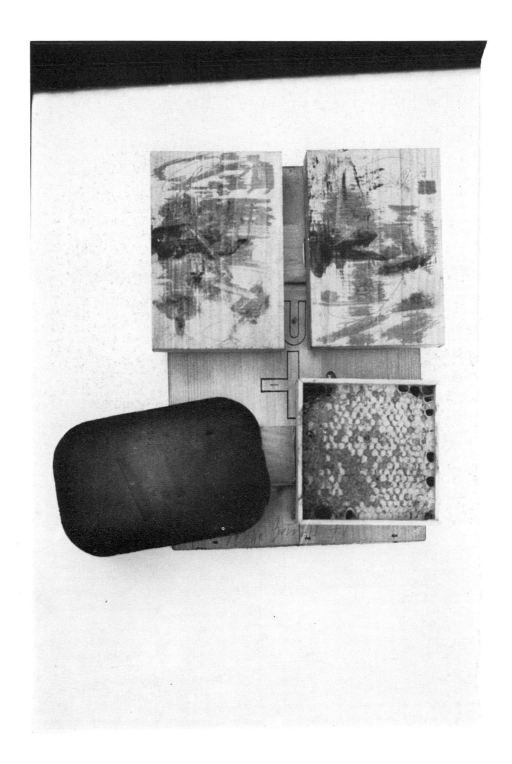

241   Ohne Titel, 1974 (Kat. 328)

242   Ohne Titel, 1963 (Kat. 283)

243   Ohne Titel, 1978 (Kat. 336)

244   Ohne Titel, 1973 (Kat. 326)

245   12. Mai 1971, 1971 (Kat. 317)

246   Zeige deine Wunde, 1974/5 (Kat. 329)

247   Terremoto, 1981 (Kat. 342)

Katalog

Soweit nicht anders vermerkt, befinden sich die Arbeiten in Privatbesitz. Falls keine Autopsie möglich war, wurden die jeweiligen Angaben über Technik, Maße, Datierung und Titel von den Sammlern übernommen. Nicht erörtert wird hier die (manchmal sehr wichtige) Frage, wann die Datierung und wann die Titelgebung erfolgte. Daß Bezeichnungen erst nachträglich hinzukamen, diesen Eindruck bestätigen etliche der hier gezeigten Werke. Bei Maßangaben steht die Höhe vor der Breite. Für die abgekürzt zitierte Literatur wird auf die Auswahlbibliographie verwiesen.

1   Abb. 42
Ohne Titel, 1946
Bleistift auf Notenpapier
21,5: 30,0
Galerie Schellmann & Klüser, München

2   Abb. 121
Speisekarte, 1947
Bleistift, collagiert
21,0: 29,5

3   Abb. 44
Pflanze, 1947
Bleistift
oval 12,0: 9,0

4   Abb. 43
Pflanze, 1947
Bleistift
19,7: 24,0

5   Abb. 4
Die Natur, 1947
Bleistift, aquarelliert
16,5: 25/27 cm

6   Abb. 57
Ohne Titel, 1947
Bleistift auf Maschinenpapier
23,6: 21,0

7   Abb. 46
Mädchen, 1948
Bleistift
30,7: 21,9/22,6

8   Abb. 7
Drei Frauen, 1948
Bleistift, aquarelliert auf Karton
35,5: 27,0

9   Abb. 50
Pieta, 1948
Bleistift
25,0: 18,5

10   Abb. 48
Zwei Hirsche, 1948
Bleistift
16,0: 10,2

11   Abb. 2
Mit gerade herausragendem Hirschkopf,
1948
Deckweiß u. Bleistift auf transparentem
Millimeterpapier, Klebestreifen
21,0: 29,5

12   Abb. 47
Liegendes Kalb, 1948
Bleistift
18,0: 24,2
Staatliche Graphische Sammlung
München (Galerie Verein)

13   Abb. 49
Ohne Titel, 1948
Bleistift
14,5: 7,5/9,6
Galerie Schellmann & Klüser, München

14
Ohne Titel, 1948
Bleistift auf gelblichem Karton
18,0: 24,6

15   Abb. 5
Fabrik auf dem Berg, 1949
Bleistift, aquarelliert
25,0: 32,5

16   Abb. 3
Zwei Mädchen betrachten Vulkan und
Geysir, 1949
Bleistift, aquarelliert
27,5: 31,0

17   Abb. 1
Schafskelett, 1949
Gouache über Bleistift auf Pappe
10,0: 17,5

18   Abb. 51
Die See, 1949
Bleistift auf gelblichem Zeichenkarton
18,8/17,9: 35,2

19   Abb. 25
Ohne Titel, 1949
Bleistift, Aquarell
17,0: 12,5

19a
Corsett, 1950
Bronze, Exemplar 1/6
24,4: 38,5: 20

20   Abb. 53
Frau ihr Kind badend, 1950
Graphit auf Trommelfell
58,5 : 29,0

21   Abb. 21
Ballettmädchen, 1950
Tintenstift und Wasserfarbe auf Schreibpapier
21,0 : 29,6

22   Abb. 52
Innere Fjorde, ca. 1950
Tinte
16,8 : 23,6
Galerie Schellmann & Klüser, München

23   Abb. 56
Ohne Titel (Gebirge), 1950
Bleistift
15,0 : 21,0
Rs. beschriftet: J. Beuys bearbeitetes Ge-
birge, Fabriken, Monumente etc.

24   Abb. 13
Drei Elephanten, 1950
Braune Beize, Pinsel auf Papier
15,8 : 8,0

25
Am Kaspischen Meer, 1950
Bleistift, aquarelliert
22,0 : 29,3

26   Abb. 161
Norderney, 1950
Ölfarben über Bleistift auf gelblichem
Notizblockpapier
6,5 : 11,7

27   Abb. 55
Zwei Polarschlitten, 1951
Bleistift
20,4 : 25,4
Staatliche Graphische Sammlung
München

28   Abb. 201
Kleiner Gletscher, 1951
Holzschnitt
50,0 : 32,5

29   Abb. 202
Großer Gletscher, 1951
Holzschnitt
64,5 : 49,8

30   Abb. 54
Spaziergang, 1951
Bleistift
27,0 : 21,0

31
Ohne Titel, 1951
Radierung auf Zinkblech, Exempl. 1/4
8,8/9,1 : 9,0

32   Abb. 29
Akt, 1951
Fettfarbe, Bleistift
16,2 : 14,6

33   Abb. 45
Mädchen am Meer, 1951
Bleistift
49,5 : 31,5
Sammlung Prelinger

34   Abb. 9
Eskimofrauen, 1951/2
Beize auf glattem Maschinenpapier
29,7 : 21,0

35   Abb. 59
Planeten, Steine, Wasserfall, 1951/52
Bleistift auf festem Zeichenpapier
37,4 : 24,3/25,0

36   Abb. 58
Stehender weiblicher Akt, 1952
Bleistift auf bräunl. Papier
21,0 : 15,0

37   Abb. 62
Abwehrende Frau, 1952
Bleistift
32,0 : 44,6

38   Abb. 63
Sterbende, 1952
Bleistift
25,0 : 32,5

39   Abb. 64
Wo ist die Bienenkönigin?, 1952
Bleistift
20,8 : 24,5

40   Abb. 68
Ohne Titel, 1952
Bleistift auf zwei Bll., collagiert
53,0 : 21,0

41   Abb. 65
Hirschkuh, 1952
Bleistift
32,0 : 39,0

42   Abb. 112
Frau mit Hirschen, 1953
Bleistift, Gouache
24,8 : 37,5
Sammlung Prelinger

43   Abb. 67
Landschaft mit Filterplastiken, 1953
Bleistift
21,0 : 29,5

44
Denkmal für Ampère, Volta, Watt und
Ohm, 1953
Bleistift
21,0 : 29,5

45   Abb. 110
Ohne Titel, 1953
Bleistift, Ölfarbe
21,0 : 29,5
Aus der Kassette »... mit Braunkreuz«,
1966. Vgl. Schellmann & Klüser, Nr. 3.

46
Entwurf für Tisch I, 1953
Bleistift, Papier, Schwefel auf Karton
98,0 : 113

47
Ohne Titel, 1953
Gouache, gerädert
30,0 : 25,5

76   Abb. 81
Frauenkopf, 1956
Bleistift
14,5 : 21,5

77   Abb. 82
Mädchenkopf, 1956
Bleistift
21,0 : 30,0

78   Abb. 79
Wärmeplastik im Gebirge, 1956
Bleistift auf glattem Maschinenpapier
2 Blätter, je 21,0 : 29,6

79   Abb. 28
Goldene Skulptur, 1956
Goldbronze
14,2 : 20,6

80   Abb. 83
Schlachtschiff und Zerstörer, 1956
Bleistift
49,8 : 53,0
Staatliche Graphische Sammlung
München (Galerie Verein)

81   Abb. 84
Ohne Titel, 1956
Bleistift
14,8 : 20,6
Galerie Klewan, München

82   Abb. 109
Ohne Titel, 1956
Bleistift, Ölfarbe
22,0 : 33,0
Aus der Kassette »... mit Braunkreuz«,
1966. Vgl. Schellmann & Klüser, Nr. 3.

83   Abb. 174
Hirsch, 1955–57
Bleistift, graue Farbe auf Papier, collagiert
21,0 : 29,5

84   Abb. 85
Ohne Titel (Frau), 1957
Bleistift auf Karton
19,3 : 12,2
Galerie Schellmann & Klüser, München

85
Sitzende Frau, 1957
Kohle
49,5 : 38,5

86   Abb. 87
Liebespaar, 1957
Bleistift
19,5 : 15,0

87   Abb. 11
Der Tod und das Mädchen, 1957
Verdünnte Farbe auf gelblichem Briefumschlag, rechts Stempel
17,6 : 25,2

88   Abb. 26
Jägerin und Ziel (Blutbild), 1957
Hasenblut über Bleistift auf Zeichenpapier
26,7/27,2 : 20,8

89   Abb. 88
Aktrice, Objekt 1, Objekt 2, Objekt 3, 1957
Bleistift
23,6 : 19,5
Staatliche Graphische Sammlung
München (Galerie Verein)

90   Abb. 20
Ohne Titel, 1957
Goldbronze auf Papier
21,0 : 15,0

91   Abb. 27
Ohne Titel, 1957
Bleistift, Goldbronze, Aquarell, collagiert
29,8 : 21,0
Städtische Galerie im Lenbachhaus
München

92   Abb. 89
Darstellung mit kritischen (–) Objekten,
1957
Bleistift auf glattem Maschinenpapier,
Zahlenaufdruck
20,8 : 26,4/26,9

93   Abb. 90
Ohne Titel, 1957
Bleistift auf glattem Maschinenpapier
20,1 : 15,1

94   Abb. 91
Blutbild 2, 1957
Leichte Öle und Bleistifte auf glattem Maschinenpapier auf grünem Aktendeckel-
karton montiert
32,5 : 23,0

95   Abb. 107
Tiermärchen, 1957
Tinte auf Schreibmaschinenpapier
21,0 : 29,7

96   Abb. 33
M/Mensch und Tier, 1957
Wasserfarbe auf liniertem Heftpapier
18,7 : 15,0

97   Abb. 198
Elektrisiermaschine, 1957
Farbstift, Gewebestreifchen auf geprägten Pappen auf Karton
65,1 : 50,1

98   Abb. 126
Ohne Titel (der möglichst elementare Um-
gang mit einem Ding), 1957
Bleistift, Tinte, Goldbronze, collagiert
65 : 50
Galerie Klewan, München

99
Ohne Titel, 1957
Bleistift auf Notizheftpapier
20,8 : 14,6

100
Partitur, 1957
Bleistift auf 3 übereinandermontierten
Notizblättern
73,2 : 51,5

101   Abb. 31
Lumen I, 1957
br. Farbe, blaue Tinte, Bleistift
20,8 : 28,5

102   Abb. 92
Ohne Titel (Landschaft), 1957
Bleistift
14,7 : 20,9

103   Abb. 94
Mädchen, 1957/8
Ölfarbe über Bleistift auf Zeichenpapier
27,0 : 18,0

104   Abb. 159
Schlittschuhläuferin, 1958
Pinselzeichnung, collagiert
61,0 : 42,5

105   Abb. 86
Ohne Titel (Frauen), 1958
Bleistift auf Karton
12,2 : 19,5

106
Ohne Titel, 1958
Pinselzeichnung
19,0 : 17,0

107   Abb. 200
Intelligenz der Schwäne, 1958
Radierung
19,0 : 26,5

108   Abb. 93
Ohne Titel, 1958
Blei- u. Buntstift
20,5 : 13,5

109   Abb. 101
In der Nacht . . ., 1958
Bleistift auf Schreibmaschinenpapier
29,7 : 21,0

110   Abb. 34
Gletscher, Schwamm, Totenbett; 1958
Wasserfarbe und Bleistift auf Heftpapier
DIN A 4, doppelseitig
29,6 : 41,7

111   Abb. 15
Drei Skulpturen, 1958
Bleistift, Aquarell
10,2 : 14,2

112   Abb. 96
Ohne Titel, 1958
Bleistift auf Stabilisierungskarton
eines Zeichenblocks
23,8 : 17,0

Rs. bezeichnet: Joseph Beuys, 1958,
ohne Titel; den Block bitte so lassen! für
Oswald Wiener, 6.4.70 Joseph Beuys.

113   Abb. 97
Ohne Titel (Doppelzeichnung), 1958
Bleistift, Doppelblatt
je 21,1 : 29,6

114   Abb. 19
Ohne Titel, 1958
Hasenblut, Bleistift
29,5 : 21,0

115   Abb. 18
Ohne Titel, 1958
Hasenblut, Bleistift
25,5 : 20,5

116   Abb. 100
Zerstörter Brunnen (Doppelblatt), 1958
Bleistift
19,5 : 34,7

117   Abb. 196
Cirkus, 1958
Bleistift, Buntstift, farbige Papiere, collagiert
18,0 : 21,3

118
Rot mit überlagertem Rot, 1958
Braune Farbe auf hellrotem, mehrfach ge-
faltetem Seidenpapier
25,0 : 19,5, auf Untersatzkarton 76 : 55

119   Abb. 30
Tierwelt des Mittelmeeres III
Schwamm Bohrmuschel, 1958–59
Bleistift, Aquarell
21,0 : 29,7
Staatliche Graphische Sammlung
München

120
Ohne Titel, 1959
Bleistift, collagiert
60,5 : 51,0

121   Abb. 197
Schädelphysiologie, 1959
Bleistift auf Papier auf hellbraunem Karton
34,0 : 48,0

122
Ohne Titel, 1959
Ölfarbe auf grauem Karton (Aktendeckel)
22,4 : 29,6

123   Abb. 35
Ohne Titel, 1959
Ölfarbe auf Karton
54,1 : 36,0

124
Ohne Titel, 1959
Tinte und Ölfarbe auf Heft DIN A 4
29,5 : 20,7

125   Abb. 104
Art Kreuz / »Wo ist Element 3?«, 1959
Bleistift auf glattem, rückseitig bedrucktem Maschinenpapier und liniertem Heftpapier
11,5/27,7 : 20,5/8,8

126   Abb. 172
Fünf Blätter, 1959
Gr. Ölfarbe auf Packpapier
21,5 : 49,5

127
Ohne Titel
Bleistift
16,5 : 24,8

128
Ohne Titel
Bleistift
21,0 : 14,5
Rs. beschriftet: aus Fluxus mit gekrümm-
tem Stab

129   Abb. 164–166
Das Licht in den Nordbergen I–III, 1959
Ölfarbe auf Papier, collagiert
3 Bll. je 64 : 48

130
Sonnenzeichen, 1959
Schwarze Fototüte, Silberpapier, grüne
Farbe
30,5 : 19,0

131
Körperbewegung, 1959
Bleistift, Goldbronze aquarelliert
10,8 : 23,9

132   Abb. 156
Collage, 1960
Stoff auf braun gefärbtem Papier
48,5 : 62,0

133   Abb. 154
Route eines Urschlittens, 1960
Ölfarben auf mehreren Papieren, Pappen
und Fotoschicht
103 : 48,5 (15,3/89,5 : 48,5/11,5)

134   Abb. 99
Initiationsobjekt, 1960
Bleistift auf glattem Maschinenpapier
21,0 : 29,6

135   Abb. 193
Leda, 1960
Weiße u. grüne Ölfarbe, farbige Papiere
auf grauem Karton, collagiert
36,3 : 28,2

136
Ohne Titel, 1960
Ölfarbe auf gelblichem Karton
16,5 : 23,0

137   Abb. 98
Wärmefähre, 1960
Bleistift und Farbspritzer auf glattem
Maschinenpapier
31,5/32,4 : 45,0

138   Abb. 102
Ohne Titel (Kupfer, Filz), 1960
Bleistift, Aquarell auf Doppelblatt
21,5 : 28,0

139   Abb. 103
Ohne Titel, 1960
Bleistift auf Doppelblatt
21,0 : 29,0

140
Anschwebende plastische Ladung, 1960
Bleistift auf Karton
16,0 : 21,0

141   Abb. 153
Spiegelung eines erschlagenen Tieres,
1960
Ölfarbe, Gouache, Aquarell, Tinte u. Sil-
berbronze, collagiert
20,7 : 29,5
Städtische Galerie im Lenbachhaus
München

142   Abb. 170
Braunkreuz mit Silbernitrat + Jod, 1960
Braune Farbe, Silbernitrat und Jodflecken
auf bräunlichem Papier
27,3 : 37,0

143   Abb. 158
Zwei Rundformen und eine Langform,
um 1960
Gouache
22,4 : 33,0
Staatliche Graphische Sammlung
München

144   Abb. 152
In dieser Weise benutze ich Werkzeug,
1961
Bleistift, braune, graue u. blaue Ölfarbe
auf Papier
40,0 : 50,0

145
Rest der Mathematikaufgabe, 1961
Braune u. graue Ölfarbe, collagiert auf
Untersatzkarton
66 : 50,0

146   Abb. 167
Ohne Titel, 1961
Ölmalerei auf Pappe, bemalter Rahmen
44,5 : 64,5

147   Abb. 163
Jungbrunnen, 1961
Braune Ölfarbe, collagiert
35,5 : 27,5
Galerie Schellmann & Klüser, München

148
Demonstration, sitzender weiblicher Akt,
1961
Pinselzeichnung
40,0 : 30,0

149   Abb. 150
Zukünftige Frau des Sohnes II, 1961
Pinselzeichnung, collagiert
45,0 : 33,0

150   Abb. 160
Frauen, 1961
Bleistift, weiße Ölfarbe auf Papier
48,0 : 23,7

151   Abb. 151
Ohne Titel, 1961
Braune Ölfarbe auf quadriertem Papier
31,1 : 20,9
Galerie Schellman & Klüser, München

152   Abb. 116
Zwei Filzblöcke, 1961
Bleistift
21,0 : 29,5

153   Abb. 24
Großer Magnet, 1961
Ölfarben auf Zeichenpapier
22,5 : 32,9

154   Abb. 171
Schmetterlingskasten, Schmetterlinge,
Schmetterlingsnetz, 1961
Ölfarbe über Bleistift auf doppel gelegter
Papierserviette
16,5 : 33,0

155
Scene aus der Hirschjagd, 1961
Schreibmaschine, Kugelschreiber, Tinte,
Ölfarbe, Bleistift, Tusche auf Schreibma-
schinenpapier
29,6 : 21,0

156 Abb. 111
Ohne Titel, 1961
Bleistift und Ölfarbe auf Schreibpapier
27,9 : 21,6
Aus der Edition Block »mit Braunkreuz«.

157 Abb. 155
Braunkreuz mit Transmission, 1961
Braune u. graue Ölfarbe, Bleistift
29,4 : 20,7

158
Ohne Titel, 1961
Grüne Ölfarbe, Bleistift auf Karton
30,5 : 20,5

159 Abb. 106
Ohne Titel, 1961
Bleistift
21,0 : 29,5

160 Abb. 194
Braunkreuz, 1962
Fünf gerissene Papiere, braune Ölfarbe,
gelocht, collagiert
70 : 100,0
Galerie Schellmann & Klüser, München

161 Abb. 173
Filzplastiken, 1962
Gefaltetes, in Wachs getauchtes Papier
11,0 : 24,0

162 Abb. 186
Ohne Titel, 1963
Braune Ölfarbe auf Zeitungspapier
27,2 : 20,0
Galerie Schellmann & Klüser, München

163 Abb. 178
Für Filz??, 1963
Graue Ölfarbe auf liniertem Doppelblatt
21,0 : 29,4
Galerie Schellmann & Klüser, München

164 Abb. 157
Partitur, 1963
Braune Farbe und Tusche
29,5 : 21,0

165
Llewellyn, 1963/69
Braune Ölfarbe, Stempel, Bleistift
30,4 : 21,5

166
Echtes Mitspiel, 1963
Braune Ölfarbe u. Tinte
14,7 : 11,5

167 Abb. 191b
Schußstelle, 1963
Ölfarbe auf Filmnegativ
9,9 : 14,5

168 Abb. 191a
Schußstelle, 1963
Ölfarbe auf Filmnegativ
9,9 : 14,5

169
Tote Ratte, Filzgrat, 2 schwarze Filzkreu-
ze, Filzwinkel, 1963
Ölfarben und Bleistift auf doppelt gelegtem, glattem Maschinenpapier, rechts
Stempel
14,9 : 21,0

170 Abb. 169
Ohne Titel, 1963
Fußsohlenabdrucke und Ölfarbe auf Klad-
de, auf Karton montiert
50,5 : 37,0

171 Abb. 162
Ohne Titel, 1963
Ölfarbe auf Deutschjapan auf Unterlagekarton
50,0 : 65,0

172
FILZPLASTIK, 1963
Ölfarben auf Karton
15,1 : 20,8

173
Ohne Titel, 1963
Bleistift auf Karton
20,6 : 26,5/27,3

174 Abb. 113
Ohne Titel, 1963
Bleistift und Wasserfarbe auf leichtem
Maschinenpapier
21,7/21,3 : 38,0/36,8

175
Ohne Titel, 1963
Plastiktüte, Stoffpolster, Klebestreifen
76,5 : 56,0

176 Abb. 177
Ohne Titel, 1963/4
Bleistift, braune Ölfarbe
29,7 : 20,9
Galerie Klewan, München

177
Erscheinung, 1964
Ölfarbe über Bleistift auf rückseitig bedrucktem Karton (Werbedruck)
16,9 : 7,8

178 Abb. 168
Magnetische Platte, 1964
Ölfarben auf Karton
62,2 : 47,0

179 Abb. 133
Aktion im magnetischen Raum, 1964
Kugelschreiber, Bleistift u. magnetische
Metallplättchen auf Fotokarton
35,0 : 24,0

180 Abb. 122
Clan, 1964
Bleistift, Tinte und Fett auf Maschinenpapier
23,5/24,0 : 21,0

181 Abb. 199
Zelt, 1964
in Wachs getauchtes Fettpapier, gefaltet,
12 : 32 auf Untersatzkarton
50 : 64

182 Abb. 115
Korrektur für Klaus Beck, 1964
Bleistift auf Pergamentpapier
15,0 : 30,0

183   Abb. 179–185
Greta-Garbo-Zyklus (13 Blätter 1964/5, 1969)
Ohne Titel, 1964
Braune Ölfarbe auf Photo
25,3 : 20,3

Ohne Titel, 1964
Braune Ölfarbe auf Photokopie
29,6 : 21,0

Ohne Titel, 1964
Braune Ölfarbe auf Photokopie
29,6 : 21,0

Ohne Titel, 1964
Braune Ölfarbe auf Photokopie
32,9 : 21,5

Ohne Titel, 1964
Braune Ölfarbe auf Photokopie
29,6 : 21,0

Ohne Titel, 1965
Braune Ölfarbe auf Photo
30,3 : 24,4

Ohne Titel, 1964
Braune Ölfarbe auf Photokopie
21,5 : 32,9

Ohne Titel, 1964
Braune Ölfarbe auf Photokopie
32,9 : 21,5

Ohne Titel, 1964
Braune Ölfarbe auf Photokopie
21,6 : 32,8

Ohne Titel, 1964
Braune Ölfarbe auf Photokopie
21,5 : 32,9

Ohne Titel, 1964
Braune Ölfarbe auf Photokopie
21,0 : 29,6

         Abb. 184
Al Capone, 1969
Braune Ölfarbe auf Zeitungspapier
31,0 : 22,8

         Abb. 185
Ho Chi Minh, 1969
Braune Ölfarbe auf Zeitungspapier
39,6 : 27,3
Galerie Schellmann & Klüser, München

184   Abb. 36
Frau, 1964/5
Bleistift, aquarelliert
21,5 : 15,0

185
Collage zu »24 Stunden …«, 1965
Tinte, collagiert
29,4 : 20,5

186
Partitur zu »24 Stunden …« 1965/7
Schreibmaschine, Tinte, Stempel
26,5 : 20,8

187
Partitur zu »24 Stunden …«, 1965/7
Tinte
29,5 : 20,7

188   Abb. 125
Partitur zu »24 Stunden …«, 1965/7
(Variation zum vorherigen Blatt)
Tinte, Stempel
27,5 : 20,7

189
Partitur zu »24 Stunden …«, 1965/7
Tinte, Stempel, Fett
29,5 : 20,7

190
Ohne Titel, 1965
Gr. Ölfarbe auf Papier
29,8 : 20,8

191   Abb. 134/135, 136–148
Partitur, 1965
13 Bll. u. ein Doppelblatt
Bleistift, Stempel
je 29,2 : 20,8

192   Abb. 129
FLUXUS-Demonstration: MANRESA, 1966
Ölfarbe über Bleistift und Tinte auf glattem gelblichem Karton
20,8 : 19,5

193
Partitur für »Manresa«, 1966
Tinte, braune Ölfarbe, Schokolade
20,5 : 20,5
Galerie Klewan, München

194   Abb. 195
Entwurf für Filzkreuz, 1966
Bleistift und Karton, collagiert
53,0 : 79,0
Es handelt sich um einen Entwurf für das Filzkreuz der Mappe »… mit Braunkreuz« der Edition R. Block, Berlin.
Vgl. Schellmann & Klüser, Nr. 3.

195   Abb. 176
Whaltrap, 1966
Braune Ölfarbe auf Karton
24,0 : 37,0

196
Vorwort zur ersten Auflage, 1966
Tinte
29,3 : 20,9
Die von Joseph Beuys geschriebene erste Zeile wurde von seinem damals etwa viereinhalbjährigen Sohn Wenzel nachgeschrieben.

197
Gulo borealis, 1968
Bleistift auf Schreibpapier
29,7 : 21,1

198
Ohne Titel, 1966
Br. Ölfarbe, Bleistift auf Briefpapier
29,6 : 21,0
Gemeinschaftsarbeit von Joseph und Wenzel Beuys.
Rückseitig von beiden bezeichnet.

199
Ohne Titel, 1966
Ölfarbe gestempelt auf Werbedruck
(glatter Karton)
14,5: 26,5

200
Cascade, 1966
Ölfarbe gestempelt auf Werbedruck
(glatter Karton)
20,0: 16,0

201
Ohne Titel, 1966
Grauer Karton auf glattem Karton (Werbedruck)
18,6 × 25,5

202
Ohne Titel, 1966
Schreibmaschine, Kugelschreiber und
Stempel auf Durchschlagpapier
29,8 × 21,2

203   Abb. 128
Aus: »Hauptstrom«, 1967
Bleistifte und Fett auf kariertem Heftpapier
2 Blätter, je 21,2: 29,5

204
Hauptstrom, 1967
Buntstift, Stempel
22,0: 15,5

205
Heilkräuter, 1958/9 (Stempel 1967)
Bleistift, Tinte, Stempel
29,7: 21,0

206   Abb. 114
Ohne Titel, 1967
Bleistift und br. Farbe,
20,8: 29,5
Rückseitig bezeichnet: »betrifft Aufstel-
lung einer Plastik von 1952 plus braune
Fahne.« Die Bemerkung bezieht sich auf
den von Beuys 1952 für das Krefelder Mu-
seum konzipierten Brunnen. Abb. bei
Adriani, Konnertz, Thomas, S. 24.

207
Bett (Corsett), 1967
Tinte, Stempel
29,5: 21,0

208   Abb. 175
Ohne Titel, 1967
Pappe und Papier, Bleistift und Bemalung
(braun und grau)
31,0: 53,5

209
Polarfuchs, 1968
Tinte und Stempel auf weißem Schreibpapier
29,7: 21,0

210
Holzmund, 1968
Tinte, Stempel auf gestrichenem Maschinenpapier
29,7: 21,0

211
Projekt Westmensch, 1968
Schreibmaschine auf Schreibmaschinenpapier
8,6: 21,0

212   Abb. 131
Partitur zu Iphigenie, 1968
Bleistift, braune Farbe
27,0: 20,5

213   Abb. 130
Partitur zu Iphigenie, 1968
Bleistift, braune Farbe
27,0: 20,5

214   Abb. 187
Braunkreuz, 1968
Braune Ölfarbe auf Zeitungspapier
27,8: 20,9
Galerie Schellmann & Klüser, München

215   Abb. 192
Ohne Titel, 1969
Ölfarbe und Bleistift auf mehreren
Kartons
17,0/10,0: 19,4/11,0

216
Schaman, 1969
Bleistift, Ölfarbe
24,0: 18,0

217
Ohne Titel, 1969
Bleistift und Stempel auf kariertem Heftpapier
20,9: 14,9

218
Kristallisation greift auf die Augen über,
1969
Bleistift auf Heftpapier
24,5: 17,4

219
Ohne Titel, 1969
Ölfarbe und Bleistift auf Kartons
17,5: 22,0

220   Abb. 189
Plastischer Entwurf, 1969
Foto mit zwei Stempeln und Schwefel-
malerei
23,0: 30,0

221   Abb. 127
Partitur für Dieter Koepplin, 1969
Tinte, Doppelblatt
je 29,3: 21,0
Vgl. Kat. d. Ausstellung Basel, Kunst-
museum, 1969/70, S. 42 f.

222
Partitur, 1969
Gemeinschaftsarbeit von Oswald Wiener
(helle Tinte) u.
Beuys (dunkle Tinte)
Doppelblatt
je 29,5: 21,0

223
Eine Partei für Tiere, ca. 1969
Tinte, Stempel
19,6: 20,8

224
Ohne Titel, 1970
Bleistift und Stempel auf liniertem Heftpapier
21,0: 14,7/14,0

225   Abb. 108
Hirsch, 1970
Bleistift auf perforiertem, glattem Maschinenpapier
21,5: 13,9

226
Partitur, 1970
Bleistift, Stempel
29,7: 21,6

227   Abb. 188
Aus Hauptstrom, 1970
Foto, in Wachs getaucht mit Stempel
19,9: 29,5

228
Unmut gegen die Staatsomnipotenz, ca.
1970
Bleistift, Stempel
20,7: 14,8

229
Partitur
Bleistift, Stempel
4 Bll. je 25,5: 13,8
Galerie Klewan, München

230   Abb. 41
Action tools, 1971
Bleistift, Goldbronze auf liniertem Papier,
collagiert
21,0: 26,3

231   Abb. 40
Action tools, 1971
Bleistift, Goldbronze auf liniertem Papier,
collagiert
21,0: 26,6
Galerie Schellmann & Klüser, München

232
Zwei Partituren, 1971
Bleistift, Stempel
29,7: 21,6

233
Partitur (Ästhetik = Mensch), 1971
Bleistift, Stempel
28,2: 21,2
Städtische Galerie im Lenbachhaus
München

234
Auf diesem Wege ordnet das Recht das
freie Wirtschaftsleben ..., 1971
Tinte, Stempel
21,5: 15,0

235
Entwurf für Filzplastik, 1971
Bleistift, Stempel
29,7: 21,0

236   Abb. 149
Ohne Titel, 1971
Tinten, Stempel auf Schreibpapier
29,7: 21,0

237
Ohne Titel, 1971
Bleistift und leichte Öle auf Karton

238
Ohne Titel (infiltration homogen), 1971
Bleistift auf Heftpapier
24,5: 17,3

239
Hirschkuh, 1972
Bleistift auf Heftpapier, doppelseitig
21,5: 27,5

240   Abb. 117
Labor, 1972
Bleistift auf Heftpapier
21,5: 13,8

241   Abb. 118
Gewicht geteilt und eingeklemmt/
Gewicht hängend, 1972
Bleistift auf Heftpapier
24,5: 17,3

242
aus: »Cynthia«, 1972
Bleistift auf Heftpapier
21,5: 13,7

243
Die fünfte Internationale, 1972
Tinte auf bedrucktem Schreibmaschinenpapier
29,7: 21,0

244
Ohne Titel, 1972
Tinte, Stempel auf Schreibmaschinenpapier
29,7: 21,0

245
Ohne Titel, 1972
Bleistift auf Zeichenpapier
30,0 × 20,0

246
Ohne Titel, 1972
Bleistift und Stempel auf Heftpapier
24,5: 18,0

247
Fernwirkungen, 1973
Bleistift auf Heftpapier
23,5: 17,5

248   Abb. 124
Beuys Stück 17, 1973
»In einem Raum mit vier Fettecken ...«
Feder, Tinte, Stempel
29,2: 20,2
Hs. Original für das Multiple »doppelt
doppelt« (Schellmann & Klüser, Nr. 68)

249   Abb. 120
Partitur für Aktion mit Sender (Filz) Empfänger (Filz) im Gebirge, 1973
Bleistift auf Heftpapier
24,4: 17,4

250   Abb. 119
Site of Lugus (Penninus), 1973
Bleistift auf Heftpapier
24,5: 17,3

251
Zu DAS KAPITAL, 1973
Bleistift und Stempel auf Maschinenpapier
3 Blätter, insgesamt 21,6 × 41,7

252
Ohne Titel, 1973
Bleistift und Stempel auf perforiertem
Papier
24,5: 17,0

253
Kräfte, 1973
Bleistift auf Heftpapier
2 Blätter je 24,2: 17,3

254
Kräfte, 1973
Bleistift auf Heftpapier
2 Blätter je 24,2: 17,3

255
Spur I, 1974
9 Farblithographien auf Rives bzw. Zerkall
Bütten
52,0: 72,0 bzw. 72,0: 52,0
Exemplar 28/90
Staatliche Graphische Sammlung
München

256
Ohne Titel, 1974
Bleistift, Stempel auf perforiertem Papier
3 Blätter, insgesamt 20,5 :40,0

257
1. Partitur poor house action/
Forrest Hill/Edinburgh/5. Juni 1974
Kugelschreiber auf der bedruckten Oberseite einer Streichholzschachtel,
auf weißem Karton
42,0: 29,7

258
Ohne Titel, 1974
Bleistift auf der bedruckten Oberseite einer Streichholzschachtel, auf Karton
montiert
65,0: 40,2

259   Abb. 37
Rising sun, 1976
Hellrote Farbe, Stempel auf Filzpapier
Doppelblatt, je 27,6: 8,0

260
Farbprobe für Edition, 1976
Ölfarbe auf Zeitung
37,5: 28,4/31,9

261
Gespräch mit Hagen
2 Offsetplatten, die obere mit Hasenblut,
in Doppelglas u. Eisenrahmen
68,0: 56,0

262
Minneapolis-Fragmente, 1977
6 Lithographien auf Rives-Bütten, gestempelt, hs. Zusätze
64,0: 89,0
Gedruckt von Zinkplatten, die Beuys 1974
anläßlich eines Vortrages in der University
of Minneapolis U.S.A. zusammenmontiert
als Ganzes bearbeitete. 1977 entschied
sich Beuys, die Platten einzeln als Fragmente zu drucken. Die Blätter sind hand-
schriftlich mit »Fragment 1« bis »Fragment 6« bezeichnet.
Exemplar 5/18
Staatliche Graphische Sammlung (Galerie
Verein)

263   Abb. 190
Sonnenfinsternis und Corona, 1978
Foto nach Nietzsche-Radierung von Hans
Olde (o) und
Foto eines Interieurs (u), jeweils 3mal
gelocht, Ränder mit br. Ölfarbe
24,0: 18,0 bzw. 13,0: 18,0

263a
Gegenüber dem Fixternhimmel, 1978
Zwei Tüten, Bleistift bezeichnet je
18,5: 13,0
Galerie Schellmann & Klüser, München

264
Ohne Titel
Bleistift, Tinte, Stempel auf Staeck-Post-
karte
14,9: 10,5

265   Abb. 39
Hasenblut, 1978
Hasenblut und Bleistift auf weißem
Schreibpapier
21,4: 30,3

266   Abb. 132
Für Brasilien-Fond, 1979
Bleistift, br. Ölfarbe, Goldbronze, colla-
giert, auf braunem Briefumschlag
36,0: 23,0
Sammlung Prelinger

267   Abb. 220
Schaf, 1948
Messing, Abguß von einem Holzrelief
0,5/1,1: 14,1: 8,1

268   Abb. 221
Corsett, 1949
Bronze, zweierlei Fett-Wachs-Überzug
2,7: 14,5: 3,0

268a
Corsett, 1950
Bronze, Exemplar 1/6
24,4: 38,5: 20,0
Galerie Schellmann & Klüser, München

269   Abb. 219
Kreuz, 1949
Bronze
39,0: 19,0. 6,5

270   Abb. 203
Bienenkönigin I, 1947–52
Wachs auf Buchsbaumrelief
34,3: 34,9

271   Abb. 205
Zwei Berglampen, 1953
Zinkguß
je 16,3: 10,2

272   Abb. 204
Brücke der Verständigung
(Medaillenentwurf), 1956
Bronze
1,3 × 14,0 × 14,0

273   Abb. 222
Straßenbahn, 1956/7
Schuhkarton, Klebefolie, Leinen,
Ölfarben, Bleistift
27,0: 10,0: 10,0

274   Abb. 214
Fontanadose, 1957
Blechdose auf Karton
13,0: 25,5: 22,0

275   Abb. 224
Ohne Titel, 1958/9
Puppenschürzchen (weißes Plastik-
material), Fett,
Bleistift und Stimmgabel
ca. 24,0: 9,0 (Schürzchen)

276   Abb. 225
Badewanne, 1960
Emaillewanne mit Untersatz, Heftpflaster,
Mull
100,0: 100,0: 45,0

277   Abb. 228
Mammut, 1960
Stofftier auf Campingstuhl
ca. 100,0: 90,0: 58,0

278   Abb. 227
Jason II, 1962
Zinkwanne, Jasonkopf, Holz, Draht
240,0: 67,0: 48,0
Galerie Schellmann & Klüser, München

279   Abb. 233
Aggregat, 1962
Bronze
85,0: 78,5: 78,5
Galerie Schellmann & Klüser, München

280
Rollbild 8, 1961
Ölfarben auf Karton; darauf Rolle aus
Kunststoffmaterial,
auf Unterlagekarton montiert
59,8: 84,2

281   Abb. 212
Ohne Titel, 1962
Leinsamenöl, Fett und Messer mit
brauner Klinge in Plastikgefäß, grau bemalter Schachteldeckel
11 cm hoch, 22 cm ⌀

282   Abb. 215
Ohne Titel, 1962
Getrocknetes Fleisch mit Ölfarbe bemalt
und Schokolade
5,4: 18,5: 12,5

283   Abb. 242
Ohne Titel, um 1963
Metallstab und 2 applizierte Wachskugeln, 3 weitere Wachskugeln
insgesamt ca. 4,5 × 46,5 × 10,0

284
Brustwarze, 1963
Gipsplatte, Holzbrettchen, zerriebene und
mit Leim versetzte Pflanzenteile, Fett
50,0: 45,0: 5,0
Galerie Schellmann & Klüser, München

285   Abb. 232
Zwei 125-Grad Fettwinkel in Dosen, 1963
Holz, Blech, Fett
37,0: 84,0 12,0
Bayerische Staatsgemäldesammlungen
München

286
Ohne Titel, um 1964
Speckschwarte, Stoffstreifen und
Gummiband
ca. 5,0: 25,6: 6,0

287   Abb. 236
Plastik/medizinisch (Zinksalbe) behandelte Blutwurst, 1964
Blutwurst und Zinksalbe
ca. 3,0: 7,0: 3,5

288   Abb. 235
Gemeinschaftsspaten, 1964
Geschmiedetes Spatenblatt
(ca. 40,0 hoch)
mit zwei Holzstielen (102,0: 107,0)

289
Monumente 4 Schokoladensprengungen,
1964
4 Stücke Blockschokolade
insgesamt ca. 3,2: 12,0: 8,0

290   Abb. 223
Ohne Titel, 1964
Weißgestrichenes Brett (38,5: 97,8: 2,0)
Wäscheleine mit Klammern, mit 2 Fett-
Wachs-Stückchen, darauf Fußnagel und
Haarkokons; Fettwinkel; Filzrolle, darin
Dosendeckel mit Teermasse, davor Ge-
wicht auf Filzstückchen

291   Abb. 237
Maschinenaggregat, 1964
Blechbüchse darin Mohnkapseln, Tannen-
reiser, Maschinenteil,
Bienenwachsplatte, Spiegelscherbe, Fett
24,8: 12,8

292
Ohne Titel, 1958/69
Glasplatte bemalt
24,0: 77,0

293   Abb. 211
Hasengrab, 1962–67
Verschiedene Materialien
30,0: 70,0: 101,0

294   Abb. 207
Ohne Titel, 1963/69
Farbige Gelatine, Wachs und Trafoteile
35,0; 35,0: 20,0

295   Abb. 240
Ohne Titel
Zwei Filzstücke, Fußnägel
14,5:10,5

296   Abb. 209
Objekt aus »Eurasia, 32. Satz der Sibirischen Symphonie 1963«, 1966
Mit Kreide beschriebene Schultafel, Filz-
u. Fettwinkel, Hase, Stangen
153,5:160,0 (Tafel), 180,0:230,0:55,0
(gesamtes Objekt)
Relikte der Aktion in der Galerie René
Block, Berlin, 1966.

297   Abb. 206
Ohne Titel, 1966
Thymianzweig in Wachs getaucht auf
Blechbüchse
22,0:31,0

298
Zwei Fräulein mit leuchtendem Brot, 1966
Ölfarbe auf Schokolade und Schreibmaschine auf Karton und Maschinenpapier
60,1:21,0
Erschienen in der Dokumentation »Décoll-
age 5« mit Happenings, Stücken, Partituren verschiedener Künstler;
Schellmann & Klüser, Nr. 2.

299   Abb. 213
Ohne Titel (Zuckerecke), 1967
Mit Ölfarben überstrichene Kartonschach-
tel (8,6: 21,5: 14,9) darin Hasenknochen,
Serviette, Zucker, Schwefelstückchen
und Kabel

300
Bezügl. Ausstellungsvitrinen Sammlung
Ströher, 1967
Versandtasche mit Bielefelder (Musik)
Katalog,
br. u. gr. Ölfarbe, Bleistift u. Fett
25,0: 15,5: 2,0

301   Abb. 218
Buttersender, 1968
Holz, Butter, Wachs und Dübel
16,0: 16,0: 7,0

302
Ohne Titel, ca. 1968
Fett auf Leinen
13,0: 16,0

303
Aktion Deutsche Studentenpartei, 1968
Bedruckte, durch Draht und Tesafilm zu-
sammengehaltene Papierrolle
(11,0: 10,0: 11,0); Papierschleife darauf
Tinte (5,5: 12,5: 7,0)

304
Wecker, 1968
Zwei Filzstücke auf Beerenkörner-Kuchen
Ø 12

305
Schlitten, 1969
Schlitten, Filzdecke, Gurte, Stablampe,
Fettskulptur
35,0: 90,0: 35,0
Exemplar 24/50 des Multiples der Edition
René Block; Schellmann & Klüser, Nr. 11.

306   Abb. 210
Mäusestall, 1968–70
Verschiedene Materialien
53,0: 49,0: 104,0

307
Gelatinekeil/programmiert, 1969
Gelatine, Schokolade
ca. 4,9 : 13,5 : 11,0

308   Abb. 238
Ohne Titel (Brustwarze), um 1970
Wachs, Filz und Zucker in Einmachglas
9,6 : 8,5 Ø

309
Filzanzug, 1970
Anzug aus Filz, ca. 170,0: 100,0
Exemplar 43/100 eines nach einem Anzug
von Beuys hergestellten Multiples mit
verlängerten Armen und Beinen der Edi-
tion René Block; Schellmann & Klüser,
Nr. 23.

310
Mit Schwefel überzogene Zinkkiste (tam-
ponierte Ecke), Zinkkiste, 1970
je 18,0: 63,0: 30,5
Exemplar 38/200 des Multiples der Edition Staeck; Schellmann & Klüser, Nr. 19.

311   Abb. 234
Ofen, 1970
Ofen, Filz, Asbest, gebr. Kalk
110,0: 70,0: 52,0
Vgl. Kat. d. Ausstellung »Realität/Realis-
mus/Realität«, 1972/3,
S. 116 u. 119.

312
Konzert Mönchengladbach, 1970
Kassettenrecorder, Ölfarbe gestempelt
20,0: 17,0: 6,0
Aufnahme des Fluxuskonzerts »... oder
sollen wir es verändern« mit Henning
Christiansen im Städtischen Museum
Mönchengladbach, 27.5.69 (Wiederholung des Konzerts »Ich versuche dich frei-
zulassen (machen)«, das am 27.2.69 in
der Berliner Akademie der Künste statt-
fand). Edition Wide White Space, Antwer-
pen; Schellmann & Klüser, Nr. 25.

313
Ohne Titel (Beuysbräu), 1970
Flaschenträger (25,0: 40,0: 40,0) mit 18
Kracherlflaschen, Gelatine, Wasserglas
und Ölfarbe gestempelt

314   Abb. 229
Ohne Titel, 1970/1
Malschemel mit Telephon und
Gummiobjekt
65,0: 50,0: 30,0

315
Ohne Titel (Klischee) für Vorzugsausgabe
der Zeitschrift »Interfunktionen«, Heft 6,
1971
Ungleich beschnittene Metallplatte
ca. 27,3 × 35,3

316
Die Zeit der Parteien ist vorbei, um 1971
Weckglas, darin Druckschrift und Rosmarin in ätherischen Ölen
33,0 : 13,3/9,7 ⌀

317   Abb. 245
12. Mai 1971, 1971
Kunststoffkanne (36,8 : 26,3/20,5 ⌀), darin Kieselstein; mit Ölfarbe bemalte Kunst-
stoffschüssel (18,0 : 45,8/38,2 ⌀), darin
Reisig und Reis

318
Jeanne d'Arcs Feldflasche, 1971
Wehrmachtsfeldflasche mit Koppel,
Braunkreuz 32 ⌀

319
Frau, 1971
2 zusammengefügte Holzstücke, 2 Nägel,
Ölfarbe
24,4 : 12,8 : 9,0

320
Schautafeln für den Unterricht I und II,
1971
2 Fotos auf Pappe aufgezogen, Tafel I
mit Zinkklischee, Schwefel und hand-
schriftlichem Text
je 83,0 : 105,0
Der Text »Beuys 1963 Ostende am
Strand oder in den Dünen ein kubusförmi-
ges Haus darin ›das Samuraischwert in eine Blutwurst‹ SOCKEL« bezieht sich auf
eine 1963 geplante, nicht durchgeführte
Aktion bei Ostende: Beuys errichtet am
Meer einen Betonkubus, in dem eine zum
Samuraischwert geschnittene Blutwurst
liegt; ein Sender auf dem Betonbunker
strahlt Text (s. o.) aus.
Zinkklischee: Seite aus einer japanischen
Kunstzeitschrift mit einem Artikel über
Beuys, insbes. den Filzanzug.
Multiple der Edition Staeck; vgl. Schell-
mann & Klüser, Nr. 34.

321
Hasenzucker, 1972
Siebdruck (braun/schwarz) mit hand-
schriftlichem Zusatz, 61,0 : 88,0, und Zuk-
kerwürfel, gestempelt, in Packschachtel
mit Watte, 10,0 : 7,0 : 7,0
Exemplar 13/40 des Multiples der Edition
Staeck; Schellmann & Klüser, Nr. 57.

322
Rückenstütze eines feingliedrigen Men-
schen (Hasentypus) aus dem 20. Jahrhun-
dert p. Chr., 1972
Eisenguß
96,0 : 45,0 : 15,0
Exemplar 2/12 der Edition Seriaal,
Amsterdam; Schellmann & Klüser, Nr. 64.

323
Objekt zum Schmieren und Drehen, 1972
Blechdose mit Schmierfett, Schrauben-
zieher mit br. bemaltem Griff,
Zertifikat-Karte
3,8 : 5,6 ⌀ (Werkzeug 13)
Multiple, Schellmann & Klüser, Nr. 55.

324
Silberbesen und Besen ohne Haare, 1972
Mühlenbesen (Holz) mit 1 mm Silberman-
tel, 139,0 : 51,0
und massiver Kupferbesen ohne Haare,
mit Filzunterlage, 130,0 : 51,0
Exemplar 15/20 des Multiples der Edition
René Block; Schellmann & Klüser, Nr. 65.

325
Das Schweigen, 1973
Fünf Filmspulen (35 mm) des gleichnami-
gen Films von Ingmar Bergmann (1962),
verzinkt, jede Spule von Beuys betitelt
(1. Hustenanfall-/ Gletscher + 2. Zwerge-
/ Animalisierung 3. Vergangenheit- / Ver-
stabilisierung 4. Panzer- / Mechanisierung
5. Wir sind frei / Geysir +), in Filmkarton
30,0 : 50,0 : 50,0
Exemplar 18/50 des Multiples der Edition
Block; Schellmann & Klüser, Nr. 87.

326   Abb. 244
Ohne Titel, 1973
Grasbülten und Fett
15,0 : 80,0 : 43,0

327
Ohne Titel, 1974
Schokoladeplätzchen in Form eines Drei-
ecks, mit Ölfarbe übermalt auf Karton
28,5 : 20,0 : 4,0

328   Abb. 241
Ohne Titel, 1974
2 Holzblöcke mit Bleistift und Tusche,
Holzkästchen mit Bienenwabe, mit
Asphaltmasse ausgegossene Konserven-
dose;
alles auf Kistenbrett, das Stempelauf-
druck trägt, montiert
30,5/30,1 : 22,5/29,0 : 5,5/7,0

329   Abb. 246
zeige deine Wunde, 1974/5
Environment aus fünf Doppelobjekten
(Werkzeuge, Schultafeln, Leichenbahren,
Feldzeichen, Streifbandzeitungen)
Städtische Galerie im Lenbachhaus
München
Raumgröße: 500,0 : 800,0 : 580,0

330
Pflasterstein, 1975
Pflasterstein (Basalt)
ca. 19,0 : 15,0 : 15,0
Multiple, vgl. Schellmann & Klüser,
Nr. 134.

331   Abb. 231
Vitrine Doppelobjekte, 1974/79
7 Doppelobjekte
206,5 : 230,0 : 50,0
Galerie Schellmann & Klüser, München

332
Magnetischer Abfall / Magnetische Post-
karte, 1975
Eisenblech mit Schriftprägung und ma-
gnetisch haftendem Hauptstromzeichen,
in bedruckter Kartonbox
10,5 : 14,8 : 0,2
Unlimitiertes Multiple; Schellmann &
Klüser, Nr. 139, 138

333
Magnetischer Abfall, 1975
Magnetstahlblock, mit eingegossener
Schrift, in bedruckter Kartonbox
10,5 : 14,7 : 1,0
Multiple der Edition Staeck; Schellmann &
Klüser, Nr. 139.

334
Ohne Titel, 1977
Schieferstück an einer Seite geschliffen
3,7 : 5,5 : 1,9

335
Substanzen, 1977
11 Talgproben für Unschlitt / Tallow;
2 Kunststoffdöschen mit Fettproben
insgesamt ca. 5,5 : 30,0 : 24,0

336   Abb. 243
Ohne Titel, 1978
Backform (Hase), Ölfarbe, Stempel,
2 Gegenstücke
je 17,1 : 16,4 : 4,5

337   Abb. 230
K + N, 1949/79
Holz- und Eisenoxydkugel in Vitrine
206,5 : 230,0 : 50,0
Galerie Schellmann & Klüser, München

338
Ohne Titel, 1940/80
Keramikkrug, Fotografie eines Beuys-
Aquarells von 1940
unter Glas
insgesamt 20,0 : 25,0 : 31,0

339   Abb. 216/217
vor dem Aufbruch aus Lager I, 1970/80
Schultafel mit Ständer, Zeichentisch und
verschiedene Gegenstände, die zur alltäglichen Arbeit im Büro der »Organisation
für direkte Demokratie« (1971) gebraucht
wurden.
ca. 600,0 : 600,0

340   Abb. 226
ö ö, 1972/81
Holzkiste gefüllt mit Neonbuchstaben;
Trafo, Verlängerungskabel; Zeichnung:
Ölfarbe auf gestanztem Blech, Fotokopie
mit Bleistiftvermerk
Holzkiste 41,5 : 32,5 : 29,0
Gerahmte Zeichnung 42,0 : 50,5

341   Abb. 208
Ohne Titel, 1972/81
Fettstab zwischen 2 Kupferwürfeln (Tür-
stoppern), 5 Teile
je ca. 6,0 × 40,0 × 6,0

342   Abb. 247
Terremoto, 1981
Druckmaschine mit Fettskulpturen, Filz,
italienische Fahne, Skulptur »Luna« mit
Gießblei und Fett, 10 Tafeln mit Zeichnungen und Text
ca. 185,0 : 350,0 : 490,0
Galerie Schellmann & Klüser, München,
und Lucio Amelio, Neapel

343   Abb. 38
Ohne Titel
Bleistift, Aquarell
48,0 : 30,0

344   Abb. 6
Ohne Titel, 1958
Gouache, Bleistift a. Papier
21,8 : 18,0

345   Abb. 123
Ohne Titel (Partitur), 1962
Tinte, Stempel
28,0 : 21,0

346
Cu + Au, 1957
Bleistift, collagiert
12,2 : 10,5

347
Seher, inneres Auge, 1957
Bleistift, Aquarell
24,7 : 26,0

348
Knistern – Laut, Licht, 1968
Kohle- u. Fließpapier, Schreibmaschine,
collagiert
35,4 : 37,8